Über den Verfasser

Hans Ebeling, Jahrgang 1939, Promotion 1967, Habilitation 1975, lehrte an den Universitäten Freiburg i. Br. und Heidelberg, Berlin (FU) und Frankfurt/M. Derzeit Ordinarius für Philosophie an der Universität Paderborn.

Wichtigste Veröffentlichungen:

Selbsterhaltung und Selbstbewußtsein. Zur Analytik von Freiheit und Tod. Freiburg/München 1979.

Die ideale Sinndimension. Kants Faktum der Vernunft und die Basis-Fiktionen des Handelns. Freiburg/München 1982.

Freiheit, Gleichheit, Sterblichkeit. Philosophie *nach* Heidegger. Stuttgart 1982.

Gelegentlich Subjekt. Gesetz: Gestell: Gerüst. Freiburg/München 1983.

Rüstung und Selbsterhaltung. Kriegsphilosophie. Paderborn/München 1983.

Neue Reden an die Deutsche Nation? Vom Warencharakter des Todes. Freiburg/München 1984.

Vernunft und Widerstand. Die beiden Grundlagen der Moral. Freiburg/München 1986.

Das Verhängnis. Erste Philosophie. Freiburg/München 1987.

Ästhetik des Abschieds. Kritik der Moderne. Freiburg/München 1989.

Heidegger. Geschichte einer Täuschung. Würzburg 1990.

Neue Subjektivität. Die Selbstbehauptung der Vernunft. Würzburg 1990.

Hans Ebeling

MARTIN HEIDEGGER

PHILOSOPHIE UND IDEOLOGIE

rororo

rowohlts enzyklopädie

rowohlts enzyklopädie
Herausgegeben von Burghard König

Für Edmund Husserl (1859-1938)

Originalausgabe
Veröffentlicht im Rowohlt Taschenbuch Verlag GmbH,
Reinbek bei Hamburg, April 1991

Umschlaggestaltung Jens Kreitmeyer
Satz Times und Futura (Linotronic 500)
Gesamtherstellung Clausen & Bosse, Leck
Printed in Germany
1780-ISBN 3 499 55520 6

Inhalt

Vorbemerkung zum Philosophenstreit

In der Konsequenz nicht mehr eines Historiker-, sondern eines neuen Philosophenstreits, welchen wir Heidegger und dem Heidegger-Faschismus verdanken, dient diese Arbeit ebenso dem Ziel, an die Philosophie *und* Ideologie Heideggers heranzuführen, wie auch schon Wege zu zeigen, die wieder aus beidem herausführen können. Das heißt: den ersten und den dritten Schritt tun. Den entscheidenden zweiten kann nur der Leser selbst vollziehen, und zwar durch die Lektüre von Heideggers Texten. Dazu vor allem soll dieser Band anregen.

Meine Untersuchung wendet sich an die in der Tat ‹interessierte› Öffentlichkeit, also an diejenigen, die mit Erstaunen haben wahrnehmen müssen, daß Heidegger offenbar ebenso ein bedeutender Philosoph ist wie auf das schwerste in die wahrlich fürchterliche deutsche Geschichte verstrickt. Ich wende mich damit an solche Leser, die nach Lösungen suchen, den Zusammenhang von Philosophie und Ideologie bei Heidegger zu begreifen und kompetent beurteilen zu können.

Zugleich hoffe ich, es ist gelungen, auch den Fachkollegen anzusprechen. Versichern kann ich nur, daß ich mich bemüht habe, *sine ira et studio* zu verfahren, also dazu beizutragen, daß der Philosophenstreit mit Anstand, will sagen: mit Vernunft und Fairneß, absolviert wird. Immerhin ist die Philosophie nicht beliebig dazu da zu trennen, sondern primär dazu zu vereinigen. Vereinigt werden können freilich nur die Einsichtigen. An Trennschärfe und Schreibhärte wird also auch in diesem Band kein Mangel sein. Wesentliche Impulse dafür verdanke ich gerade Heidegger selbst und bleibenden persönlichen Begegnungen mit ihm in den 60er und 70er Jahren. Wie entschieden aber die Trennung von Heidegger geboten ist, wird nach der Destruktion der 80er Jahre erst in den 90ern ganz und auch allgemein durchsichtig werden.

Freiburg i. Br., Sommersemester 1990 *H. E.*

Einleitung: Heidegger und die Folgen

Hans-Georg Gadamer hatte vor zwanzig Jahren schreiben können: «Wie Hegel Deutschland und von ihm aus Europa eine Zeitlang ganz beherrschte und dann, in der Mitte des 19. Jahrhunderts, ein völliger Zusammenbruch folgte, so hat auch Heidegger als Denker die zeitgenössische Szene lange beherrscht, und so ist die Abkehr von ihm heute ebenso eine vollständige. Man wartet heute auf einen Karl Marx, der sich, wie er als Gegner Hegels, dagegen verwahrt, daß man diesen großen Denker wie einen toten Hund behandele.»[1] Als das Votum Gadamers gerade publiziert war, hat der späte Heidegger dazu mir gegenüber mit einiger Grimmigkeit vermerkt: Die Rede von einer Abkehr sei ohne jede Stimmigkeit. Denn *ab*kehren könne sich schließlich nur, wer sich zuvor *an*gekehrt (zugekehrt) habe. Die Ankehr sei nicht erfolgt, also auch nicht die Abkehr.

Der ‹tote Hund›, mit dem Gadamer auf Spinoza anspielt und den Umgang mit ihm *vor* dem Übergang in den Deutschen Idealismus, gehört zum ehrenwerten Inventar der Philosophie. Nachfolgend ergab sich in den 70er und 80er Jahren des Jahrhunderts und im wesentlichen nach Heideggers Tod (1976) ebenso eine erstaunliche Renaissance seiner Philosophie wie eine erstmals hinreichende Dokumentation der Heideggerschen ‹Politik›, welche ihn mit dem mörderischen Jahrgangsgenossen Hitler verbunden hatte.

Heideggers philosophischer Arbeit ist es gelungen, nun schon mehr als drei Generationen in seinen Bann zu schlagen. Zugleich

---

[1] H.-G. Gadamer: Hegel und Heidegger, in: ders.: Hegels Dialektik. Fünf hermeneutische Studien. Tübingen 1971, S. 85.

aber hat seine Ideologie zu schweren Irritationen geführt und seine Politik blankes Entsetzen auslösen müssen. Ein ‹einfaches› Verhältnis zu Heidegger ist uns deshalb gänzlich verwehrt. Es bleibt nur, seine Philosophie und Ideologie zusammenzuhalten und dann – nach Möglichkeit – genauestens zu trennen, also den philosophischen Ertrag ohne Rücksicht auf ideologische Beimengungen zu prüfen, und zugleich doch an der wechselseitigen Implikation von Philosophie und Politik bei Heidegger mit Entschiedenheit festzuhalten.

In der Tat: Der ‹Fall› ist kompliziert. Beide Ziele zu erreichen scheint eine Überforderung. Sie erreichen zu *müssen* entspricht freilich der Sachlage und ist durchaus leistbar. Es versagt sich ganz besonders im Falle Heideggers ebenso die ungeschiedene Zustimmung wie die nicht näher differenzierende Verwerfung. Heideggers Philosophie ist *nicht* liquidierbar wegen ihrer Verschwisterung mit einer unrettbaren Ideologie. Heidegger ist aus der neueren Philosophie-Geschichte sowenig herausstreichbar wie Wittgenstein. Es ist gewiß schmerzlich, dies hinnehmen zu müssen. Es ist auch nicht gut zu ertragen. Denn die ideologischen Einschübe in der Heideggerschen Philosophie sind unübersehbar, und die politischen Implikationen seines Denkens sind gerade in dem Maße abstoßend, wie die Bedeutung dieses Denkens anerkannt wird. Mit dem Namen Heideggers verbindet sich auf Dauer nicht nur ein Skandalon im Sinne des positiv auszeichenbaren ‹Ärgernisses› als der Provokation des Neuen, sondern immer auch der bloß ärgerliche Skandal allzu bornierter Zeitgenossenschaft Heideggers und/oder allzu geschickter Anpassung an die Zeitläufte.

Es gehört zu den durchaus dürftigen Strategien der Heidegger-Verteidigung, ihn für ‹unzeitgemäß› in seinem Denken und Tun zu nehmen. Heideggers Philosophie vermochte ebenso Avantgarde zu sein, wie seine Ideologie immer wieder nur allzu zeitgemäß war. Beides gehört schon zur Erfolgsträchtigkeit von «Sein und Zeit» (1927), und auch noch die Erklärung, das Fragen sei «die Frömmigkeit des Denkens» (1953)[2], war erfolgsträchtig genug, selbst noch die späte Hei-

[2] M. Heidegger: Die Frage nach der Technik, in: ders.: Vorträge und Aufsätze. Pfullingen ²1959, S. 44.

deggersche Verwerfung der Philosophie selbst, wodurch Heidegger zusammen mit Nietzsche zu einem der Ziehväter der selbst ernannten Post-Moderne wurde (ohne freilich in deren Philosophie-Feindlichkeit aufgehen zu können).

Und doch gibt es gerade ein essentielles Voranbringen der Philosophie durch Heidegger, welches ihm wohl zunächst der logische Positivismus einerseits, die ‹kritische Theorie› Horkheimers und Adornos andererseits bestreiten konnten, welches ihm aber in der nachfolgenden Generation weder von Habermas noch von Apel, weder von Tugendhat noch von Theunissen bestritten wird. Den Schub der Heideggerschen Folgen für die Philosophie deute ich hier an durch drei Voranzeigen, auf die ich näher eingehen werde, nämlich auf:

1. Heideggers existentialen Konstruktivismus im Gegenzug gegen eine zunächst niedergehende Subjekttheorie, d. h. seine Kraft zum Entwurf unserer selbst als ‹Dasein› und damit der Deutung eines ‹eigentlichen› Subjekts;
2. seinen ‹seinsgeschichtlichen› Konstruktivismus im Gegenzug zu historisierender Einebnung der Positionen der Philosophie und der Weltgeschichte, d. h. seine Kraft, die Philosophie *und* den übrigen Weltlauf so zu strukturieren, daß beide mit zunächst plausiblen Gründen die Katastrophe der Gegenwart hervortreiben;
3. schließlich seinen fundamentalen Kritizismus dieser Gegenwart selbst gegenüber, damit gegenüber einer unsensiblen und allzu ‹sanften› Selbstverständigung im technischen Zeitalter, das sich gern Reservate der sog. Kultur aufspart, welche aber nur die Wirklichkeit unseres Untergangs verstellen und der Illusion der ‹Akzeptanz› das Wort reden.

Mit der Schubkraft dieser drei Impulse gehen freilich auch schon drei Ideologisierungen einher, die immer mitgelesen und immer mitkorrigiert werden müssen:

1. der Mythos der Eigentlichkeit,
2. der Mythos des Ereignisses,
3. der Mythos des Gevierts,

und solche mit Heideggers Philosophie *verschwisterte* Ideologie wird hier, wie ich hoffe, nüchterner und nuancierter entlarvt werden als etwa durch Adorno[3]. Weit eher bleibt der intimen Kennerschaft Herbert Marcuses zu folgen wie auch an der eigentlich intimen, weil distanzierten Anhängerschaft Karl Löwiths festzuhalten.

Damit ist Heidegger als Streitfall der Gegenwart und auch der Zukunft angedeutet. Seine Politik ist hingegen *kein* Streitfall mehr, auch wenn noch manche Scheingefechte uns dies einreden wollen und weitere Rückzugsgefechte auf uns zukommen. Heidegger ist nun einmal in das bislang grausamste Verbrechen der Weltgeschichte dermaßen verstrickt, daß auch die Heidegger-Orthodoxie von der Verteidigung lassen und vielmehr erkennen sollte, daß sie damit nur die (im Regelfall gewiß ungewollte) Kumpanei mit dem NS-System fortsetzen müßte. Ich habe der Heideggerschen *Zerstörung der Politik* nicht deshalb den geringen Raum bloß eines Anhangs gewidmet, weil sein Substitut der Politik am Ende doch nur für geringfügig zu halten wäre, sondern weil zum Kleinbürgeraufstand des Philosophen andernorts genug publiziert ist, vorzüglich bei Ott[4], und mir zu der planmäßigen Teilnahmslosigkeit Heideggers nichts einfällt, was seinerseits noch Sache von allzu viel Worten sein dürfte.

Heidegger und die Folgen meint am Ende: durch eine unsägliche Katastrophe der Politik *und* der Philosophie hindurch die Wiedererrichtung der Philosophie als einer tatsächlichen Grundlagendisziplin über Heidegger hinaus, also als einer solchen, die legitimationsfähig, weil rational begründet ist, und die deshalb auch befähigt, die Politik qualifiziert anzuleiten. Dazu können hier (im Haupttext und in einem weiteren Anhang) nur einige Bausteine zusammengetragen werden. In diesem Band geht es indessen primär darum, Heidegger zu durchschauen. Dies freilich nur mit der einen Absicht: bei ihm lernen zu können. Daß aber bei ihm und vorzüglich bei ihm trotz allem Vertanen immer noch Wesentliches zu lernen bleibt, soll sich zeigen. Freilich können dafür hier nur einige wesentliche Elemente auch tatsächlich ausgeführt werden, Beispiele, die die Bedeutung eines Philosophen von Gewicht verdeutlichen mögen.

---

[3] Th. W. Adorno: Jargon der Eigentlichkeit. Zur deutschen Ideologie. Frankfurt/M. 1964.

[4] H. Ott: Martin Heidegger. Unterwegs zu seiner Biographie. Frankfurt/New York 1988.

1. TEIL

AUFBAU EINER THEORIE

Heidegger hat gegen die Zeit der ‹akademischen› Philosophie eine Theorie aufgebaut, die ebenso des Widerstandes wie des Erfolgs sicher sein konnte. Denn diese Theorie widersetzt sich ebenso dem neukantianischen wie dem Husserlschen Vernunftbegriff und bringt ihrerseits die im 19. Jahrhundert eingeübte Verzweiflung an der Vernunft auf den *Begriff*, überläßt sich also nicht einem Vernunft*ressentiment* wie Nietzsche, sondern sucht nach durchaus vernünftigen Wegen der Eingrenzung der *Vernunft*. Und doch geht die Philosophie von «Sein und Zeit» immer schon einher mit einer Ideologie der Eigentlichkeit. Das Zusammenspiel beider ist das bleibende Problem von «Sein und Zeit», zunächst erkennbar auch für Heidegger, dann aber vorzüglich nur noch für uns als seine ‹Erben›.

A: Die Philosophie von «Sein und Zeit»

Heidegger hat durch «Sein und Zeit» die Philosophie noch einmal auf ein Niveau angehoben, das sie seit Hegels «Phänomenologie des Geistes» innehatte, nach dem Tode Hegels aber preisgab: das Niveau im großen Stil ‹systematisch› zu nennender Philosophie, auf dem sich Heidegger selbst nur in einer kurzen Gratwanderung hat halten können vor seinem Absturz in die Verzweiflung an der Vernunft. ‹Systematisch› kann aber Philosophie nur sein, die die Rationalitätsstandards seit Aristoteles und vorzüglich seit Kant nutzt, ihre Zuordnung *aller* gebbaren Sachverhalte auf die Einheit *einer* Sache der Philosophie hin zu artikulieren. Die eine Sache ist Heidegger die Zuordnung von *Sein* und *Zeit*. Zu diesem Zwecke befragt Heidegger in dem vorliegenden Buch «Sein und Zeit» uns als den Ort des ‹Seinsverständnisses›. Als dieser Ort sind wir *Dasein*, d. h.: das neue Subjekt. Dieses ist ausgezeichnet durch drei exzeptionelle Verschränkungen, nämlich: die Einheit von Befindlichkeit und Verstehen (1), die Einheit von praktischer und theoretischer Einstellung (2), die Einheit der Tödlichkeit des Lebens (3).

1. Befindlichkeit und Verstehen

Mit der Deutung und auch schon der Darstellung *befindlichen* Verstehens ist es Heidegger gelungen, die engen Rationalitätsstandards der Tradition zu entschränken, freilich um den Preis, dann auch auf ein verbindliches Wahrheitskriterium Verzicht leisten zu müssen. Zunächst ist aber seine Anerkennung der Bedeutung außerrationaler Instanzen für das Fungierenkönnen der Rationalität selbst ein Schritt gewesen, der die Philosophie reicher gemacht und auch ihre Anschlußfähigkeit etwa an psychoanalytische und behavioristische Ergebnisse bekräftigt hat. *Befindlichkeit* ist Heidegger Titel für eine Grundstruktur und Wesensverfassung dessen, was empirisch als Stimmung zugänglich und gar aufdringlich ist. Der *ontologische* Gehalt, d. h. der Wesensgehalt für ‹Dasein›, als das *wir* sind, wird eines der vorzüglichsten Themen Heideggers in «Sein und Zeit»[1]:

«Der ungestörte Gleichmut ebenso wie der gehemmte Mißmut des alltäglichen Besorgens, das Übergleiten von jenem in diesen und umgekehrt, das Ausgleiten in Verstimmungen sind ontologisch nicht nichts, mögen diese Phänomene als das vermeintlich Gleichgültigste und Flüchtigste im Dasein unbeachtet bleiben. Daß Stimmungen verdorben werden und umschlagen können, sagt nur, daß das Dasein je schon immer gestimmt ist. Die oft anhaltende, ebenmäßige und fahle Ungestimmtheit, die nicht mit Verstimmung verwechselt werden darf, ist so wenig nichts, daß gerade in ihr das Dasein ihm selbst überdrüssig wird. Das Sein ist als Last offenbar geworden. Warum, *weiß* man nicht. Und das Dasein kann dergleichen nicht wissen, weil die Erschließungsmöglichkeiten des Erkennens viel zu kurz tragen gegenüber dem ursprünglichen Erschließen der Stimmungen, in denen das Dasein vor sein Sein als Da gebracht ist. Und wiederum kann die gehobene Stimmung der offenbaren Last des Seins entheben; auch diese Stimmungsmöglichkeit erschließt, wenngleich enthebend, den Lastcharakter des Daseins. Die Stimmung

---

[1] «Sein und Zeit» wird im folgenden zitiert nach der 10. Auflage, Tübingen 1963 (vor- oder nachgesetzt ist die Sigle SZ).

macht offenbar, ‹wie einem ist und wird›. In diesem ‹wie einem ist› bringt das Gestimmtsein das Sein in sein ‹Da›» (SZ, S. 134).

Vorrangig vor den «Erschließungsmöglichkeiten des Erkennens» gibt es eine Selbstpräsenz in der Gestimmtheit, und diese erschließt in Zukehr wie Abkehr vorzüglich, daß unser ‹Existieren› auf uns selbst lastet, daß ‹Dasein› eine *Last* sein bedeutet. Die Wahr-setzung dieser Last ist die ‹Offenbarung› des Gestimmtseins. Die «Erschließungsmöglichkeiten des Erkennens» erschließen gerade das Entscheidende nicht. Die maßstäbliche Selbstzugänglichkeit des Daseins bleibt ihnen verschlossen. Diese ist aber zunächst einmal vorgezeichnet dadurch, daß Dasein als es selbst in sein «Daß es ist» *geworfen* ist:

«Seiendes vom Charakter des Daseins ist sein Da in der Weise, daß es sich, ob ausdrücklich oder nicht, in seiner Geworfenheit befindet. In der Befindlichkeit ist das Dasein immer schon vor es selbst gebracht, es hat sich immer schon gefunden, nicht als wahrnehmendes Sich-vorfinden, sondern als gestimmtes Sichbefinden. Als Seiendes, das seinem Sein überantwortet ist, bleibt es auch dem überantwortet, daß es sich immer schon gefunden haben muß – gefunden in einem Finden, das nicht so sehr einem direkten Suchen, sondern einem Fliehen entspringt. Die Stimmung erschließt nicht in der Weise des Hinblickens auf die Geworfenheit, sondern als An- und Abkehr. Zumeist kehrt sie sich nicht an den in ihr offenbaren Lastcharakter des Daseins, am wenigsten als Enthobensein in der gehobenen Stimmung. Diese Abkehr ist, was sie ist, immer in der Weise der Befindlichkeit» (SZ, S. 135).

Auch und gerade alle uns vertraute oder jedenfalls durch die philosophische Tradition vermittelte *Vernünftigkeit* gibt es nur als befindliche, nämlich zunächst in der Weise, sich von der Faktizität des Lastcharakters des Daseins gerade *ab*zukehren. Alle Theorie steht damit unter dem Verdacht, sich *nicht* um uns als Dasein zu kehren. Es geht aber zugleich keineswegs an, die Befindlichkeit in «das Refugium des Irrationalen» abzuschieben: «Der Irrationalismus – als das Gegenspiel des Rationalismus – redet nur schielend von dem, wogegen dieser blind ist» (SZ, S. 136). Heidegger verwahrt sich also dagegen – und er verwahrt sich in SZ noch prinzipiell zu Recht dagegen –, daß seine Anerkennung der wahrheitserschließenden Bedeutung der Befindlichkeit in irgendeiner Weise als ‹irrational› qualifizierbar sei. Die Blindheit der Ratio soll gerade nicht ihr Äquivalent im Schielen, Vorbeiblinzeln und wieder nur schiefen Sehen erhalten, sondern beide sollen durch eine ursprünglichere Ansicht unserer selbst, ein tatsächlich ‹phänomengegründetes› Sehen zurechtgerückt werden. Was aber gibt es wesentlich zu sehen? Den zureichenden Ansatz für die Selbstvergegenwärtigung des maßstäblichen ‹Objekts› von SZ: nämlich uns ‹selbst› als Dasein, d. h. als den Ort des Seinsverstehens. Verstehen ist aber immer *befindliches* Verstehen. Und als was Dasein sich zuerst befindlich versteht, das ist immer wieder: in seinem Lastcharakter.

Das Dasein als Lastenträger ist eine der Philosophie seit Platon vertraute Figur, freilich ohne die eigentlich Heideggersche Pointe. Die Last ist in der Tradition zunächst so eindeutig leibgebunden, daß gerade die Trennung vom Leiblichsein für das Vernünftigsein als vernünftiges Postulat gefordert werden kann. Zur Begründung hatte Platon festgehalten:

«Der Leib schafft uns nämlich unzählige Beschwernisse, da er genährt sein will. Wenn sich dann obendrein noch Krankheiten einstellen, so hindert uns das, dem wirklich Seienden nachzujagen. Auch hält uns der Leib erotisch, sexuell und durch sonstige Begierden gefangen und erfüllt uns mit Ängsten, vielerlei Illusionen und Kindereien. Deshalb ist es schon so, daß wir seinetwegen überhaupt nicht zur Besinnung kommen. Denn auch Kriege, Revolutionen, Mord und Totschlag haben keine andere Ursache als den Leib und seine Begierden. Alle Kriege nämlich entspringen aus Besitzgier. Zu besitzen sind wir aber genötigt wegen des Leibes und seines Unterhalts. Und so fehlt uns dann wegen all dieser Nöte die Zeit für die Philosophie.»[2]

Die Last wird als bloß externe abgeschoben. Sie ist so radikal externalisiert, daß der Leib selbst als der Absicht nach bloß Fremdes dem Intellekt gegenübersteht, während der *Intellekt* Potenz der Einsicht ist, weil er den Leib und seine Last distanziert, nicht zuletzt durch Denunzierung der Lust.

Schopenhauers Einsicht in die Leibgebundenheit des Willens steht an der Schwelle einer Verherrlichung des Leibes, der mit Nietzsche *mich* hat, nicht ich *ihn*. Die lustorientierte Leibbesetztheit verwandelt sich mit Heidegger in die lastversunkene Trägerschaft des Daseins. Wenn Dasein etwas ‹trägt› als die neue Substanz, dann ist das, was ihm ‹anhängt›, weil aufgeladen ist, immer wieder, daß es sich selbst tragen muß. Dasein als das neue ‹Subjekt› ist sich selbst die Last geworden, auf die Büchner in Bildern des Wahnsinns vorgegriffen hatte, nur daß der einstige ‹Wahn› nun zur neuen Normalität wird:

---

[2] Platon: Phaidon 66b–d.

«Müdigkeit spürte er keine, nur war es ihm manchmal unangenehm, daß er nicht auf dem Kopf gehn konnte», so hatte es im «Lenz» über den verrückten Dichter gelautet. Aus der Sicht der Subjekttheorie von Kant bis Hegel sind mit Heideggers Dasein die Verhältnisse auf den Kopf gestellt, wenn unser Befinden qua unser Situiertsein primär das den Intellekt, also unser Verstehen selbst Bestimmende geworden ist und vor allem: *diese* Weise der «Selbstbestimmung» nicht nur zugelassen, sondern ausdrücklich als solche anerkannt wird.

Die hauptsächliche Last auf dem Dasein ist, daß es sich selbst überlassen ist: *«Hat je Dasein als es selbst frei darüber entschieden, und wird es je darüber entscheiden können, ob es ins ‹Dasein› kommen will oder nicht?»* (SZ, S. 228). Als zur Existenz gezwungen ist Dasein in eine Endlichkeit geworfen, die es auszuhalten hat. Noch der «Tod ist eine Weise zu sein, die das Dasein übernimmt, sobald es ist» (SZ, S. 245). Anerkennend zitiert Heidegger deshalb auch den «Ackermann von Böhmen», eine spätmittelalterliche Streit- und Trostschrift vom Tode: «Sobald ein Mensch zum Leben kommt, sogleich ist er alt genug zu sterben» (ebd.). Zur Grundbefindlichkeit wird deshalb neben der Langeweile die *Angst* als die vorzügliche Last, die nicht abstreifbar ist. Anders aber als die Wasserträger kann der Lastträger Dasein seine Last nicht absetzen (außer zugleich sich selbst im Suizid abzusetzen).

Das Besondere der Heideggerschen Deutung solcher äußersten Fremdbestimmung ist ihre Reflexion (Zurückbiegung) in ein *Selbst*verhältnis, das nun nicht mehr wie die Tradition bloß loszukommen sucht vom Fremden, sondern das das Befremdliche im Dasein und als Dasein selbst hausen läßt, die Eingemeindung des Daseins ins Unzuhause, wodurch die Vernunft der Tradition nun nicht mehr ‹Herr im eigenen Haus› ist, vielmehr durch ein Verstehen unterlaufen wird, welches der Befindlichkeit *entspricht*.

Als fundamentale Bestimmung der Existenz, als *Existenzial*, welches dem Existenzial der Befindlichkeit korreliert, meint *Verstehen* nicht einen bestimmten Erschließungsfall von ‹Wahrheit› und Wahrsetzung, etwa in Ausgrenzung sog. geisteswissenschaftlichen Verstehens gegenüber sog. naturwissenschaftlichem Erklären. Als Existenzial ist Verstehen vielmehr das neue Grundwort für das Vernehmen einer nun ganz in ihre Endlichkeit eingegangenen Vernunft, die noch und gerade in ihrem äußersten *Entwurf* der Zukunft des Daseins eine ihrerseits geworfene bleibt, nämlich noch im Vorlaufen in den Tod eine befindliche. Generell gilt mit Heidegger: «Befindlichkeit hat je ihr Verständnis, wenn auch nur so, daß sie es niederhält. Verstehen ist immer gestimmtes» (SZ, S. 142). Was aber ist dies vorzüglich? Ein Verstehen der zukünftigen Möglichkeit und schließlich auch noch der Unmöglichkeit des Daseins im Tode selbst.

«Die Möglichkeit als Existenzial bedeutet nicht das freischwebende Seinkönnen im Sinne der ‹Gleichgültigkeit der Willkür› (libertas indifferentiae). Das Dasein ist als wesenhaft befindliches je schon in bestimmte Möglichkeiten hineingeraten, als Seinkönnen, das es *ist*, hat es solche vorbeigehen lassen, es begibt sich ständig der Möglichkeiten seines Seins, ergreift sie und vergreift sich. Das besagt aber: das Dasein ist ihm selbst überantwortetes Möglichsein, durch und durch *geworfene Möglichkeit*. Das Dasein ist die Möglichkeit des Freiseins *für* das eigenste Seinkönnen» (SZ, S. 144).

Aber das Verstehen erschließt nicht nur die eigensten Möglichkeiten des Daseins, sondern ist zugleich immer assoziiert mit einem «alltäglichen Sein des Da» als seinem Verfallen in *Gerede*, *Zweideutigkeit* und *Neugier*. Hier ist der phänomengegründete Ertrag Heideggers so signifikant, daß selbst Adorno[3] ihm insoweit nicht jede Anerkennung versagen mochte. Ich gehe hierauf erst ein im Kap. 6 (Verneinung der Sozietät). Wichtig ist jetzt zu sehen, daß das Verstehen ebenso ein Selbst- wie ein Weltverstehen ist und von daher die Differenz von eigentlicher und uneigentlicher Sichtweise zugleich offenhält wie verschließt:

«Das Verstehen ist entweder eigentliches, aus dem eigenen Selbst als solchem entspringendes, oder uneigentliches. Das ‹Un-› besagt nicht, daß sich das Dasein von seinem Selbst abschnürt und ‹nur› die Welt versteht. Welt gehört zu seinem Selbstsein als In-der-Welt-sein. Das eigentliche ebensowohl wie das uneigentliche Verstehen *können* wiederum echt oder unecht sein. Das Verstehen ist als Seinkönnen ganz und gar von Möglichkeit durchsetzt. Das Sichverlegen in eine dieser Grundmöglichkeiten des Verstehens legt aber die andere nicht ab» (SZ, S. 146).

Ort eigentlichen wie uneigentlichen befindlichen Sichverstehens ist die Rede als das Fundament der Sprache: *«Die Rede ist mit Befindlichkeit und Verstehen existenzial gleichursprünglich»* (SZ, S. 161). In

---

[3] Th. W. Adorno: Jargon der Eigentlichkeit. Zur deutschen Ideologie. Frankfurt/M. 1964, S. 87.

ihr artikulieren sich Befindlichkeit wie Verstehen; sie sprechen sich als Rede aus: «Die Hinausgesprochenheit der Rede ist die Sprache» (ebd.). Damit bereitet sich bei Heidegger auch schon die Möglichkeit vor, das ζῷον λόγον ἔχον, das ‹animal rationale›, aus der Enge zu befreien, in die es durch die metaphysische Tradition getrieben wird. Der Mensch ist nicht ein ‹vernünftiges Lebewesen› im Sinne eines Tiers, das auch noch Vernunft qua Logos und gar bloß aussagenlogische Vernunft ‹hat›, sondern die Ursprünglichkeit der Rede führt auf die Ursprünglichkeit von Dasein selbst, und zwar in eins mit Befindlichkeit und Verstehen. So wird Heidegger wenig später in seiner Abhandlung über «Kant und das Problem der Metaphysik» (1929) vom «Dasein im Menschen» (§ 41) sprechen als dem Grund seines Seinsverstehens.

Mit der Zuordnung von Befindlichkeit, Verstehen und Rede gelingt Heidegger eine erste Distanzierung und Transformation der klassischen Subjekttheorie. Das Subjekt wird darauf zurückgenommen, *Dasein* zu sein, d. h. als Existenz endlich und nicht nur vernunftorientiert, vielmehr gleichursprünglich sich befindend in seiner Gestimmtheit und sich aussprechend in einer Selbstauslegung *vor* der Rationalität von Aussagesätzen. Das klassische Subjekt wird somit demontiert, es wird zum ersten Mal nicht mehr bloß bekämpft wie bei Nietzsche, sondern als es selbst detranszendentalisiert. Es geht in seine eigene Endlichkeit, ja wie zu sehen sein wird: Nichtigkeit ein. Dasein als der neue Name für das Subjekt wird in seiner Faktizität anerkannt, freilich nicht nur in ihr, sondern auch in einem neuen überschießenden Entwurf: in der Tödlichkeit seines Lebens (s. u. Kap. 3). Um aber den Prozeß der Detranszendentalisierung verständlich zu machen (der unabhängig davon geschieht, daß Heidegger in SZ selbst immer noch die Sprache der Transzendentalphilosophie in Anspruch nimmt, ja selbst ihr Grundmuster der Operation), muß zuvor die traditionelle Beziehung von theoretischer und praktischer Einstellung quasi umgedreht werden.

2. Praktische und theoretische Einstellung

Wie durch die Konzeption von Befindlichkeit und Verstehen, zeigt sich Heidegger auch durch die Neuorientierung der theoretischen und praktischen Sicht zunächst als entschieden nach vorn weisend. Hatte die Tradition das Moment der Gestimmtheit unseres Verstehens zurückgedrängt, so immer wieder auch übersprungen, daß es eine näherliegende Welt als die der Theorie gibt, nämlich die des besorgenden Umgangs mit dem, was Heidegger das Zuhandene nennt:

Die traditionelle Selbsteinschätzung der Theorie war aus der Sicht Heideggers diejenige, daß ‹Subjekte› sich ‹Objekte› gegenüber haben und daß dies der allein relevante Befund aller Selbsteinschätzung von Menschen als Menschen sei, sofern sie die ‹Welt› erkennen. Heidegger unterläuft diese Selbsteinschätzung durch den Hinweis auf ein vor-theoretisches In-der-Welt-sein, das auch dem ‹praktisch-technischen› Verständnis der Tradition vorgelagert sei. Ausgearbeitet ist der Hinweis in einem theoretischen Entwurf dessen, was unsere ‹Gebrauchswelt› genannt werden kann, in der wir alltäglich und zunächst aufgehen im Umgang mit Gebrauchsdingen, welche uns ‹zur Hand› sind, unserer Subsistenz dienlich, deshalb: das «Zuhandene» und keineswegs das distanziert bloß Vorhandene:

«Die nächste Art des Umganges ist (...) nicht das nur noch vernehmende Erkennen, sondern das hantierende, gebrauchende Besorgen, das seine eigene ‹Erkenntnis› hat» (SZ, S. 67).

Was uns im Besorgen begegnet, ist: das *Zeug*, zum Beispiel «Schreibzeug, Nähzeug, Werk-, Fahr-, Meßzeug» (SZ, S. 68). Dabei erschließt sich dieses «Zeug» in der Weise der «Zuhandenheit»: Es dient im Kontext einer «Verweisungsmannigfaltigkeit des ‹Um-zu›» (SZ, S. 69), das Zuhandene ist tauglich für etwas oder auch nicht, es steht in Dienstleistungszusammenhängen, nicht im Kontext bloß theoretischer Verständigung über Sachverhalte. Was *Zuhandenheit* ausmacht, demonstriert Heidegger kundig an Fällen, wo ein Zeug gerade nicht als Zeug taugt: «Das nächstzuhandene Seiende kann im Besorgen als unverwendbar, als nicht zugerichtet für seine bestimmte Verwendung angetroffen werden. Werkzeug stellt sich als beschädigt heraus, das Material als ungeeignet (...) In solchem Entdecken der Unverwendbarkeit fällt das Zeug auf. Das *Auffallen* gibt das zuhandene Zeug in einer gewissen Unzuhandenheit» (SZ, S. 73). Ist aber etwas, was zuhanden sein sollte, nicht nur nicht verwendbar, sondern fehlt es ganz, kommt es gar «in den Modus der *Aufdringlichkeit*» (ebd.). Schließlich kann zu Besorgendes zum Unzuhandenen werden in der Weise, daß es im Wege ist, stört, belästigt, da es unerledigt liegenbleibt: Das Unzuhandene kommt in den Modus der *Aufsässigkeit*:

«Die Modi der Auffälligkeit, Aufdringlichkeit und Aufsässigkeit haben die Funktion, am Zuhandenen den Charakter der Vorhandenheit zum Vorschein zu bringen. Dabei wird aber das Zuhandene noch nicht lediglich als Vorhandenes *betrachtet* und begafft, die sich kundgebende Vorhandenheit ist noch gebunden in der Zuhandenheit des Zeugs. Dieses verhüllt sich noch nicht zu bloßen Dingen. Das Zeug wird zu ‹Zeug› im Sinne dessen, was man abstoßen möchte; in solcher Abstoßtendenz aber zeigt sich das Zuhandene als immer noch Zuhandenes in seiner unentwegten Vorhandenheit» (SZ, S. 74).

Entscheidend für den lebensweltlichen Zusammenhang der Gebrauchswelt ist der jeweilige Verweisungscharakter von Zuhandenem. Gerade bei einer «*Störung der Verweisung* – in der Unverwendbarkeit für... wird aber die Verweisung ausdrücklich» (ebd.), und damit (und das ist die Pointe bei Heidegger) «meldet sich die Welt» (SZ, S. 75). Ohne Rücksicht auf den Heideggerschen Unterschied des im Gebrauch Zuhandenen und nur in der Theorie Vorhandenen und auch unter Einschluß von so etwas wie ‹Natur› hat später Luhmann den Sachverhalt der Verweisung, der als *Sinn* erscheint, nicht ohne unterkühlte Bissigkeit der Ironie so umschrieben:

«*Für* sinnkonstituierende Systeme hat alles Sinn; *für sie* gibt es keine sinnfreien Gegenstände. Die Newton'schen Gesetze und das Erdbeben von Lissabon, die Planetenbewegungen und die Irrtümer der Astrologen, die Frostempfindlichkeit der Obstbäume und die Schadensersatzforderungen der Landwirte: alles hat Sinn. Nur im Sinnbereich, das heißt in der Welt, können sinnkonstituierende Systeme differenzieren, ob sie es mit Systemen zu tun haben, für die das gleiche gilt, oder mit Systemen, die ihrerseits ‹sinnfrei› auf sich selbst und ihre Umwelt reagieren.»[4]

Für das Verständnis Heideggers soll hier nur von Bedeutung sein, daß Heidegger den nächsten und ‹lebensweltlich› entscheidenden Verweisungszusammenhang nutzt, um so etwas wie «In-der-Welt-sein» ausgrenzen zu können gegenüber einem theoretischen Weltverhältnis: «Mit der Zugänglichkeit von innerweltlichem Zuhandenen für das umsichtige Besorgen ist je schon Welt vorerschlossen» (SZ, S. 76). Das nächste ‹In-der-Welt-sein› ist gerade «das unthematische, umsichtige Aufgehen in den für die Zuhandenheit des Zeugganzen konstitutiven Verweisungen» (ebd.). *Mit* dem Zuhandenen hat es jeweils seine Bewandtnis *bei* etwas. Die Bewandtnisganzheit des Zuhande-

[4] N. Luhmann: Soziale Systeme. Grundriß einer allgemeinen Theorie. Frankfurt/M. 1984, S. 110.

nen *ist* die ‹erste› Welt: «*Das Worin des sichverweisenden Verstehens als Woraufhin des Begegnenlassens von Seiendem in der Seinsart der Bewandtnis ist das Phänomen der Welt*» (SZ, S. 86). Und diese Bedeutsamkeit der Welt unterscheidet sich strikt von der theoretischen Einstellung bloßer Distanziertheit gegenüber der Welt, welche als *res extensa* mit Heidegger seit Descartes unser ‹erstes› Weltverständnis verdeckt. Nicht Körperdinge in einer extensionalen Welt, sondern Gebrauchsdinge einer Handlungswelt markieren das fundierende Weltverständnis. Der Philosoph ist also dazu da, Korrumpierungen des Weltverständnisses speziell durch die neuzeitliche Philosophie aufzudecken und aufzuheben. Dem entspricht eine Raumanalyse Heideggers, die den Weg von der primären «Räumlichkeit des umsichtig zunächst Begegnenden» (SZ, S. 111) zur lediglich theoretischen Einstellung aufdeckt: «Das umsichtsfreie, nur noch hinsehende Entdecken des Raumes neutralisiert die umweltlichen Gegenden zu den reinen Dimensionen» (SZ, S. 112). Das heißt vorzüglich: Die primär theoretische Einstellung *verstellt* unser In-der-Welt-sein. Es kommt mit Heidegger gerade darauf an, unser ‹ursprüngliches› In-der-Welt-sein zurückzugewinnen (ein Zug, der sich bis zum spätesten Heidegger jedenfalls dem Anspruch nach durchhält).

Für «Sein und Zeit» kann so ein weiteres Mal erkennbar werden, was für Heidegger *Destruktion* meint: die Freilegung von Welt- und Selbstverhältnissen, die durch eine darübergelagerte Tradition verschüttet sind, damit die Rückkehr zu ‹Ursprünglichem›. Relevanter als die quasi-‹objektive› Ausrichtung auf die Wiedergewinnung der *Welt* ist indessen die radikal-‹subjektive› der Gewinnung des *Selbst*. Vorzüglich die neuzeitliche Philosophie als Subjekttheorie hat mit Heidegger nämlich verhindert, daß der Mensch als *Dasein* zu sich kommt. Das bedeutet aber: Das ‹Subjekt› der Tradition muß liquidiert werden, und dem dient die Mitte von «Sein und Zeit» im Entwurf eines von der Tödlichkeit des Lebens ‹gezeichneten› Wesens, welches dem ‹animal rationale› vorgeordnet wird. Wenn wir den von Heidegger verschmähten Ausdruck des Subjekts gleichwohl festhalten, läßt sich erläutern: Dasein wird zum «eigentlichen Subjekt» in einem Seins- und Selbstverständnis, das vor aller Rationalität durch die Erfahrung der Mortalität geprägt ist.

3. Tödlichkeit des Lebens

Heidegger hat gegen eine rationalistisch verengte Tradition erkannt und den Gedanken auch eindringlich zugelassen, daß die Seinsverstehenden zuerst solche sind, die sich auf ihre Sterblichkeit verstehen, weil nämlich so auf die für sie markante Zeitlichkeit. Heidegger hat zwar immer wieder – und zu Recht – darauf Wert gelegt, sich nicht mit dem Tod als Tod und nur um seiner selbst willen zu befassen, sondern im Interesse der Verständigung über Dasein selbst. Aber unter der Prämisse dieses durchaus ‹erkenntnisleitenden Interesses› ist das Thema für ihn noch weit über SZ hinaus ohne Konkurrenz.

Um die Bedeutung der Zeitlichkeit zu vergegenwärtigen, erinnere ich an den Auftakt von Nietzsches zweiter «Unzeitgemäßen Betrachtung»: «Vom Nutzen und Nachteil der Historie für das Leben»:

> «Betrachte die Herde, die an dir vorüberweidet: sie weiß nicht, was Gestern, was Heute ist, springt umher, frißt, ruht, verdaut, springt wieder, und so vom Morgen bis zur Nacht und von Tag zu Tage, kurz angebunden mit ihrer Lust und Unlust, nämlich an den Pflock des Augenblicks, und deshalb weder schwermütig noch überdrüssig. Dies zu sehen geht dem Menschen hart ein, weil er seines Menschentums sich vor dem Tiere brüstet und doch nach seinem Glücke eifersüchtig hinblickt – denn das will er allein, gleich dem Tiere weder überdrüssig noch unter Schmerzen leben, und will es doch vergebens, weil er es nicht will wie das Tier. Der Mensch fragt wohl einmal das Tier: warum redest du mir nicht von deinem Glücke und siehst mich nur an? Das Tier will auch antworten und sagen: das kommt daher, daß ich immer gleich vergesse, was ich sagen wollte – da vergaß es aber auch schon diese Antwort und schwieg: so daß der Mensch sich darob verwunderte.»[5]

Zeitdurchständigkeit als Erfahrung der eigenen Zeitlichkeit erweist sich mit Heidegger vorzüglich gebunden an die Sterblichkeit als Grunderfahrung. Erst das Vorlaufen in den Tod erlaube es, eigentlich zu sich als Dasein zu kommen, das heißt aber zu einem Seinsverständnis, das vorrangig ein Verständnis der eigenen Zeitlichkeit ist. Das Vorlaufen in den Tod heißt mit Heidegger gerade nicht, darauf aus zu sein, das Ableben herzustellen in der Weise, sich den Tod zu geben als etwas im Besorgen Gebbares. Auf ein besorgtes Datum soll der Tod gerade nicht reduziert werden, und würde er doch so genommen, so

[5] F. Nietzsche: Werke in drei Bänden. Hrsg. K. Schlechta. Darmstadt ^{2}1960, I, S. 211.

wäre eben dies die Eliminierung des existierenden Aushaltens der Sterblichkeit. Damit ist keineswegs bestritten, daß sich der Tod besorgen läßt. Nur soll er als etwas ganz anderes genommen werden, als die anhaltend höchste Instanz des Existierenkönnens. Heidegger fragt – und fragt nicht mehr: *«Hat das In-der-Welt-sein eine höhere Instanz seines Seinkönnens als seinen Tod?»* (SZ, S. 313). Mit Heidegger hat es keine höhere. Und warum nicht? Weil das Vorlaufen in den Tod den gesamten Zeithorizont des Daseins schon absteckt:

«Das Vorlaufen enthüllt dem Dasein die Verlorenheit in das Man-selbst und bringt es vor die Möglichkeit, auf die besorgende Fürsorge primär ungestützt, es selbst zu sein, selbst aber in der leidenschaftlichen, von den Illusionen des Man gelösten, faktischen, ihrer selbst gewissen und sich ängstenden *Freiheit zum Tode*» (SZ, S. 266, dort kursiv und am Schluß zusätzlich gesperrt).

Das Vorlaufen befreit also aus allen ‹bornierten› Bindungen und läßt entgegen der Eingebundenheit in das Treiben des ‹Man› ein eigentliches Selbstsein zu, und zwar so, daß Dasein aus dem Vorlaufen in die markanteste Zukunft auch auf die relevante Vergangenheit, die Heidegger als noch tragende, noch anhaltende Gewesenheit nennt, zurückkommt und im ganzen *augenblicklich* ist, sich selbst gegenwärtig in eigentlicher Präsenz, und damit in exzeptioneller Zeitlichkeit selbständig sich aus-steht. Stand und Selb-Ständigkeit gewährleisten aber vorzüglich das Vorlaufen in den Tod, der für Heidegger nur thematisch ist als der *eigene.* Was ist aber so Besonderes an dem eigenen Tod?

Heidegger suchte im § 53 SZ durch fünf Indikatoren der Todesmöglichkeit eine innere Grenze des Subjektseins zu ermitteln und gerade dadurch die Begrenztheit von *Subjekten*, sich selbst zugrunde liegen zu können. Diese Begrenztheit ist für Heidegger so fundamental, daß er überhaupt auf den Titel des Subjekts verzichtet und dafür Dasein setzt. Der Tod ist als die Weise, wie wir ihn existierend zulassen müssen, er ist *«als Ende des Daseins (...) die eigenste, unbezügliche, gewisse und als solche unbestimmte, unüberholbare Möglichkeit des Daseins»* (SZ, S. 258f). Die Ausrichtung auf die Negation seiner selbst ist die lebenslängliche Irritation par excellence, durch die für Heidegger der Subjektbegriff überhaupt liquidiert wird. Nicht Ableben als Moment des Verlöschens ist deshalb Heideggers Thema, sondern die mögliche Kontinuität des Lebens, sich als Dasein im ‹Sterben› zu halten,

d. h.: im Vorlaufen. Eben dabei macht Dasein mit Heidegger seine Grunderfahrung:

(1) «Der Tod ist *eigenste* Möglichkeit des Daseins» (SZ, S. 263), das besagt: Unter allen Möglichkeiten, durch die Dasein betreffbar ist, ragt die Möglichkeit des eigenen Todes heraus. (2) «Die eigenste Möglichkeit ist *unbezügliche*» (ebd.) meint: Der Tod löst aus allen vertrauten Bezügen und vereinzelt das Dasein von der Wurzel her, also: radikal. (3) «Die eigenste, unbezügliche Möglichkeit ist *unüberholbar*» (SZ, S. 264), also: äußerste Möglichkeit. Alle anderen Möglichkeiten des Existierens sind bloß vorgelagert: «Weil das Vorlaufen in die unüberholbare Möglichkeit alle ihr vorgelagerten Möglichkeiten mit erschließt, liegt in ihm die Möglichkeit eines existenziellen Vorwegnehmens des *ganzen* Daseins, das heißt die Möglichkeit, *als ganzes Seinkönnen* zu existieren» (ebd.). (4) «Die eigenste, unbezügliche und unüberholbare Möglichkeit ist *gewiß*» (ebd.): Mit einer aller anderen Evidenz überlegenen Sicherheit ist es zwingende Wahrheit, daß der Tod kommt. (5) «Die eigenste, unbezügliche, unüberholbare und gewisse Möglichkeit ist hinsichtlich der Gewißheit *unbestimmt*» (SZ, S. 265): Wann die äußerste Möglichkeit eintritt, ist bei aller Gewißheit, daß sie eintritt, prinzipiell nicht antizipierbar.

Heideggers Fortschritt in SZ, der Entwurf von Dasein als *Sterbewesen*, der durch keine usurpierte Theorie der Unsterblichkeit mehr überhöht wird, meint zunächst in der Tat eine neue produktive Freisetzung des Subjekts für sich. Aus seiner entschlossen ergriffenen Freiheit zum Tode entspringt ihm alle Freiheit zu möglicher Selbstbestimmung. In der Wiederholung der Geschichte leistet dieses gänzlich veränderte Subjekt die Herstellung seiner Selbst*erhaltung*, welche sich freilich in bloßer und sehr nackter Selbst*behauptung* erschöpft.

Auch für Heidegger gibt das Sichentwerfen noch nicht die «faktisch erschlossenen Möglichkeiten der Existenz» frei (SZ, S. 383). Auf der Suche nach einer Grundverfassung der Geschichtlichkeit soll sich deshalb erst erweisen, «woher *überhaupt* die Möglichkeiten geschöpft werden können, auf die sich das Dasein faktisch entwirft» (ebd.). Die Antwort und der Rückgriff auf das Tragende fallen freilich nicht eben schwer: «Die Entschlossenheit, in der das Dasein auf sich selbst zurückkommt, erschließt die jeweiligen faktischen Möglichkeiten eigentlichen Existierens *aus dem Erbe*, das sie als geworfene *übernimmt*. Das entschlossene Zurückkommen auf die Geworfenheit birgt ein *Sichüberliefern* überkommener Möglichkeiten in sich, obzwar nicht notwendig *als* überkommener» (ebd.). Die ausdrückliche Überlieferung figuriert als «*Wiederholung* einer überkommenen Existenzmöglichkeit» (SZ, S. 385). Sie soll weder «ein Wiederbringen des ‹Vergangenen›, noch ein Zurückbinden der ‹Gegenwart› an das ‹Überholte›» sein (SZ, S. 385f). «Die Wiederholung *erwidert* vielmehr die Möglichkeit der dagewesenen Existenz» (SZ, S. 386) und ist damit zugleich «*Widerruf* dessen, was im Heute sich als ‹Vergangenheit› auswirkt» (ebd.).

Die Instanz der Steuerung ist «die ‹Kraft› des Möglichen» (SZ, S. 395). Jede Kraft ist aber am Ende: Kraft durch Tod. Das «wählende Finden der Möglichkeit seiner Existenz» (SZ, S. 384) ist für den jeweilig durch den Tod radikal Vereinzelten durch das Vorlaufen selbst umgrenzt: «Nur das Vorlaufen in den Tod treibt jede zufällige und vorläufige Möglichkeit aus. Nur das Freisein *für* den Tod gibt dem Dasein das Ziel schlechthin und stößt die Existenz in ihre Endlichkeit» (ebd.). Der Vorgriff auf den Tod ist dazu bestimmt, die Radikalität der Endlichkeit gegenüber der Verfallenheit an das jeweilig Nächstliegende wachzuhalten und eben dadurch die Möglichkeit einzuräumen, «daß das Dasein sich seinen Helden wählt» (SZ, S. 385). Die Zukünftigkeit entscheidet damit über alle Möglichkeiten auch der eigentlichen Vergangenheit als *Gewesenheit*.

In der Konsequenz bewährt sich eigentliches Dasein in der Totalität seiner Selbst-Erhaltung. Dasein selbst wird zum Schicksal, das in sich «Geburt und Tod und ihr ‹Zwischen› in seine Existenz ‹einbezogen› hält» (SZ, S. 390f). Dasein, das auf diese Weise *sich selbst* einbehält, stellt damit *endlich* seine Selbsterhaltung her. Die Tödlichkeit des Lebens nimmt nicht, sondern gibt eine neue Variante der Autarkie. Die Wiederholung der Geschichte als Herstellung der Selbsterhaltung wird zur *schicksalhaften*. Das Dasein stellt sich selbst her, indem es sich in seine Selbsterhaltung schickt. Der Name dieser schicksalhaften Selbsterhaltung ist die bedingungslose Treue zu sich selbst: «Die Entschlossenheit konstituiert die *Treue* der Existenz zum eigenen Selbst. Als *angst*bereite Entschlossenheit ist die Treue zugleich mögliche Ehrfurcht vor der einzigen Autorität, die ein freies Existieren haben kann, vor den wiederholbaren Möglichkeiten der Existenz» (SZ,

S. 391). Die Treue zum eigenen Selbst ist der Garant der Selbsterhaltung; denn dieses Selbst kennt keine ‹höhere Instanz› als seinen Tod und ist dadurch frei gegenüber allem Faktischen.

Hierbei ergibt sich allerdings, daß die absolute Instanz des Todes von aller anderen Rücksichtnahme als der auf den eigenen Tod absolviert: In der Wiederholung der Geschichte wird sich selbst erhaltendes Dasein damit rücksichtslos. Denn die Heideggersche Gewissens-Bindung ist nur eine andere Variante der Eingebundenheit in den Tod, wie zu zeigen sein wird, und auch die Geschichte, in der Wiederholung zum Schicksal stilisiert, gar zum *schicksalhaften Geschick*, gibt gerade keine Regel vor. Die Orientierung am Exzeptionellen der ‹Größe› ist erneut nur die Orientierung an der Ausnahme von aller Regel. Heideggers Grundwort der Selbsterhaltung aus dem Vorlaufen in den Tod, *Sorge* im Modus der Eigentlichkeit, ist nicht mehr deutbar im Sinne humaner Selbsterhaltung und Selbststeigerung, wenn denn zur Humanität noch andere Steuerungsinstanzen gehören als die tatsächlich führungslose Führungsgröße des Todes.[6]

Damit aber kommt die Philosophie Heideggers schon in SZ in ihre Krise. Die Philosophie kann sich aus der Tödlichkeit des Lebens nicht mehr befreien, weil sie mit jedem philosophisch, das heißt auch für SZ immer noch: rational rechtfertigungsfähigen Schritt schon einer Ideologie aufzusitzen droht: der nicht legitimationsfähigen Verkennung der Rationalität, der Moralität und der Sozietät. Anders als der Heidegger ab 1929 war der Autor von SZ noch angetreten mit der Absicht, jedenfalls auf seine Weise phänomenologisch ausweisbare Erkenntnis zu dem Zweck vorzutragen, Rationalitätsgrenzen zu ermitteln. Bei diesem Unternehmen ist es Heidegger gelungen, sich in SZ auf dem Niveau von Platon und Aristoteles, Kant und Hegel zu halten. Doch der Absturz geht schon mit SZ selbst einher.

---

[6] H. Ebeling: Selbsterhaltung und Selbstbewußtsein. Zur Analytik von Freiheit und Tod. Freiburg/München 1979, S. 72–114.

B: Die Ideologie der Eigentlichkeit

In der affektiv aufgeladenen, von fundamentaler gesellschaftlicher Unsicherheit bestimmten und latent früh zur Diktatur neigenden Zeitsituation der Weimarer Republik konnte Heideggers Reduktion der Rationalität (Kap. 4) wie seine Verwerfung der Moralität (Kap. 5), weil immer schon Verneinung der Sozietät (Kap. 6), weit mehr der Bewunderung sicher sein, als daß er die Zurückweisung hätte befürchten müssen. Dafür gibt es zunächst sogar einen beinahe ‹sachlichen› Grund: Die Erfahrung des modernen Nihilismus, durch Turgenjew und Dostojewskij literarisch publik gemacht, durch Nietzsche ansatzweise reflektiert und jedenfalls als intellektuelle Grundströmung kreiert, bestimmt die radikale Distanz der Zeit gegenüber allem traditionellen Setzen auf Vernunft, Gewissen und Kommune. Da sich Heidegger der psychoanalytische wie der marxistische Weg verschließt, öffnet er sich ganz der anarchischen Möglichkeit der Kontramoderne. Da die Kontramoderne immer Zulauf hat, bleibt die Ideologie der Eigentlichkeit immer wieder gern ignoriert. Heute ist es indessen möglich, sie unverhüllt zu vergegenwärtigen, freilich erst, nachdem die Konsequenzen jenes *fürchterlichen Offenlassens* in SZ ganz durchsichtig geworden sind: der Verzicht auf eine qualifizierte Ethik (Kap. 5) aus inkonsistenter Vernunftreduktion (Kap. 4) mit der Folge anhaltender Indifferenz gegen den Anderen (Kap. 6).

4. Reduktion der Rationalität

Daß Heidegger in SZ die Grenzen der Vernunft zu ermitteln sucht, bleibt sein Verdienst. Hier kann sich nichts gegen ihn kehren. Die Kritik gilt der Weise, wie er es versucht, genauer: seinen methodischen Prämissen. Unter ihnen gehe ich nur auf eine ein, die allerdings die grundlegende ist, nämlich zu einer systematischen Verzerrung von SZ führt: Methode und Sache sind nur um einen Preis kongruent, der Selbstwidersprüchlichkeit meint.

Um das zu erläutern, wird es erforderlich, hinter Heidegger zurückzugehen und sich dem grundsätzlichen Problem der Gefahr eines methodischen Solipsismus vor Heidegger jedenfalls kurz zu stellen. Worum es geht, kann mit Karl-Otto Apel so umrissen werden: Der methodische Solipsismus operiert mit der «Unterstellung, daß, wenn der Mensch auch, empirisch gesehen, ein Gesellschaftswesen ist, die Möglichkeit und Gültigkeit der Urteils- und Willensbildung doch prinzipiell ohne die *transzendental-logische Voraussetzung einer Kommunikationsgemeinschaft*, also gewissermaßen als konstitutive Leistung des Einzelbewußtseins, verstanden werden kann».[7] Dieser Vorwurf des Solipsismus trifft Heidegger nicht – und er ist auch von Apel nicht gegen Heidegger erhoben worden. Der Einwand richtet sich vielmehr vorzüglich gegen Augustinus, Descartes und Husserl. Nimmt man nämlich mit ihnen an, «das ‹Ich› oder das ‹reine Bewußtsein› auch noch unter der Voraussetzung einer aufgehobenen Welt zurückbehalten zu können, so zeigt man (...) nur den theologischen Hintergrund der Entdeckung der ‹exzentrischen Positionalität› des Menschen an».[8] Darin zeigt sich aber für Apel zu Recht noch «die Struktur des ‹transzendentalen Sprachspiels› – hier der stillschweigend vorausgesetzten Kommunikation des weltinfragestellenden Menschen mit dem transmundanen, weltsetzenden Gott. Mit dem zumindest methodischen Atheismus der modernen Philosophie mußte daher der ‹methodische Solipsismus› der Klassiker neuzeitlicher Philosophie in seine Krise geraten».[9]

Was ist gemeint? Wenn eine Theorie und vorzüglich eine ‹philosophisch› zu nennende, also gerade der *Inter*subjektivität den Grund legende, entworfen wird, dann muß sie als in der Tat den Grund legend den Horizont des bloßen Einzelbewußtseins immer schon transzendiert haben, also schon bei der allgemeinen Verkehrsform prinzipiell geteilter sprachlich sedimentierter Vernunft angekommen sein. Andernfalls werden die Mitteilungen der Theorie unverständlich, und der Versuch einer Grundlegung bleibt damit ein sinnloses Unternehmen. Nun ist dies eine Präsupposition, von der gerade angenommen werden kann, sie sei allgemein geteilt, werde also gemacht als etwas, was sich ‹von selbst› versteht. Aber genau diese Annahme wird durch den Entwicklungsgang der neuzeitlichen Philosophie gefährdet, zum Teil auch auf eine heillose Weise konterkariert. Denn es war

[7] K.-O. Apel: Das Apriori der Kommunikationsgemeinschaft und die Grundlagen der Ethik, in: ders.: Transformation der Philosophie. Frankfurt/M. 1973, II, S. 375.

[8] Ebd., S. 394.

[9] Ebd.

mit Descartes ja gerade eine radikal auf seine Vereinzelung zurückgeworfene Subjektivität des Zweifelnden, die erst allem Wissen einen neuen Grund legen sollte. Nur aus der Einzelnheit des die Welt in Frage stellenden Denkers sollte neue Sicherheit gewonnen werden können. Descartes hatte deshalb probehalber auch die Mitsubjekte durchstreichen müssen. Aber: *einen* Anderen behält Descartes: den über die Momentaneität des Zweifels hinaus Kontinuität des Denkens und Existierens gewährleistenden Gott. Descartes ist also nicht in der Position des *solus ipse*, des bloß allein Zweifelnden und insofern Denkenden. Sein Gott ist jedenfalls verdeckt immer präsent. Und damit: ein jedenfalls tendenziell intersubjektiver Horizont der Weltverständigung. Verfährt aber die Moderne schließlich und gerade noch in Husserl, dem Freiburger Vorgänger Heideggers, der Absicht nach cartesianisch, ohne noch Descartes' theologische Prämissen zu teilen, dann ist der verfahrensmäßige Solipsismus des weltkonstituierenden Einzelbewußtseins in eine irreversibel ausweglose Lage geraten. Die äußerste Krise stellen deshalb auch Husserls «Cartesianische Meditationen»[10] dar, die auch in der Revision durch Fink[11] nicht aus der methodischen Selbstverstrickung in einen Selbstwiderspruch zu befreien waren.

Heidegger hat sich gerade der Krise der Husserlschen Phänomenologie noch rechtzeitig entzogen, schon vor Husserls expliziten an Descartes anknüpfenden Meditationen. Aber auch Heidegger hat die Krise nicht gemeistert, sondern sich nur um so tiefer in sie verstrickt. Zweifelsohne ist der methodische Atheismus in SZ gegenüber der Position Husserls noch einmal radikalisiert. Wer keine *«höhere Instanz seines Seinkönnens als seinen Tod»* (SZ, S. 313) kennt und auch «grundsätzlich nichts von der Sünde ‹weiß›» (SZ, S. 306), zeigt schon dadurch an, daß er es mit der methodischen Abstinenz von Theologumena ernst meint. Dem konsequenten methodischen Atheismus in

[10] E. Husserl: Cartesianische Meditationen und Pariser Vorträge. Hrsg. S. Strasser. Husserliana I. Den Haag ²1963.

[11] E. Fink: VI. Cartesianische Meditation: Die Idee einer transzendentalen Methodenlehre. Texte aus dem Nachlaß Eugen Finks (1932) mit Anmerkungen und Beilagen aus dem Nachlaß Edmund Husserls (1933/34). Hrsg. H. Ebeling, J. Holl, G. v. Kerckhoven. Husserliana Dokumente II, 1. Dordrecht/Boston/London 1988.

SZ entspricht die konsequente Ablehnung, mit Husserl die Welt in die Klammer zu setzen und einen extramundanen Ort der Weltverständigung anzustreben. Das neue Subjekt, Dasein als In-der-Welt-sein, scheint auf den ersten Blick tatsächlich der Last enthoben, dem Einzelbewußtsein eine apriorische Tat der Weltkonstituierung zumuten zu müssen.

Und doch bleibt das zu lösende Problem widerspruchsfreier Theorieentwicklung und -darstellung auch bei Heidegger ungelöst. Denn nun soll eine eigentliche Subjektivität, die immer noch ein Einzelbewußtsein ist und sogar ein ausgezeichnetes Bewußtsein der Einzigartigkeit in der Weise des entschlossenen Vorlaufens in den Tod, die eigentlich-uneigentliche Welt konstituieren qua begründen, ohne daß sie wegen ihrer Einzigartigkeit auch nur noch tendenziell zur Pluralität in der Gemeinschaft der Kosubjekte fähig wäre. Denn diese hat sie gerade verlassen. Zwar ist von Heidegger die Deutlichkeit der Unterscheidung des erfahrungsvorgängigen Apriori und des erfahrungsbestimmten Aposteriori in der nicht entsprechend zwingenden Unterscheidung des ‹Ontologischen› und des bloß ‹Ontischen› aufgehoben, und gerade dadurch kann der Eindruck entstehen, das Problem der Konstituierung einer gemeinsamen Welt sei schon von Anfang an gelöst. Doch in dem Maße, wie Heidegger das gesellschaftliche Sein mit einer bis dahin unbekannten Pseudo-Radikalität als das ‹uneigentliche Sein› abwertet, zeigt sich nur, daß an die Stelle einer Lösung ein Machtspruch treten soll.

Das Einzelbewußtsein wird bei Heidegger in der Folge einer verweltlichten Kierkegaard-Rezeption zu einem Eigentlichkeitsbewußtsein, das die Vereinzelung vorzüglich durch den Tod zur Einzigkeit stilisiert, aber gerade bei diesem Versuch scheitern muß. Nur das radikale Denken glückt. Das pseudoradikale muß verunglücken. Es ist aber eine Pseudoradikalität, sich selbst jedes Gesprächspartners berauben zu wollen. Wenn weder der Gott noch in irgendeiner Weise fungiert, noch die Anderen in eigentlicher Weise präsent sind, dann verkehrt sich der vormals noch methodische Solipsismus in den lediglich noch *quasi-methodischen*.

Nur an einer einzigen Stelle läßt Heidegger der formalen Anzeige nach noch einen Verkehr unter ‹Eigentlichen› zu, in einem Modus der *Fürsorge*. Doch die eigentliche Fürsorge, die bezeichnenderweise nicht näher ausgearbeitet worden ist, leitet nur wieder über in die

Kommunikationslosigkeit. Zwar ist sie beschrieben als eine «Fürsorge, die wesentlich die eigentliche Sorge – das heißt die Existenz des Anderen betrifft»: Sie «verhilft dem Anderen dazu, *in* seiner Sorge sich durchsichtig und *für* sie *frei* zu werden» (SZ, S. 122). Doch die Freisetzung für die Eigentlichkeit bedeutet eben nur: die Absetzung von jedem relevanten Bezug zu Anderen und die Einsetzung in den Stand der Einzigkeit, die nur noch einen uneigentlichen Verkehr zuläßt. (Dies werden im weiteren die Kap. 5 und 6 meiner Kritik noch näher zeigen.) Eine Ausarbeitung der Struktur der eigentlichen Fürsorge hätte zugleich die Freilegung desjenigen Selbstwiderspruchs bedeuten müssen, in dem der quasi-methodische Solipsismus Heideggers mit jedem seiner Theoreme befangen bleibt:

Einerseits muß auch von Heidegger unthematisch immer noch ein transzendentales Sprachspiel unterstellt werden, nämlich die ‹selbstverständliche› Ausgangslage, daß eine prinzipiell geteilte Sprache als Vernunftsediment der Analyse so zugrunde liegt, daß ihre Verstehbarkeit und deshalb auch Akzeptierbarkeit oder Verwerfbarkeit gewährleistet bleibt. Andererseits muß Heidegger zur Rechtfertigung der eigenen ‹Idealität› seines Verfahrens zugleich immer mit einem *systematisch* intendierten Kommunikationsbruch operieren. Denn sonst wäre das ‹Ideal› der Kommunikationslosigkeit allzu schnell als bloßes Pseudoideal durchsichtig, was ebensowenig geschehen soll wie die bloße Abschottung in der Einzigkeit. Beides zugleich ist nicht leistbar, weil es nicht ‹zu haben› ist.

Die Dunkelheit und Undurchsichtigkeit des Einen für den Anderen, von der gerade der maßstäbliche Staatstheoretiker der frühen Neuzeit, Hobbes, ausgegangen war, um sie doch gerade in der Einheit seiner wenig ‹optimistischen› Staatstheorie nach Möglichkeit noch abzufangen, wird von Heidegger dazu benutzt, in quasi-leibnizscher Manier Monaden gegen Monaden zu setzen, wie wenn sie noch in einem inneren Verbund wären, und im zweiten Schritt ihre Verbindung aufzulösen und jeden Zusammenhang von Bedeutung wieder durchzustreichen. Die fensterlosen Monaden von Dasein und Dasein stehen bei Heidegger in keinem inneren Verbund mehr, der ausgewiesen wäre – außer in der Beziehung eines mirakulösen ‹schicksalhaften Geschicks› (s. u. Kap. 6).

Um zu verhindern, daß die Theorie der ‹eigentlichen› Verkehrslosigkeit von vornherein als Wahnwelt erschiene, ist die Unterstellung einer Kommunikation a priori unumgänglich. Um aber an der Theorie der wesentlichen Kommunikationslosigkeit als der richtigen festhalten zu können, muß die faktische Anleihe bei einem transzendentalen Sprachspiel im nachhinein negiert und wie nie geschehen gehandhabt werden.

Der *Mythos der Eigentlichkeit* verleugnet also in jedem seiner Bilder den Grundbegriff einer transzendentalen Kommunikation, ohne den er zugleich doch nicht auskommen kann. Von der gemeinsamen Welt der Sprachvernunft muß auch der gerade noch Gebrauch machen, der sie leugnen will. Noch im Leugnen bestätigt er sie. Der quasi-methodische Solipsismus Heideggers in SZ ist deshalb der *dogmatische* Solipsismus par excellence.

Heidegger ist bei dem Versuch der *Um*schreibung des Subjekts ins Dasein notwendig gescheitert, weil die Grenzen der Vernunft nicht dadurch gesprengt werden, daß die Vernunftaktoren an ihnen selber zugleich sterblich sind. Der Versuch der Eingrenzung der Rationalität muß immer noch Rationalitätsstandards enthalten, was ja gerade der Heidegger von SZ auch noch intendiert. Aber dieser Versuch kippt in SZ immer wieder ab in ein borniertes Gefesseltsein durch den Tod, der alle Rationalität zu liquidieren droht. Es ist nicht so, daß Heidegger diese Gefahr blank ignoriert hätte. Ihr zu begegnen, hatte er gerade seine Theorie des Gewissens entwickelt. In ihr wird aber nur die Katastrophe perfekt, nämlich das Scheitern des Projekts der Eigentlichkeit und damit auch das Scheitern seines Projekts der Rationalitätskritik aufdringlich sichtbar. Heideggers *Negationssyndrom*, sein exzessiver Wille zur ‹Umwertung aller Werte›, durch Nietzsche anerzogen und quasi ‹geheiligt›, wird in der Eliminierung des Gewissens auf den Gipfelpunkt getrieben.

5. Verwerfung der Moralität

Während Heideggers Todesanalytik in der Tradition einer Sorge um die Sterblichkeit steht, welche zur in der Tat ‹großen› abendländischen Überlieferung der Vernunft seit Platon essentiell hinzugehört, ist seine Deutung des Gewissens nur qualifizierbar als ‹gewissenlos›, und das nicht lediglich in dem formalen Sinne, daß der Analytiker der Moralität nicht als Moralist gefordert ist, sondern eben als Analytiker. Heidegger schlägt vielmehr das Gewissen selbst weg, er unterschlägt es. Seine Deutung ist deshalb schon einmal gut erläuterungsfähig durch den in anderen Kontexten stehenden Satz: «Sein Gewissen war rein. Er benutzte es nie.»[12] Heidegger bewirkt dasselbe, indem er es immer benutzt, auch wenn gar kein Grund dazu besteht, also von der Sache gar nicht die Rede ist. Psychologisch erklärbar ist das nur aus dem notorisch ‹schlechten› Gewissen eines abgewiesenen Priesteramtskandidaten, der die Verweigerung des Glaubens schließlich übertrumpft in der bei Turgenjew und Dostojewskij geschilderten Manier. Aber diese Seite ist uninteressant, zumal Heidegger selbst *sach*logische Gründe für seine Deutung aufzubieten sucht und hier in der Tat nur über Sachen zu entscheiden ist, nicht über Personen. Freilich bleibt auch die tendenziell verquere Tradition ‹christlicher› Gewissenszucht zunächst immer anzuerkennen, gemessen an asiatischer ‹Brutalität› der ausgelebten Gewissenlosigkeit. Und doch interessiert hier nur der Zusammenhang von universalisierbarer Vernunft und individueller Lokalisation im Gewissen, an dem sich Heidegger planvoll versieht:

Im *Dasein* Heideggers ist das *Subjekt*sein, nämlich das Zugrundegelegtsein noch einmal auf eine sehr eigentümliche und zunächst gar nicht unplausible Weise reflektiert. Dasein ist selbst anerkannt als ein *Grund-sein*, aber mit einer überragenden Bedeutungsverschiebung zugunsten der Nihilität: Dasein als ‹Grundsein›, so ist zu erinnern, besagt mit Heidegger (1) nach der Seite der Geworfenheit: «des eigensten Seins von Grund auf *nie* mächtig sein» (SZ, S. 284). Denn es ist «*nicht durch* es selbst, sondern *an* es selbst *entlassen*» (SZ, S. 284f). Und als ‹Grundsein› besagt es (2) nach der Seite des Entwurfs: nichtiges Grundsein «als Freisein des Daseins für seine existenziellen Möglichkeiten. Die Freiheit aber *ist* nur in der Wahl der einen, das heißt im Tragen des Nichtgewählthabens und Nichtauchwählenkönnens der anderen» (SZ, S. 285). Aus der doppelten Nichtigkeit des Grundseins leitete Heidegger ab: «*Die Sorge selbst ist in ihrem Wesen durch und durch von Nichtigkeit durchsetzt.* Die Sorge – das Sein des Daseins – besagt demnach als geworfener Entwurf: Das (nichtige) Grund-sein einer Nichtigkeit» (ebd.). Soweit läßt sich der Rekonstruktion von Dasein in der Heideggerschen Lesart prinzipiell durchaus folgen.

Die Pointe der usurpierten Gewissensdeutung ist nun freilich die

[12] St. J. Lec: Neue unfrisierte Gedanken. München 1964, S. 53.

Ineinssetzung von Schuldigsein und Grundsein einer Nichtigkeit, wodurch sich für Heidegger ergibt: *«Dasein ist als solches schuldig»* (ebd.). Wird aber ‹Schuldigsein› zum Äquivalent für das ‹Grundsein einer Nichtigkeit›, wird damit der Ausdruck der Schuld seiner Bedeutung entkleidet. Bin ich nämlich nichtiger Grund einer Nichtigkeit, unfrei nach der Seite der Geworfenheit und auch im ‹freien› Entwurf immer geworfen in die Nichtigkeit des Ausschließenmüssens, also auch hier maßstäblich *un*frei, so wäre ich allemal eher als *un*schuldig zu bestimmen denn als schuldig und allemal eher zu qualifizieren als ohnmächtig Geführter einer griechischen Tragödie. Setzt nun dagegen Heidegger den Gewissensruf gleich mit dem Anruf auf ein eigenstes Schuldigsein, und zwar so, daß damit vor die prinzipielle und kontinuierliche Nichtigkeit des Daseins gerufen wird, so wird der Begriff der Schuld entdifferenziert zum Begriff der *Nichtigkeit ohne Verantwortung*.

Das Lob des totalen und unausgesetzten Schuldigseins befreit nämlich von der Verantwortung und Pflicht und Schuldigkeit für dies und das nachhaltig Konkrete. Das absolute Schuldigsein kennt nicht mehr den Unterschied der ‹Gerechten› und der ‹Ungerechten›. Es usurpiert einen Ort *vor* der Moralität im Sinne Kants und *vor* der Sittlichkeit im Sinne Hegels. Es ist der fingierte Ort der Ursprünglichkeit, dem Anspruch nach *vor*geordnet vor allen moralischen und rechtlich-sittlichen Verhältnissen. Wer mit Heidegger eigentlich Gewissen haben will, ist ausschließlich entschlossen zu sich selbst – ohne Rücksicht auf die Korrektive des moralisch qualifizierten und deshalb auch noch die Rechtsverhältnisse anleitenden Gewissens. In der bekannten Art angemaßter Substruktion setzt Heidegger: «Durch die Moralität kann das ursprüngliche Schuldigsein nicht bestimmt werden, weil sie es für sich selbst schon voraussetzt» (SZ, S. 286). Dadurch sucht Heidegger den abendländischen und speziell den seit Kant etablierten Sinn der Moralität des Handelns zu liquidieren. Freilich setzt er sich gerade dadurch selbst in ein theoretisch unüberbotenes Unrecht, das in einem wesentlichen Zusammenhang mit seiner eigenen NS-Machenschaft steht. Heidegger tritt an zur Widerlegung einer ‹vulgären Gewissensauslegung› und bereitet gerade dadurch seine eigene Vulgarität vor: die pseudoheroische Überhebung über Recht und Moral. Wir tun deshalb gut daran, auch wegen der politischen Implikationen im Denken Heideggers den § 59 von SZ mit durchaus grimmigem

Ernst zu lesen. Denn hier wird erst ganz offensichtlich, worum es Heidegger mit seiner sog. Gewissensdeutung geht: um die blanke Verabschiedung des Theoretikers von Recht und Moral, eine Liquidation, die er zeitlebens niemals essentiell revidiert hat:

Wenn § 59 «die vulgäre Gewissensdeutung» befehdet, die eben so vulgär nicht ist, so aus gutem Grund: um gerade die Vulgarität des radikalistisch gewordenen Subjekts vergessen zu machen. In Heideggers Kritik heißt es u. a.: Unter der Annahme «von eindeutig verrechenbaren Maximen würde das Gewissen der Existenz nichts Geringeres versagen als – *die Möglichkeit zu handeln*» (SZ, S. 294). Damit soll primär eine materiale Wertethik zurückgewiesen sein. Tatsächlich gilt der Angriff jeder Ethik und unter Rückgriff auf Maximen vorzüglich der Kantischen. Inwiefern aber durch Maximen – und mögen sie noch so eindeutig ‹verrechenbar› sein (was sie eben gar nicht sind) – dem Subjekt die Handlungsmöglichkeit genommen würde, ist indessen von Heidegger nur so einsichtig zu machen, daß der Handelnde gänzlich ungebunden bleiben soll. Eben dadurch stürzt er sich freilich in ein schlechthin ‹anarchisches› Quasi-Handeln, in ein führungsloses, wirres Tun eines Getriebenen, und bleibt: ein augenblicklich jeweilig zu ‹allem› und ‹nichts› entschlossenes Selbstbehauptungsquantum ohne Sinn und Verstand für das, was ‹ein Gewissen haben› meint: nämlich ein stimulierendes Regulativ des im übrigen nur verantwortungslosen Tuns, das konterkariert werden soll. Freisein im Handeln wird deshalb für Heidegger zum Freisein von aller Regel einer regulierenden Vernunft, die sich als Gewissen vernehmlich macht.

Zu den durchaus ‹aufregendsten›, aber auch schon besonders gern übersprungenen Setzungen in SZ gehört die einleitende Bezeichnung zu Beginn des § 59 für alle überlieferte (und auch zukünftig relevante) Gewissensanalytik: «Vulgär nennen wir die Gewissensauslegung, weil sie sich bei der Charakteristik des Phänomens und der Kennzeichnung seiner ‹Funktion› an das hält, was *man* als Gewissen kennt, wie man ihm folgt bzw. nicht folgt.» Ein entsprechender Ansatz, von Nietzsche gesteuert und auf das Entsetzendste und Verkehrteste sogar noch bis zum ‹Reichsführer SS› durchgehalten, ist immer *erhebend*, nämlich ebenso in der anarchischen wie in der totalitären Variante Glanzpunkt eines elitären Selbstgefühls, das freilich nur jene ‹Erwachsene› erbaut, die Kinder geblieben sind, und zwar im schlechten Sinne: die also den Übergang auf die Stufe einer universalisierbaren Moral erfolgreich vermieden haben. Sehen wir nach, inwiefern Heideggers Ansatz günstiger daran sein konnte.

Die ‹vulgäre› Gewissensdeutung interpretiert mit Heidegger das Gewissen aus der Verfallenheit an das Besorgen und hält so gerade den Aufruf zur Eigentlichkeit nieder: «Die Alltäglichkeit nimmt das Dasein als ein Zuhandenes, das besorgt, das heißt verwaltet und verrechnet wird. Das ‹Leben› ist ein ‹Geschäft›, gleichviel ob es seine Kosten deckt oder nicht» (SZ, S. 289).

Heidegger subsumiert die Einwendungen der ‹vulgären Gewissensauslegung› gegen seine Interpretation unter vier Titeln: «1. Das Gewissen hat wesentlich kritische Funktion. 2. Das Gewissen spricht je relativ auf eine bestimmte vollbrachte oder gewollte Tat. 3. Die ‹Stimme› ist erfahrungsgemäß nie so wurzelhaft auf das Sein des Daseins bezogen. 4. Die Interpretation trägt den Grundformen des Phänomens, dem ‹bösen› und ‹guten›, dem ‹rügenden› und ‹warnenden› Gewissen, keine Rechnung» (SZ, S. 290).

Dagegen setzt Heidegger (im Ablauf seiner Gegenrede in umgekehrter Ordnung): *4.* Grundphänomen des ‹schlechten› Gewissens ist der Vor-Ruf in die Geworfenheit. Das geworfene Schuldigsein ist ‹früher› als jede Verschuldung, also ihr gegenüber vorgängig. Dagegen ist das ‹gute› Gewissen überhaupt kein Gewissensphänomen, sondern meint nur das «Gewißwerden des Nichtgetanhabens» (SZ, S. 292). Am Ende orientiere sich aber das ‹schlechte› Gewissen am ‹guten›, bewege sich also «in der Dimension des besorgenden Verrechnens und Ausgleichens von ‹Schuld› und ‹Unschuld›» (ebd.). Das ‹vorweisend-warnende› Gewissen komme zwar im Unterschied zum ‹rückweisend-rügenden› dem ursprünglichen Aufruf als Vorruf scheinbar in die Nähe, und doch halte auch es sich in der «Verständigung des Man» (ebd.). *3.* Für Heidegger gilt: Die gesamte moralischphilosophische Tradition versieht sich eben, an das Besorgen verfallend, am ursprünglichen, von Heidegger vorgetragenen Sachverhalt des Gewissens, und das gilt prinzipiell auch noch für Kant. *2.* Auch die Orientierung an je bestimmten Taten und Verfehlungen indiziere wieder nur die verquere Ausrichtung auf Dasein als «‹Haushalt›, dessen Verschuldungen nur ordentlich ausgeglichen zu werden brauchen» (SZ, S. 293). *1.* Demgemäß sei die Erwartung einer *kritischen* Leistung des Gewissens deplaziert – abgesehen von der einen Krisis: der Unterscheidung des eigentlichen und des uneigentlichen Daseins, also des zureichenden Vernehmens des Gewissensaufrufs zum eigensten Sein und des Überhörens.

Vor einer Kritik der Heideggerschen Kritik bleibt zu fragen und zu klären: Was behauptet Heidegger eigentlich und am Ende als das Zuhörende im Gewissenruf? Das verschwiegene Sichentwerfen auf das eigenste Schuldigsein, nämlich auf das nichtige Grundsein einer Nichtigkeit, bezeichnet die *Entschlossenheit* als den eigentlichen ‹Ertrag› des Gewissensrufs. Die *Ständigkeit* der Erschlossenheit erschließt sich aber erst über das Sein zum Tode: «Die Entschlossenheit wird (...) erst *als vorlaufende* ein ursprüngliches Sein zum eigensten Seinkönnen des Daseins» (SZ, S. 306). Das Gewissen-haben-wollen tendiert aus ihm selbst dazu, die Nichtigkeit schlechthin «*eigentlich und ganz*, das heißt ursprünglich» zu erfahren (ebd.). Diese Erfahrung wird dem Dasein als vorlaufende Entschlossenheit. Während die Entschlossenheit für die Selbständigkeit freisetzt, wird diese mit Heidegger durch die *eigenste* Möglichkeit des Todes erst «eigentlich und ganz» (SZ, S. 307). Während der ‹Gewissensruf› vereinzelt, erscheint die «ungebrochene Schärfe» dieser Vereinzelung im Vorgriff auf den Tod als die unbezügliche Möglichkeit (ebd.). Während das Gewissen-haben-wollen das «vorgängige und ständige Schuldigsein» annimmt, wird durch das Einholen der Todesmöglichkeit «die eigentliche Existenz des Daseins durch nichts mehr *überholt*» (ebd.). Während die der Entschlossenheit verbundene Gewißheit die Existenz «*zur Wiederholung ihrer selbst*» befähigt, wird die Ständigkeit dieser Gewißheit im Vorgriff auf die schlechthin *gewisse* Todesmöglichkeit «gewährleistet»: «Dessen schlechthin gewiß, das heißt *vorlaufend*, gewinnt die Entschlossenheit ihre eigentliche und ganze Gewißheit» (SZ, S. 308). Während schließlich die Entschlossenheit angesichts der Unentschlossenheit als der anderen Möglichkeit der Existenz «versteht, daß sich die *Unbestimmtheit* des Seinkönnens je nur bestimmt im Entschluß auf die jeweilige Situation», wird hingegen die «*Unbestimmtheit* des eigenen, obzwar im Entschluß je gewiß gewordenen Seinkönnens» erst vollständig zugänglich im Vorlaufen selbst (ebd.).

Das Komplexe löst sich mit Heidegger auf, und zwar in ein allzu Einfaches. Die «Nichtigkeit, die das Dasein in seinem *Grunde* bestimmt», erweist diesen als «Geworfenheit in den Tod» (ebd.). Was beabsichtigt ist, liegt von Anfang an deutlich genug zutage: Gelingt es, das nichtige Grundsein einer Nichtigkeit als Geworfenheit in den

Tod auszuweisen, dann läßt sich die Gewissensdeutung generell durch die Todesdeutung präzisieren und profilieren. Der riskante Versuch solcher ‹Präzisierung und Profilierung› scheint darüber hinaus auch noch durch die nachfolgende Orientierung an der gegenläufigen Bewegung rechtfertigungsfähig. Das Risiko scheint nämlich schon wieder dadurch getilgt, daß die Gewissensdeutung ihrerseits erst «das volle existenziale Verständnis des Vorlaufens selbst» erschließen soll (SZ, S. 309). Während das «eigentliche ‹Denken an den Tod›» nun in einem Gewissenspräparat entdeckt wird (ebd.) und dadurch die Einheit von Gewissensdeutung und Todesanalytik noch zusätzlich bekräftigt scheint, ist tatsächlich das Gewissen-haben-wollen schon *im vorhinein* «als Sein zum Tode» (SZ, S. 310) bestimmt gewesen, so daß das allzu Einfache, weil gar nicht Sachgegründete geschehen muß: Das Präparat mußte mit Notwendigkeit das Gewünschte enthalten und auch wieder freigeben können. Wenn Heideggersches Gewissen-haben-wollen angeblich «illusionslos in die Entschlossenheit des ‹Handelns›» bringt (ebd.), dann lediglich in die Quasi-Entschiedenheit nur eines einzigen bestimmten, nämlich durch die leere Negativität des Todes vorgezeichneten Tuns – und eben damit aber in die Entschiedenheit zum Unbestimmten schlechthin.

Eine andere ‹Bindung› als die an den Tod gibt es für eigentliches Dasein nicht, denn gerade ‹das Gewissen› bindet nicht anders als der Tod selbst. Die Abwehr von Regulativen für das Gewissen galt allein dem Ziel, es auch noch dem Pseudo-Regulativ des Todes zu unterstellen. Die einzige ‹Regelmäßigkeit›, die bleibt, ist die abstrakteste der ‹Wiederholung› seiner selbst in der Eigentlichkeit. Und damit bleibt nur: regellose Willkür. Durch die perfekte *Entschränkung* des Gewissensphänomens gegenüber den Bedingungen der Tradition (und auch aller zukünftigen Gewissensanalytik, die den Namen verdient) wird ein Sachverhalt allgemeinsten und wiederkehrenden Sinnes für Nichtigkeit, dem sich zu stellen nur noch Gewissen-haben-wollen *genannt* werden kann, vom Gewissen selbst aber nichts Qualifiziertes mehr übrigläßt, ohne Schwierigkeit seinerseits als Variante des Seins zum Tode bestimmbar. Nach der Entschränkung des Gewissens zu einem prinzipiell regellosen Selbstverhältnis wird der Tod zum willkürlichen Richter eines für die Willkür freigesetzten Subjekts, für das *blanke Dasein.*

Die angebliche Einheit von Todes- und Gewissensdeutung erweist sich, nur die Einheit eines durchaus einseitigen Todesentwurfs mit einer entsprechend einseitigen Todeserfahrung zu sein. Mit Heidegger erweist sich dann, daß ihre Einheit tatsächlich herstellbar ist. Aber gegen Heidegger wird auch ersichtlich, daß gar nicht Tod und Gewissen vereinigt sind, sondern nur Tod mit Tod.

Es ist nämlich, lassen wir Heidegger beiseite, für die Beziehung von Tod und Gewissen gerade *essentiell*, keine aufeinander reduzierbaren Größen zu sein. Vielmehr ist der Sachverhalt, den wir qualifizierbar mit dem Ausdruck ‹Gewissen› bezeichnen können, gerade von der Mortalität so wesentlich abgesetzt, eine sie konterkarierende Moralität zuzulassen. Wenn es einen Bezug zwischen Tod und Gewissen gibt, so genetisch den, daß – gewiß in einem nur sehr hypothetischen Konstrukt – das Gewissen etabliert wird über den Mord am Urvater in der Urhorde, und strukturell den, daß – in einem auch theoretisch zwingenden Sinne – das Gewissen erforderlich ist, um dem Tod in jeder seiner Varianten widerstehen zu können. Nur die *Rational*verfassung des Gewissens läßt es zu, sonst wildwüchsige Selbstbehauptungsquanten in die Vernunft der Selbsterhaltung als *geteilter* zu überführen. Das Gewissen als Kontrapart ebenso des überkommenden wie des produzierbaren Todes gewährleistet erst die Kontinuität möglicher Humanität. An eben ihr versieht sich Heidegger. Wir müssen annehmen: mutwillig.

Die Kritik an Heideggers Konzept ist indessen weder im voraufgehenden noch im folgenden orientiert an einer ‹moralisierenden› Einrede Heidegger gegenüber. Denn diese ist eben keine Einrede, sondern nur Rekurs auf ein unqualifiziertes Bedürfnis, uns ‹moralischer› sehen zu wollen – und Wünsche gibt es viele, die sich nicht erfüllen. Davon ist hier freilich gänzlich und strikt abgesehen:

Die moralisierende Einrede ist von der Art, auch noch dem sachorientierten Konstrukteur der ‹Wirklichkeit› vorhalten zu wollen, was der ‹Wirklichkeit› vorzuhalten wäre. Der Mensch praktiziert nun einmal wenig bis gar keine ‹Moral›, es sei denn, er werde dazu gezwungen, also extern verpflichtet, oder er zwänge sich selbst dazu, verpflichte sich also mit Kant und Fichte selbst dazu. Heideggers Deutung, soweit sie ein Beschreibungsversuch wäre, bleibt also freizuhalten etwa auch von quasi-theologischen Einreden, er vollende mit seinem Ansatz gerade den modernen Nihilismus anhaltender ‹Haltlosigkeit›, weil vollständiger Orientierungslosigkeit.

Heideggers sog. Gewissensdeutung ist aber gerade nicht primär deskriptiv, sondern ein abwegiges Konstrukt von der Art, den status quo einer durchaus wenig moralischen Welt nicht nur festschreiben zu wollen, sondern dabei vorzüglich das moralisch-praktische Subjekt zu diffamieren. Dies ist auch gegen Heideggers leere Versicherung der Fall, die Verwendung des Ausdrucks ‹vulgär› bei der Charakterisierung der vertrauten abendländischen Gewissensdeutung sei eben nicht abwertend gemeint. Ebensowenig erfolgreich könnte ich jemanden mit Ausdrücken etwa der Fäkaliensprache belegen und ihm zugleich versichern, abwertend sei das nicht gemeint. Die moralisch-praktische Grundkonzeption des Gewissens bis zu Kant und (auch noch in deutlicher Gegenwendung gegen Kant) bis zu Hegel kann nun freilich nicht dem Heideggerschen Parameter des ‹Man›, also des ‹Uneigentlichen› und ‹Vulgären› subsumiert werden, und zwar aus dem doppelten (und am Ende selben) Grund, weil sich die Tradition prinzipiell *nicht* am Gewissen versieht, Heidegger aber dem Sachverhalt gerade *nicht* gerecht werden kann. Heideggers «Sein und Zeit» ist ein Werk, das die abendländische Moralität und auch die spezifisch Hegelsche Sittlichkeit nicht nur methodisch in die Klammer setzt, sondern von seinem Ansatz her bereits in der Sache zerstört. Das mag noch einmal abschließend erläutert werden durch den Hinweis auf die kontrafaktische Funktion des Gewissens, der sich gerade die von Heidegger ganz zu Unrecht kritisierte Überlieferung prinzipiell korrekt gestellt hatte (wobei von deren theologischen Anleihen und entsprechenden Schlußfolgerungen ganz abgesehen werden kann).

Das Gewissen ist nicht der Ort der Produktion eines zeitlichen Endlichkeitsbewußtseins, sondern eines *sachlichen*. Es produziert damit gerade *Distanz* zur bloß zeitlichen Sequenz, die einmal im Tode überhaupt zu Ende kommt. Zwar schafft das Vorlaufen in den Tod gerade das verschärfende Bewußtsein, daß auch und gerade den legitimationsfähigen, nämlich aus Vernunft gesteuerten Gewissenshandlungen keine beliebig lange Zeit zur Verfügung steht. Entscheidend ist aber für den Gewissensruf das Handelnmüssen *gegen* den Tod, weil nämlich Versicherung des Widerstehenmüssens *gegen* die Zeit. Das Gewissen steht gleichsam quer zu allen Zeitparametern, und zwar als diejenige Instanz, die das prinzipielle Ungenügen gegenüber allen Zeitverhältnissen indiziert, aber nur zu dem Zwecke, *augenblicklich* der eigenen bloßen Ohnmacht zu widerstehen – und dies unnachläßlich nach Maßgabe eines Vernunftparameters, der zwar phylo- wie ontogenetisch nicht ‹von vornherein› explizit ist, aber in seine schließliche Universalgestalt überführt werden muß, wenn das Gewissen überhaupt ‹bei sich› sein soll. Strikt normativ für das Gewissen ist deshalb nur eine Universalnorm, an deren Ausarbeitung wir seit Kants erstem Entwurf kategorischer Imperative arbeiten. Auf Heideggers ‹Einwände› gegen die traditionelle und eben nicht bloß ‹traditionelle›, sondern sachgegründete Gewissensdeutung bleibt also zu erwidern:

(1) In der Tat hat das Gewissen eine wesentlich kritische Funktion, nämlich die der Unterscheidung *in concreto* von moralisch legitimationsfähigen Handlungen und solchen, die es nicht sind. (2) Deshalb ist das Gewissen notwendig bezogen auf eine (je) *bestimmte* vollbrachte oder gewollte Tat. (3) Die ‹Stimme› des Gewissens ist damit fundamental bezogen nicht auf das ‹Sein› des Daseins, sondern auf das, was es *soll*, und was es *soll*, untersteht hier nicht technischen oder pragmatischen Imperativen lediglich hypothetischer Art, sondern kategorischen der Moralität, welche mit einem besorgenden Verrechnen und Ausgleichen von Schuld und Unschuld nichts zu tun haben. (4) Und weil Heidegger die Moralität (und indirekt auch noch die Rechtlichkeit) ganz deplaziert unter das Besorgen zu verrechnen sucht, also *selbst* praktiziert, was er dem Gegner, vorzüglich der materialen Wertethik, vorhält (vgl. SZ, S. 293), ist in der Tat *er* es, der sich an den Grundformen des Gewissensphänomens versieht, so lehrreich auch seine eigene Abstraktion und falsche Subsumption als Gegenpart immer bleibt.

Dem theoretischen Defizit des quasi-methodischen Solipsismus bei Heidegger entspricht das praktische Defizit eines spezifisch *dogmatischen* Solipsismus, den Intersubjektivitätsgehalt moralisch-rechtlicher Ansprüche gar nicht zulassen zu können. Beide Defizite leiten über in die Verneinung der Sozietät bei Herstellung der Horde.

6. Verneinung der Sozietät

Heideggers im «Mitsein mit Mitdasein» angezeigte Theorie der Mit-Subjekte bleibt leer außer im Modus von (a) Gerede, Zweideutigkeit und Neugier und (b) eines schicksalhaften Geschicks. Beide Theoriestücke erscheinen distinkt, deutlich entlegen voneinander. Auch ist nur (a) ausgearbeitet, (b) dagegen allein fragmentiert erkennbar, wenn auch mit um so gravierenderen virtuellen Implikationen. Die Verknüpfbarkeit beider erscheint in der Literatur als Rätsel, wenn überhaupt jenes Uneigentliche des Verkehrs mit diesem usurpierten Eigentlichkeitsmodus einer regressiv aufgeputzten Verkehrsform in eine Verknüpfung gebracht wird.

An den Sachverhalten des Geredes, der Zweideutigkeit und der Neugier hatte Heidegger die Uneigentlichkeit des Verkehrs und damit das ausweichende Man illustriert (SZ, §§ 35–37). Korrelativ war ihm in der «vorbereitenden Fundamentalanalyse» des *Ersten Abschnittes* lediglich eine Leeranzeige eigentlichen Mitseins gelungen, nämlich in der eigentlichen Fürsorge (SZ, S. 122), schließlich nur einer Freisetzung des anderen für seinen eigenen, ihn wiederum vereinzelnden Tod. Dieser Modus eigentlichen Verkehrs erwies sich als gerade auf Kommunikationslosigkeit angelegt: Einen eigentlichen Verkehr unter den Eigentlichen (wenn es denn doch noch einen Plural gibt) gibt es nicht, da jeder in seine Einzigkeit gestoßen ist.

Im *Zweiten Abschnitt* über «Dasein und Zeitlichkeit» erscheint nun unverhofft im Kontext einer Analyse der «Grundverfassung der Geschichtlichkeit» (SZ, § 74) ein Vorgriff auf ein Miteinandersein in «der Mitteilung und im Kampf» (SZ, S. 384), welches anknüpft an die *eigentliche* Überlieferung des Daseins an sich selbst, nämlich die Übernahme eines eigentlichen Erbes aus der Freiheit zum Tode. Dasein wird damit *augenblicklich* eingebunden in das «Geschehen der Gemeinschaft, des Volkes» (ebd.) und nun unverhofft in den *Anschein* eigentlichen Verkehrs gerückt. Dieser Zusammenhang ist nicht nur theorieintern aufklärungsbedürftig, sondern auch wegen der Aufklärung virtueller politischer Implikationen. Jedenfalls eine geradlinige Überleitung auf den NS-Staat, wie dies u. a. Farias [13] trotz seiner Kautelen insinuiert, ist abwegig. Aber es bleibt gerade dann eine Ambiguität, die analysiert werden muß.

Hier soll nun die These begründet werden, daß Heidegger gegen Ende von SZ der verneinten Sozietät des Man, also der *Gesellschaft* der in Gerede, Zweideutigkeit und Neugier Uneigentlichen, eine usur-

[13] V. Farias: Heidegger und der Nationalsozialismus. Frankfurt/M. 1989, S. 107–115.

pierte *Gemeinschaft* der Eigentlichen entgegenstellt, die jederzeit in eine verschwiegene Kampfgemeinschaft umkippen kann, daß also der Verneinung der Sozietät die potentielle Heroisierung der Horde entspricht, damit der abgewerteten Kommunikationsgemeinschaft potentiell Vernünftiger die aufgewertete Regionalgemeinschaft des Clans und auch der Verschworenen des «eigenen» Volkes. Nicht aber wird diese These in der Weise entfaltet, daß aus ihr ableitbar wäre, SZ sei eben doch ein ‹präfaschistisches› Werk. Dafür bleiben die Anknüpfungsmöglichkeiten an Wort und Tat der NS-Ideologie allemal zu dürftig. Nur eine *Potentialität* bleibt zu benennen.

Vorzüglich um Heidegger Gerechtigkeit widerfahren zu lassen, ist deshalb auch zu erwägen, was denn dagegen spricht, angesichts von Gerede, Zweideutigkeit und Neugier nicht der Verkehrsform der Verschwiegenheit, Eindeutigkeit und des ‹kämpferischen Ausgriffs› den Vorrang zu geben, auch wenn jene Verkehrsform nicht dazu berechtigt, das gesellschaftliche Sein als uneigentliches abzuwerten, und diese Verkehrsform nicht dazu, sie zur eigentlichen Gemeinschaft aufzuwerten.

Der unterstellte Uneigentlichkeitsmodus der Gesellschaft meint ein «alltägliches Sein des Da», dem die eigensten Möglichkeiten des Daseins verschlossen sind, weil es gar nicht danach begehrt, sich ihnen zu stellen. Das *Gerede* ist der Ort durchschnittlicher Verständlichkeit. Gerede ist mitgeteilte Rede im Modus der Verfallenheit:

«Die Mitteilung ‹teilt› nicht den primären Seinsbezug zum beredeten Seienden, sondern das Miteinandersein bewegt sich im Miteinanderreden und Besorgen des Geredeten. Ihm liegt daran, daß geredet wird. Das Gesagtsein, das Diktum, der Ausspruch stehen jetzt ein für die Echtheit und Sachgemäßheit der Rede und ihres Verständnisses. Und weil das Reden den primären Seinsbezug zum beredeten Seienden verloren bzw. nie gewonnen hat, teilt es sich nicht mit in der Weise der ursprünglichen Zueignung dieses Seienden, sondern auf dem Wege des *Weiter-* und *Nachredens*. Das Geredete als solches zieht weitere Kreise und übernimmt autoritativen Charakter. Die Sache ist so, weil man es sagt. In solchem Nach- und Weiterreden, dadurch sich das schon anfängliche Fehlen der Bodenständigkeit zur völligen Bodenlosigkeit steigert, konstituiert sich das Gerede» (SZ, S. 168).

Diese Charakterisierung ist der Kommentierung unbedürftig. Illustriert werden kann sie am besten durch Konsequenzen, die sich aus SZ selbst ergeben haben, nämlich den Habitus der Heideggerianer, welchen Adorno treffsicher beschrieben hatte. Heidegger selbst hatte sich beißend genug auch über das *«Geschreibe»* ausgelassen als Submodus des Geredes:

«Das Nachreden gründet hier nicht so sehr in einem Hörensagen. Es speist sich aus dem Angelesenen. Das durchschnittliche Verständnis des Lesers wird *nie* entscheiden *können*, was ursprünglich geschöpft und errungen und was nachgeredet ist. Noch mehr, durchschnittliches Verständnis wird ein solches Unterscheiden gar nicht wollen, seiner nicht bedürfen, weil es ja alles versteht» (SZ, S. 169).

Als Beispiel hierfür mag stehen das Todesgerede angemaßter Eigentlichkeit unter Heideggers Nachlesern ohne Sinn und Verstand, jene Inflation relativ ursprünglicher Endlichkeitserfahrung bei Heidegger selbst – zum Unflat angemaßten Tiefsinns unter Philosophen und Theologen, die den Tod aus SZ kennen, aber im übrigen ihm nur als ‹Fremdkörper› begegnen und dadurch Heidegger über die Maßen mit in Mißkredit gebracht haben. Für solches ‹Verständnis› steht:

«Die Bodenlosigkeit des Geredes versperrt ihm nicht den Eingang in die Öffentlichkeit, sondern begünstigt ihn. Das Gerede ist die Möglichkeit, alles zu verstehen ohne vorgängige Zueignung der Sache» (ebd.).

Das Man der Öffentlichkeit regiert unter den Insignien der Entwurzelung und also Bodenlosigkeit. Solche Sozietät bleibt gewiß strikt zu negieren – und wie sollte man Heidegger nicht zustimmen, wenn dies der einzige oder gar maßstäbliche Modus der Sozietät wäre?

Immerhin hat Heidegger seine Position über das Gerede hinaus durch die Markierung von *Neugier* und *Zweideutigkeit* noch erheblich weiter profilieren können. Die Neugier indiziert dabei frei flottierende, durch das Besorgen nicht mehr gehaltene und deshalb prinzipiell leere und blinde Sicht auf das an ihm selbst immer belanglose Nächste und seine Fortsetzung:

«Sie sucht das Neue nur, um von ihm erneut zu Neuem abzuspringen. Nicht um zu erfassen und um wissend in der Wahrheit zu sein, geht es der Sorge dieses Sehens, sondern um Möglichkeiten des Sichüberlassens an die Welt. Daher ist die Neugier durch ein spezifisches *Unverweilen* beim Nächsten charakterisiert. Sie sucht daher auch nicht die Muße des betrachtenden Verweilens, sondern Unruhe und Aufregung durch das immer Neue und den Wechsel des Begegnenden. In ihrem Unverweilen besorgt die Neugier die ständige Möglichkeit der *Zerstreuung* (...) Die beiden für die Neugier konstitutiven Momente des *Unverweilens* in der besorgten Welt und der *Zerstreuung* in neue Möglichkeiten fundieren den dritten Wesenscharakter dieses Phänomens, den wir die *Aufenthaltslosigkeit* nennen» (SZ, S. 172f).

Neugier und Gerede sind nicht isoliert voneinander, «sondern *eine* Weise zu sein reißt die *andere* mit sich» (SZ, S. 173). Beide sind durchsetzt von Zweideutigkeit:

«Die Zweideutigkeit der öffentlichen Ausgelegtheit gibt das Vorweg-bereden und neugierige Ahnen für das eigentliche Geschehen aus und stempelt Durchführen und Handeln zu einem Nachträglichen und Belanglosen. Das Verstehen des Daseins im Man *versieht* sich daher in seinen Entwürfen ständig hinsichtlich der echten Seinsmöglichkeiten. Zweideutig ist das Dasein immer ‹da›, das heißt in *der* öffentlichen Erschlossenheit des Miteinanderseins, wo das lauteste Gerede und die findigste Neugier den ‹Betrieb› im Gang halten, da, wo alltäglich alles und im Grunde nichts geschieht» (SZ, S. 174).

Das dergestalt *verfallene* Dasein öffentlicher Ausgelegtheit ist die einzige explizit ausgearbeitete Anzeige des gesellschaftlichen Seins (abgesehen von der Einbeziehung der Anderen in der *Mit*welt des Besorgens; SZ, § 26). Gegen Versuchung, Beruhigung und Entfremdung im Verfallen (SZ, § 38) ist fragmentiert gegengesetzt eine aus der jeweiligen Einzigkeit des Eigentlichen hergeleitete Möglichkeit der Rückkehr doch noch zu anderem, nämlich unverstelltem Miteinandersein. Und gerade hierbei wiederholt sich nun freilich gegen Heidegger nur die Verneinung der Sozietät:

Der usurpierte Eigentlichkeitsmodus der Gemeinschaft ist nur Spiegelbild jenes selben Mythos, in dem sich der je Einzige, gebannt durch nur seinen Tod, verrannt hatte. Trotz der theoretischen Inkonsistenz des quasi-methodischen Solipsismus und trotz der praktizierten Egozentrizität des dogmatischen Solipsismus soll sich in der *Wiederholung*, der ausdrücklichen Überlieferung eines ‹Erbes›, die Möglichkeit erschließen, dagewesene Existenz zu erwidern:

«Die Erwiderung der Möglichkeit im Entschluß ist aber zugleich *als augenblickliche* der *Widerruf* dessen, was im Heute sich als ‹Vergangenheit› auswirkt. Die Wiederholung überläßt sich weder dem Vergangenen, noch zielt sie auf einen Fortschritt. Beides ist der Existenz im Augenblick gleichgültig» (SZ, S. 386).

Auf dem Grunde des eigentlichen Seins zum Tode wählt das Dasein sich «seinen Helden» (SZ, S. 385) und erfährt damit sich als eingebunden in ein Geschick «der Gemeinschaft, des Volkes» (SZ, S. 384):

«Das Geschick setzt sich nicht aus einzelnen Schicksalen zusammen, sowenig als das Miteinandersein als ein Zusammenvorkommen mehrerer Subjekte begriffen werden kann. Im Miteinandersein in derselben Welt und in der Entschlossenheit für bestimmte Möglichkeiten sind die Schicksale im vorhinein schon geleitet. In der Mitteilung und im Kampf wird die Macht des Geschickes erst frei. Das schicksalhafte Geschick des Daseins in und mit einer ‹Generation› macht das volle, eigentliche Geschehen des Daseins aus» (SZ S. 384f).

Der hier usurpierte Eigentlichkeitsmodus der Gemeinschaft entspricht verbreiteteren – sehnsuchts- und jedenfalls immer stimmungsvollen – Aspirationen der 20er Jahre, einem Reservoir, aus dem gerade auch die Ideologie der NS-Volksgemeinschaft schöpfen konnte. Entsprechend ist auch bei Heidegger die Usurpation ohne Originalität, und doch ist es nicht ohne Mühsal, sie als Usurpation zu durchschauen. Denn knüpft der ‹Gedanke› nicht etwa ganz konsequent an die vorlaufende Entschlossenheit an? Ist es nicht doch ganz plausibel, daß der durch seine Todesversicherung ganz von der Sozietät Abgerissene und insoweit ‹absolut› Gesetzte gerade aus seiner Abgesetztheit sich auch wieder in den Stand mit Mitdasein eigentlich geteilter Welt einsetzen kann?

Was aber wird denn nun in der *Mitteilung* geteilt und im *Kampf* erkämpft? Was gibt es zu *teilen*? Welche Aus-ein-ander-setzung gilt es? Im Mythos der Gemeinschaft und des Volkes kehrt sich freilich nur noch einmal der Mythos der Eigentlichkeit als der der eigentlichen Verkehrs*losigkeit* hervor. Denn in der Eigentlichkeit des ‹schicksalhaften Geschicks› kann wiederum nur alles und nichts mitgeteilt, geteilt und umkämpft sein – mangels irgendeiner anderen Standardisierung als der durch «die *erstreckte Stätigkeit*, in der das Dasein als Schicksal Geburt und Tod und ihr ‹Zwischen› in seine Existenz ‹einbezogen› hält» (SZ, S. 390f). Dasein, von dem Heidegger behauptet, «daß es in solcher Ständigkeit augenblicklich ist für das Welt-Geschichtliche seiner jeweiligen Situation» (SZ, S. 391), bleibt in der angemaßten Gemeinschaft des Volkes so *un*gehalten wie in seiner vorlaufenden Entschlossenheit haltlos. Hier wie dort entbehrt es aller Regulation. Es ist nicht erkennbar, wie etwa Roland, der in den Pyrenäen das Heer deckt und mit seiner Nachhut fällt, eher zum Helden erwählt werden sollte und könnte als der, welcher in beispielhafter Intrige dafür verantwortlich ist, daß Roland auf verlorenen Posten gestellt wird. Negt und Kluge haben das Thema (von dem in SZ nicht die Rede ist) noch einmal schneidend in Erinnerung gerufen:

«Man weiß, daß Rolands Stiefvater Ganelon als Gesandter Kaiser Karls zum Sarazenenkönig Marsilius geschickt worden ist, eine Gesandtschaft, die mit Todesgefahr verbunden ist. Er hat sich nur dadurch gerettet, daß er sich mit Marsilius gegen die Partei der Kriegstreiber am fränkischen Hof verbindet; diese, deren Anführer der von Ganelon gehaßte Stiefsohn Roland ist, muß die Nachhut des Heeres bilden, von Marsilius überfallen und geopfert werden. (...) Es gibt das *Gemeinwesen*, aber die Auslese der Besten wird von diesem Gemeinwesen (wider Willen) in den Tod geschickt, und in der Not erscheint es zu spät auf dem Kampfplatz.»[14]

Negt und Kluge mögen es – glücklicherweise – nicht lassen, die Heldengeschichte des Rolandslieds zu ‹aktualisieren› und zu beziehen auf eine Zeit, die auch noch die Zukunft Heideggers nach SZ sein wird. Das *Gemeinwesen* ist steuerungslos von Ronceval in den Pyrenäen bis zu Stalingrad an der Wolga. Die Erfahrung mit dem Gemeinwesen setzt sich fort – bei allen gebotenen Einschränkungen:

«Es ist (...), was Intrige, vorausgegangene Streitigkeiten zwischen militärischen Planstelleninhabern und Parteileuten, was Treue, Verrat, Vorauswissen und Nicht-Handeln betrifft, die gleiche Chiffre im deutschen Hauptquartier, in der Etappe, in der Heeresgruppe Don 1942 abzulesen. Das Ergebnis ist die Aufopferung der 6. Armee, eine Vorhut, die sich in eine Nachhut verwandelt hat, im Kessel von Stalingrad. Aus dem Kessel entkommt der Panzergeneral Hube. Er hat aus der Erfahrung gelernt und bricht in einer ähnlich wie Stalingrad gelagerten Situation in der Kar-Woche 1944 mit der ersten Panzerarmee nicht befehlsgemäß nach Süden aus dem Kessel aus, sondern nach Westen. Hierfür erhält er das Eichenlaub mit Schwertern, muß deshalb das Führer-Hauptquartier in Berchtesgaden aufsuchen. Beim Abflug zerschmettert sein Flugzeug an einer der Bergwände, die Berchtesgaden umgeben. Das Gerücht will nicht verstummen, daß auch hier die Chiffre des Verrats einwirkte. Die Soldaten sagten: er hat nicht gehorcht und ist zum Tode verurteilt worden. Sie nehmen an, daß alle Berichte, die von oben kommen, etwas auslassen, und lesen in der Lücke.»[15]

Jedenfalls der Heidegger von SZ vermochte nicht in der Lücke zu lesen und mochte es schon gar nicht zulassen, daß in der Lücke gelesen würde. Die Lücke in SZ ist die nicht stringent gewordene, lediglich persuasive Überleitung von der Einzigkeit des Eigentlichen in die Gemeinschaft der Einzigen als in das Gemeinwesen der Eigentlichen. Denn diese ‹Gemeinschaft› ist als usurpierte ohne anderen Standard als den bloß regellosen Vorsturz in die tödliche Endlichkeit des Einzigen und deshalb gerade ein bloßes *Additiv*. Dann aber muß solche

[14] O. Negt/A. Kluge: Geschichte und Eigensinn. Frankfurt/M. 1981, S. 372f.
[15] Ebd., S. 373.

‹Gemeinschaft› immer wieder als anarchische in sich zusammenstürzen, und dies gerade dann, wenn sie von Heidegger nach SZ in die totalitäre ‹Volksgemeinschaft› umgemünzt wird. Die Gemeinschaft des ‹Volkes› ist in SZ ein Hinzudichten der einen Einzigkeit zum Tode zur anderen, bis sie 1933 zur tödlichen Fiktion wird. Jeweilig reproduziert sich aber so nur die tödliche Kommune eigentlicher Verkehrslosigkeit.

Die *Ideologie der Eigentlichkeit* in SZ ist immer noch am besten erläuterungsfähig durch Herbert Marcuses Angriff auf die *Ideologie des Todes*, wenn jene auch noch sehr viel mehr Voraussetzungen hat, als Marcuse anzeigen konnte. Die «Ideologie des Todes» meint mit Marcuse: seine Aufsteigerung zu einer ontologischen Invariante, die jeweilige Herrschaft stabilisiert. Auch Heidegger wird in dieser Tradition gesehen: Sie findet gerade

«einen Abschluß in Heideggers Interpretation des menschlichen Daseins als der Antizipation des Todes. Dies war die jüngste und höchst passende Ermunterung zum Tod: genau zu der Zeit, als für die entsprechende Wirklichkeit des Todes die politischen Grundlagen gelegt wurden, für die Gaskammern und Konzentrationslager von Auschwitz, Buchenwald, Dachau, Bergen-Belsen».[16]

Es ist erkennbar, daß hier Verkürzungstendenzen ins Spiel kommen. Ich teile also die Auffassung von Marcuse in der vorliegenden allzu knappen Form nicht und gehe im *Anhang I: Die Zerstörung der Politik* explizit darauf ein. Hier muß nur festgehalten werden, daß Heidegger den knapp angedeuteten Rekurs auf mögliche ‹Helden›, mögliche Gemeinschaft und mögliches Volk gegen keine Ambiguität absichert, vielmehr jede Option offenhält. Der ‹Held›, den sich das Dasein wählt, muß gewiß nicht nur martialisch gedacht werden, wenn gerade auch «die kämpfende Nachfolge und Treue zum Wiederholbaren» (SZ, S. 385) eine Vorliebe fürs Martialische indiziert. Die «Gemeinschaft» und das «Volk» dürfen gewiß nicht einfach in der NS-Manier gelesen werden, wenn es auch ein anhaltender Schock bleibt,

---

[16] H. Marcuse: Die Ideologie des Todes, in: H. Ebeling (Hrsg.): Der Tod in der Moderne. Beiträge von Theodor W. Adorno, Karl-Otto Apel, Ernst Bloch, Hans Ebeling, Eugen Fink, Werner Fuchs, Martin Heidegger, Ivan Illich, Karl Jaspers, Wilhelm Kamlah, Leszek Kolakowski, Karl Löwith, Herbert Marcuse, Jean-Paul Sartre, Walter Schulz, Dolf Sternberger. Frankfurt/M. [2]1984, S. 109.

wie leicht Heidegger sechs Jahre nach SZ einer Umschreibung des «eigentlichen» Daseins ins «deutsche» das Wort reden konnte. Doch es fehlen eben – und planmäßig – alle Sicherungen gegen eine solche Auslegbarkeit, weil sie mit Heidegger fehlen müssen: «Wozu sich das Dasein je *faktisch* entschließt, vermag die existenziale Analyse grundsätzlich nicht zu erörtern» (SZ, S. 383). Gerade dies ist freilich nur dann richtig, wenn eine ‹existenziale Analyse› theoretisch möglich und praktisch verantwortbar ist nach Ausklinken aller ethischen Parameter. Heidegger hat – in der Nachfolge Nietzsches – immer wieder geradezu mit Verbissenheit dies unter seine Verdienste gerechnet: Sein Denken sei schließlich «weder theoretisch noch praktisch»,[17] es ereigne sich vielmehr «vor dieser Unterscheidung»[18]. Tatsächlich macht gerade dies den Kernbestand der Ideologie der Eigentlichkeit aus: angeblich den Forderungen theoretischer Konsistenz wie praktischer Kompatibilität überlegen zu sein, also ebenso dem Einwand des quasi-methodischen wie dem Einwand des nur noch dogmatischen Solipsismus. Indessen zeigt sich, daß die sog. Formalität der Existentialanalytik neue – und angemaßte – nicht bloß formale Präskripte einschließt, und deren philosophisch wie politisch folgenreichstes ist das fürchterliche Offenlassen aller Optionen, also auch einer solchen, die Gemeinschaft nur usurpiert, re vera aber bei der Einzigkeit des zu allem Entschlossenen bleibt und so die Negation der Sozietät nicht erneut aufhebt.

Die Ideologie der Eigentlichkeit steht daher quer zur Philosophie von «Sein und Zeit». Hatte sich Heidegger durch diese zeitweilig auf die Höhe der Leistungen Platons und des Aristoteles, Kants und Hegels vorgearbeitet, so wird seine Leistung immer schon wieder zersetzt, zumindest in jedem Schritt gefährdet durch Inkonsistenzen der Theorie selbst, die in praktischer wie spezifisch politischer Hinsicht dem Untergang zuarbeiten. Nicht, daß SZ Fragment blieb (daß also nur die beiden ersten Abschnitte des ersten Teils vorliegen), ist dann die beschwerlichste Last, sondern: daß SZ so, wie das Werk vorliegt, seinen eigenen Untergang schon programmiert. Die Untergangs-

[17] M. Heidegger: Brief über den «Humanismus», in: ders.: Platons Lehre von der Wahrheit. Mit einem Brief über den «Humanismus». Bern ^{2}1954, S. 111.
[18] Ebd.

erfahrung Heideggers und seine Antwort ist freilich eine andere als die, die von mir skizziert wurde. Heideggers eigene Lehre aus SZ ist der Übergang in die Philosophieferne. Seine Krise des Selbstverständnisses führt für ihn nicht zur Philosophie zurück, sondern bereitet bereits das für ihn gesetzte Ende der Philosophie vor. Dem muß man nur folgen, um zu wissen, wohin nicht mitzugehen ist. Genau zu wissen, wo kein Weg weiterführt, ist freilich nützlich.

2. TEIL

KRISE DES SELBSTVERSTÄNDNISSES

Teils aus eigenen Denkimpulsen seit den späten 20er Jahren vorangetrieben, teils durch das mitgestaltete politische Desaster der 30er Jahre zu bedingtem Überdenken gezwungen, unternimmt es Heidegger mit seiner sog. Kehre (die, genauer gesprochen, aus mehreren ‹Kehren› besteht), sich endgültig von der Subjekttheorie zu verabschieden. Hier gibt es Kontinuität, denn der Bruch ist schließlich schon in SZ eingeleitet, und Diskontinuität, denn der Impuls von SZ wird von Heidegger in steigendem Maße als nicht radikal genug eingeschätzt. Auf dem Wege von der ersten Fassung seiner Abhandlung «Vom Wesen der Wahrheit» von 1930 über die «Beiträge zur Philosophie» (1936–1938) bis hin zum 1946 verfaßten Brief «Über den ‹Humanismus›» wird schließlich auch noch das ‹Dasein› ganz verflüssigt, da auch in ihm noch viel zu sehr vom ‹Subjekt› die Rede sei. In der Krise des Selbstverständnisses dominiert immer mehr ‹das Ereignis›, von dem wir freilich erkennen müssen, daß es nur wieder Ort einer zur *Philosophie* der Kehre komplementären *Ideologie* ist. Die Krise des Selbstverständnisses mit ihren bedeutenden Einsichten in die Geschichte der Metaphysik und den Aufbruch der Technik geht immer einher mit einer grotesken Verkennung der politischen Realität und maßlosem Anspruch. Beide Elemente, Einsicht wie Blindheit, kontaminieren und überbieten noch einmal die Verwirrung, die aus der schwer erträglichen Einheit von Philosophie und Ideologie in SZ bereits vertraut ist. Die Verwirrung führt nun zum Schrecken, der über das Ereignis des angemaßten Führers noch hinausreicht. Denn Heideggers Vernunftkritik verläßt mit der sog. Kehre die Vernunft selbst: Die Eingrenzung der Rationalität ermangelt nun der Rationalitätsstandards überhaupt. Die Kehre antizipiert deshalb schon «das Ende der Philosophie», d. h. wesentlich *auch* das Ende der Philosophie Heideggers.

A: Die Philosophie der Kehre

In sich intensivierenden Schüben tritt Heidegger in bedingte Distanz auch und gerade zu sich selbst. Die erste große Revision gilt der Wahrheitsfrage (Kap. 7). Die zweite dem Zeit-Raum des Seins (Kap. 8). Die dritte und endgültige der Revision des Daseins (Kap. 9). Keine dieser Revisionen ist von den jeweilig anderen unabhängig, und jede durchläuft eine spezielle Entwicklungsgeschichte. Die vorliegende geraffte Studie, die immer auch der Funktion genügen muß einzuführen, kann nur einige markante Stützpunkte in der Heideggerschen Entwicklungsgeschichte herausgreifen. Gerade für den Umbruch von den späten 20er Jahren bis zur Mitte der 40er bleiben weitere Abhandlungen von im Grunde auch erstrangiger Bedeutung heranzuziehen sowie die Vorlesungen aus dieser Zeit, die von nicht geringerer Erschließungskraft sind. Ein re vera reiches Bild der ‹Kehre› ist ohnehin nur zu zeichnen, wenn Heideggers in den 30er und 40er Jahren umfänglichste Auseinandersetzung vorzüglich mit Nietzsche und Hölderlin berücksichtigt werden könnte. Dies ist hier indessen sowenig möglich wie die Integration seiner Kant-Analysen im Umfeld von SZ.

Philosophen sind einer Umkehrung, weil Abkehr von verrotteten Verhältnissen von Hause aus nahe. Die erste große *Wende* vollzieht Platon mit dem Gedanken einer περιαγωγὴ ὅλης τῆς ψυχῆς, einer «Umwendung der ganzen Seele», die sich von den Scheingebilden bloß angemaßter Wirklichkeit dem wahrhaft Seienden und deshalb auch Befreienden zuwenden soll. Rousseaus Aufforderung zur Wiederherstellung ursprünglich ‹guter› Verhältnisse, Kants ‹Kopernikanische Wende› in der Erkenntniskritik und aller Transzendentalphilosophie, Marxens Absicht auf Revolution wie Nietzsches Projekt einer ‹Umwertung aller Werte› sind hierfür Beleg genug. Was wendet sich nun bei Heidegger, was bedeutet die ‹Kehre›?

Die Kehre meint Abkehr auch noch von den bedeutenden Resten der Subjekttheorie in SZ und vollständige Überlassung an das sog. Sein. Dies ist (a) die proklamierte Absicht in Heideggers Schriften seit *seiner* sog. Kehre und (b) die erhoffte Aussicht für eine *allgemeine* Wende im sog. Seinsgeschick. Solche Absicht und Aussicht ‹provoziert› naturgemäß, nämlich gemäß der Verfassung der Subjektivität des Subjekts und auch noch des Heideggerschen Subjekts im Heideggerschen Dasein. ‹Provokation› gehört freilich essentiell zur Philosophie, nämlich das Herausrufen und Herausholen aus Untauglichem. Sehen wir zunächst nach, was an Heideggers Kehre taugt.

7. Revision der Wahrheit

Was sich in Heideggers Denken kehrt, darf in keiner Phase vorgestellt werden als nicht schon der Möglichkeit nach angelegt. So liegt die erste Revision der Wahrheitsfrage bereits mit SZ selbst vor: nämlich mit dem Versuch, die Aussagewahrheit schon dort zu unterwandern zugunsten einer ‹ursprünglicheren› Wahrheit der Existenz. *Erschlossenheit* und speziell in der eigentlichen Fassung die *Entschlossenheit* indizieren bereits seit SZ eine fundamentale Distanz zur ‹klassischen› und auch zeitgenössischen Wahrheitsdeutung. Unter dem Titel der Erschlossenheit suchte Heidegger den Horizont wahrer wie falscher Aussagen so zu bestimmen, daß die geläufigen Verifikations- wie Falsifikationsverfahren sich unterlaufen ließen. Unter dem Titel der Entschlossenheit wird vorzüglich erkennbar, Wahrheit nicht mehr bloß als Parameter der Theorie, sondern ebenso als handlungsorientiert bestimmen zu wollen – bis hin zu einem ‹Wahrheitskonzept›, das den Unterschied des Theoretischen wie des Praktischen ‹eigentlich› aufzuheben geeignet sein könnte.

Zum Verständnis ist zunächst ein Rückgriff auf SZ § 44 erforderlich: *Dasein, Erschlossenheit und Wahrheit.* In der Partie (a) dieses für SZ zentralen, weil an der Gelenkstelle zwischen 1. und 2. Abschnitt eingeschalteten Paragraphen, der die Beziehung von Wahrheit und ‹Sein› erstmals in großem Umfang thematisiert hatte, zog Heidegger dies erste Resümee:

> «Die Aussage *ist wahr*, bedeutet: sie entdeckt das Seiende an ihm selbst. Sie sagt aus, sie zeigt auf, sie ‹läßt sehen› (...) das Seiende in seiner Entdecktheit. *Wahrsein (Wahrheit)* der Aussage muß verstanden werden als *entdeckend-sein*. Wahrheit hat also gar nicht die Struktur einer Übereinstimmung zwischen Erkennen und Gegenstand im Sinne einer Angleichung eines Seienden (Subjekt) an ein anderes (Objekt)» (SZ, S. 218f).

Gesetzt ist damit: Die traditionelle Wahrheitstheorie vorzüglich als die der Angleichung (adaequatio) der Aussage an die ‹Sache›, idealerweise als ‹Übereinstimmung› mit ihr, jedenfalls als Entsprechung (correspondentia) und/oder Übereinkunft (convenientia), gräbt nicht tief genug. Entscheidend ist das Endeckend-sein auf dem Grunde des In-der-Welt-seins, also Dasein selbst als «*Fundament* des ursprünglichen Phänomens der Wahrheit» (SZ, S. 219).

In der Partie (b) des § 44 hatte Heidegger die These vertreten, Wahrheit (ἀλήθεια) sei vorzüglich zu lesen als Unverborgenheit (ἀ-λήθεια): «Wahrsein als entdeckend-sein ist eine Seinsweise des Daseins. Was dieses Entdecken selbst möglich macht, muß notwendig in einem noch ursprünglicheren Sinne ‹wahr› genannt werden» (SZ, S. 220). Das innerweltlich Seiende des Besorgens ist das Entdeckte. Dies ist schon abkünftig Wahres. Primär ist das Entdeckendsein des Daseins, und zwar aufgrund der Erschlossenheit der Welt. Dasein selbst *ist* ‹in der Wahrheit› als sich und seine Welt *erschließend* und das innerweltlich Seiende *entdeckend*. Die eigentliche Erschlossenheit ist die vorlaufende Entschlossenheit. Sie zeigt «das Phänomen der ursprünglichsten Wahrheit» (SZ, S. 221). Weil aber Dasein wesenhaft auch verfallendes ist, ist es zugleich seiner Seinsverfassung nach auch ‹in der Unwahrheit›:

> «Die Wahrheit (Entdecktheit) muß dem Seienden immer erst abgerungen werden. Das Seiende wird der Verborgenheit entrissen. Die jeweilige faktische Entdecktheit ist gleichsam ein *Raub*. Ist es Zufall, daß die Griechen sich über das Wesen der Wahrheit in einem *privativen* Ausdruck (ἀ-λήθεια) aussprechen? Kündigt sich in solchem Sichaussprechen des Daseins nicht ein ursprüngliches Seinsverständnis seiner selbst an, das wenngleich nur vorontologische Verstehen dessen, daß In-der-Unwahrheit-sein eine wesenhafte Bestimmung des In-der-Welt-seins ausmacht?» (SZ, S. 222).

Heideggers entscheidende Anstrengung im § 44 (b) galt nun dem versuchten Aufweis einer Abkünftigkeit des traditionellen Wahrheitsbegriffs. Die Aussage ist fundiert in der Auslegung, damit im Verstehen des Daseins selbst als einem befindlichen. Die spezifische Abkünftigkeit des Phänomens der *Übereinstimmung* sucht Heidegger in der Weise zu fassen, daß die Aussage im Rahmen des Besorgens selbst zu einem innerweltlich Zuhandenen wird, deren Bezug zu anderem Zuhandenen bzw. Vorhandenen mißverstanden wird als Relation zwischen Vorhandenem und so «als vorhandenes Übereinstimmen zweier Vorhandener» (SZ, S. 224):

«Das zunächst herrschende und noch heute nicht grundsätzlich und ausdrücklich überwundene Seinsverständnis des Daseins verdeckt selbst das ursprüngliche Phänomen der Wahrheit» (SZ, S. 225, dort kursiv und zum Teil gesperrt).

Die aus Heideggers Sicht so bereits 1927 substruierte Theorie der Aussagewahrheit in einer Theorie der ‹ursprünglicheren› Wahrheit wird von ihm wenig später noch einmal und verschärft in Frage gestellt, so daß darüber auch noch der Ansatz von SZ selbst fragwürdig wird: Die Abhandlung «Vom Wesen der Wahrheit» ist in der Tat eine Wende. Dokumentiert wird sie nach dem «mehrfach überprüften Text eines öffentlichen Vortrages, der unter dem gleichen Titel seit 1930 öfter gehalten wurde», wie Heidegger anmerkt.[1] Textverschiebungen lasse ich im weiteren ebenso beiseite wie eine Sachkritik der Frage, inwieweit Heideggers Kehre zureichend auf das Jahr *1930* zu datieren ist. Offenkundig ist, daß Spuren verwischt werden, wenn man sich mit dieser Jahreszahl begnügt, gemessen an der dann das Jahr *1933* sekundär werden soll. Hier genügt aber die Darstellung der Heideggerschen Position ohne Rücksicht auf bestimmte zeitliche Fixierung. Was ‹Überprüfung› bedeutet, wenn es heißt, «Vom Wesen der Wahrheit» gebe «den mehrfach überprüften Text eines öffentlichen Vortrages» wieder, mag hier also auf sich beruhen bleiben. Zweifelsohne handelt es sich um Verschiebungen von Gewicht, wie auch die Ergänzungen in späteren Auflagen von Bedeutung bleiben. (Zureichende Aufklärung ist erst von einer historisch-kritischen Gesamtausgabe zu erwarten, der Heideggers Ausgabe ‹Letzter Hand› noch auf längere Zeit im Wege steht.)

«Vom Wesen der Wahrheit» analysiert unter (1) den *geläufigen Begriff der Wahrheit* als den der Übereinstimmung von Sache und Satz: «Das Wahre, sei es eine wahre Sache oder ein wahrer Satz, ist das, was stimmt, das Stimmende. Wahrsein und Wahrheit bedeuten hier Stimmen, und zwar in der gedoppelten Weise: einmal die Einstimmigkeit einer Sache mit dem über sie Vorgemeinten und zum andern die Übereinstimmung des in der Aussage Gemeinten mit der Sache» (WW, S. 7). Wahrheit ist gedacht als *Richtigkeit*. Unwahrheit gilt dagegen als Nichtstimmen, und dieses «fällt aus dem Wesen der Wahr-

[1] M. Heidegger: Vom Wesen der Wahrheit. Frankfurt/M. [5]1967, S. 4. Sigle im weiteren: *WW*.

heit heraus» (WW, S. 9). Unter (2) thematisiert Heidegger die *innere Möglichkeit der Übereinstimmung*, d. h. die Offenständigkeit für das Begegnenkönnen eines *Gegen*standes ‹richtiger› Aussage:

«Die Aussage hat ihre Richtigkeit zu Lehen von der Offenständigkeit des Verhaltens; denn nur durch diese kann überhaupt Offenbares zum Richtmaß werden für die vor-stellende Angleichung. Das offenständige Verhalten selbst muß dieses Maß sich anweisen lassen. Das bedeutet: es muß eine Vorgabe des Richtmaßes für alles Vorstellen übernehmen. Dies gehört zur Offenständigkeit des Verhaltens. Wenn aber nur durch diese Offenständigkeit des Verhaltens die Richtigkeit (Wahrheit) der Aussage möglich wird, dann muß das, was die Richtigkeit erst ermöglicht, mit ursprünglicherem Recht als das Wesen der Wahrheit gelten» (WW, S. 12).

Dies ist die Gelenkstelle für Heideggers Versuch, nun wesentlich ‹radikaler› noch als in SZ die Wahrheitsfrage von der Aussagewahrheit zu lösen, ja tendenziell abzukoppeln. Sub (3) sucht er den *Grund der Ermöglichung einer Richtigkeit* zu bestimmen. Sie liegt im «Sich-freigeben für eine bindende Richte» (WW, S. 13): «Die Offenständigkeit des Verhaltens als innere Ermöglichung der Richtigkeit gründet in der Freiheit. Das Wesen der Wahrheit ist die Freiheit» (ebd.). ‹Freiheit› soll jetzt aber endgültig nicht mehr gedacht werden im Kontext der Subjektivitätstheorie. Vielmehr soll nun gerade eine Vormeinung bekämpft werden, derzufolge ‹Freiheit› als eine Eigenschaft des Menschen gilt. Was könnte sie dagegen noch sein? Der Aufklärung darüber gilt die Partie (4): *Das Wesen der Freiheit*. Die Freiheit ist «nur deshalb der Grund der inneren Möglichkeit der Richtigkeit, weil sie ihr eigenes Wesen aus dem ursprünglicheren Wesen der einzig wesentlichen Wahrheit empfängt» (WW, S. 15). Freiheit meint nämlich «das Seinlassen von Seiendem» (ebd.), dieses aber meine ein «Sicheinlassen auf das Seiende» (ebd.), auf das Offene, welches begriffen sei als τὰ ἀληϑέα, das Unverborgene, Freiheit ist «die Aussetzung in die Entborgenheit des Seienden» (WW, S. 16). Die Pointe der Kehre ist die äußerste Umdrehung im Freiheitsbegriff:

«Der Mensch ‹besitzt› die Freiheit nicht als Eigenschaft, sondern höchstens gilt das Umgekehrte: die Freiheit, das ek-sistente, entbergende Da-sein besitzt den Menschen und das so ursprünglich, daß einzig sie einem Menschentum den alle Geschichte erst begründenden und auszeichnenden Bezug zu einem Seienden im Ganzen als einem solchen gewährt» (WW, S. 17).

Das *Umgekehrte*, das «höchstens» gelten soll, soll so gelten, daß es im Wesensverständnis der Wahrheit nicht mehr gehen soll um eine bloße

Umdrehung im Subjektverständnis, sondern um eine vollständige Absage an die Subjekttheorie, die dem Anspruch nach nicht einmal mehr in der Opposition gegen sie mitgeschleppt wird. Das Umgekehrte ist dann in der Tat eine äußerste ‹Provokation›, nämlich Hervorrufung in die *Zeit des Seins* als Aufruf zum Hinausstehen in sie. Nicht wir betten dann die Wahrheit ein, sondern sie bettet uns ein. Nicht wir lassen dann auch nur noch in einem strengen Sinne Wahrheit zu, sondern sie läßt uns zu: «die Wahrheit ist die Entbergung des Seienden, durch die eine Offenheit west» (WW, S. 18). Sie läßt uns freilich gerade so zu, daß wir «im Seinlassen des Seienden das Seiende auch nicht das Seiende sein lassen können» (ebd.), auch dieses *Unwesen* der Wahrheit entspringt der Wahrheit und nicht etwa «erst nachträglich dem bloßen Unvermögen und der Nachlässigkeit des Menschen» (ebd.). Die Erörterung des Unwesens der Wahrheit wird für Heidegger der entscheidende Schritt sub (5): *Das Wesen der Wahrheit.* Dieses ist – als Freiheit – «das ek-sistente, entbergende Seinlassen des Seienden» (WW, S. 19), und zwar so, daß wir «je in eine das Seiende im Ganzen entbergende Gestimmtheit eingelassen» sind (ebd.). Doch der Preis, je das Seiende im einzelnen sein zu lassen, ist die Verbergung des Seienden im Ganzen:

«Das Seinlassen ist in sich zugleich ein Verbergen. In der ek-sistenten Freiheit des Daseins ereignet sich die Verbergung des Seienden im Ganzen, ist die Verborgenheit» (WW, S. 20).

Damit gerät die Wahrheitsfrage in die Krise. Sie soll von Heidegger gemeistert werden in der Krisis qua Unterscheidung von (6) *Unwahrheit als Verbergung* und (7) *Un-wahrheit als Irre.* Es wird unten (im Kap. 10: Preisgabe des Wahrheitskriteriums) zu zeigen sein, daß und warum Heidegger an dieser Stelle die Krise seines Selbstverständnisses nur so vertieft, gerade nicht *sich* zurückzunehmen, wohl aber die Philosophie preiszugeben. Zunächst bleibt die Anzeige des von Heidegger Intendierten: (6) Unwahrheit als *Verbergung* meint das vorwaltende Wesen der Wahrheit als Geheimnis vor allem menschlichen Zugriff. Am Geheimnis vermißt sich der Mensch, es verkennend, da vergessend: «Er vermißt sich, je ausschließlicher er sich selbst als das Subjekt für alles Seiende zum Maß nimmt» (WW, S. 23). (7) Unwahrheit als *Irre* meint «das wesentliche Gegenwesen zum anfänglichen Wesen der Wahrheit» (WW, S. 24). In der Abkehr vom Geheimnis durchherrscht der Irrtum die Geschichte. Er führt in ihr das Regiment, läßt als erfahrener freilich auch die Chance, sich nicht länger am Geheimnis zu versehen. Freiheit selbst entstammt «dem anfänglichen Wesen der Wahrheit, dem Walten des Geheimnisses in der Irre» (WW, S. 25). Es ist bezeichnend, worin Heideggers Darstellung der Irre ausläuft: in die Wende durch Heidegger selbst:

«Das Seinlassen des Seienden vollzieht sich im offenständigen Verhalten. Das Seinlassen des Seienden als eines solchen im Ganzen geschieht aber wesensgerecht erst dann, wenn es zuweilen in seinem anfänglichen Wesen übernommen wird. Dann ist die Ent-schlossenheit zum Geheimnis unterwegs in die Irre als solche. Dann wird die Frage nach dem Wesen der Wahrheit ursprünglicher gefragt. Dann enthüllt sich der Grund der Verflechtung des Wesens der Wahrheit mit der Wahrheit des Wesens. Der Ausblick in das Geheimnis aus der Irre ist das Fragen im Sinne der einzigen Frage, was das Seiende als solches im Ganzen sei. Dieses Fragen denkt die wesentlich beirrende und daher in ihrer Mehrdeutigkeit noch nicht gemeisterte Frage nach dem Sein des Seienden» (WW, S. 25f).

Unter (8) *Die Wahrheitsfrage und die Philosophie* distanziert Heidegger sich und seine Wahrheitsfrage explizit von der Kantischen Prämisse, in der die Subjekttheorie selbst sich ausspricht, Philosophie sei zu fassen als «Selbsthalterin ihrer Gesetze»; denn wie es in einem späteren Zusatz der (9) Anmerkung heißt, sei *«das Wesen der Wahrheit* (...) die *Wahrheit des Wesens»* (WW, S. 28).

Droht Heidegger also ‹kryptisch› zu werden im Sinne des Unverständlichen? Keineswegs. Die am Schluß angesprochene *Kehre* (WW, S. 29) ist, so soll noch erläutert werden, sehr genau verständlich, nämlich als das Projekt einer gänzlichen Ablösung der Philosophie vom Kerngedanken jener ‹Kehre›, die als die ‹Kopernikanische Wende› Kants bezeichnet wird und erstmals der Subjekttheorie auf den Grund kommt. Nicht umsonst bezieht sich Heidegger abschließend auf Kant und dessen – entgegen Heideggers Annahmen – gerade *prinzipiell* gelungenen Versuch zureichender Selbstbegründung des Wissens und auch des Wollens. Heidegger aber entzieht sich planmäßig der Idee und der Notwendigkeit einer Philosophie als Transzendentalphilosophie, d. h. einer Philosophie, die nach den Bedingungen der *Möglichkeit* des Erkennens und der *Notwendigkeit* des Handelns so fragt, daß die Subjektstellung und damit der Intersubjektivitätsgehalt der ‹Wahrheitsfrage› erhalten bleibt. Verständlich hieran (wenn auch nicht im Resultat zu teilen) ist der Versuch, gegen eine Grenze des Erkennens (und des Sprechens) anzurennen, die Kant freilich gerade aus Selbstbescheidung hatte ziehen müssen, und dagegen in der Selbstverzichtserklärung den ‹wahren› Eingang in das Wissen (und auch das Wollen) zu begreifen. Noch Heideggers Rekurs auf ein ‹Geheimnis› ist alles andere als geheimnisvoll, nämlich genau rekonstruktionsfähig aus Heideggers fundamental werdender Aversion gegen alle Rationalitätspotentiale, welche Potentiale der Selbstbeschränkung aus Vernunft sind.

Unverständlich ist Heideggers Strategie der Selbstaufgabe am Ende nur immer wieder für vernunftgeprüfte Philosophen, nicht dagegen für Gläubige, denen sein Vorgehen im Grunde immer abgelauscht bleibt. Dies wird am deutlichsten erkennbar aus Heideggers «Beiträgen zur Philosophie»,[2] einem Skizzenbuch der Jahre 1936 bis 1938 und, wie sich unten (im Kap. 8 und vor allem im Kap. 11) zeigt, einer der größten Zumutungen der Heideggerschen Philosophie, aber dies freilich nicht mehr im Sinne einer Überforderung des vernunftgegründeten Denkens, sondern als seine Unterforderung. Hinsichtlich der Wahrheitsfrage hält sich aber Heidegger auch in den «Beiträgen» noch auf der Höhe der vernunftkonterkarierenden Absicht, ohne daß wir nötig haben, das Trauma seiner Religiosität hier zu verfolgen. Die «Beiträge» enthalten vielmehr durchaus auch interessierende Hinweise zur Illustration seines Wahrheitsprojekts. In jedem Falle: Die Wahrheitsfrage ist der erste Schritt zum *Bereitsein*. Und wofür? Für die neue Ankunft des Seins und den ‹anderen Anfang› der Philosophie.

8. Revision des Zeit-Raums

Vom Ereignis, so der eigentliche Titel der «Beiträge zur Philosophie», rückt die Beziehung von Zeit, Raum und Sein in eine Position, die SZ auch materialiter distanzieren will. Wohl ist noch das Da-sein der Ort des Wahrheitsgeschehens, aber es ist nun deutlicher ein vom Zeit-Raum des Seins selbst ereignetes, wenngleich einzelne Prämissen der Existentialanalytik immer noch nicht preisgegeben sind, wie dies erst bei dem späten Heidegger geschehen wird. Ereignet zu sein vom Zeit-

[2] Gesamtausgabe Bd. 65. Frankfurt/M. 1989. Im folgenden zitiert als: *BPh.*

Raum des Seins, das bedeutet: ungeschützter denn je vor dem *Zeit-Raum als Abgrund* zu stehen. Wie aber kann Da-sein sich noch ‹gründen› im Zeit-Spiel-Raum des Seins, wenn dieser selbst der Ab-grund ist? Heidegger gelingt zweifelsohne ein Vordringen bis an den Abgrund der Selbstaufgabe des Subjekts. Seiner Deutung einmal gefolgt zu sein, ist jedenfalls dann wichtig, wenn die Subjekttheorie geschützt werden soll vor tendenzieller Selbstüberschätzung ihrer Möglichkeiten. Deshalb ist es geboten, Heideggers Vernunftkritik weiterzuverfolgen, auch wenn sie sich nun überschlägt:

«Wo die Wahrheit sich in die Gestalt der ‹Vernunft› und des ‹Vernünftigen› hüllt, ist ihr Unwesen an der Arbeit, jene zerstörerische Macht des für Alle-Gültigen, wodurch jedermann beliebig ins Recht gesetzt wird und jenes Vergnügen aufkommt, daß nur ja keiner vor dem anderen etwas Wesentliches voraus hat» (BPh, S. 343).

Auch wenn dies schwer zu ertragende Sätze sind (s. u. Kap. 11), bleibt die Notwendigkeit, auch nur die potentiellen Einsichten des mittleren Heidegger mitzuvergegenwärtigen, jedenfalls insoweit, als sie rational rekonstruktionsfähig sind. Hierfür ist essentiell die Reformulierung des Seins zum Tode als dem Kontrapunkt des ‹Vernünftigseins›:

«Die Einzigkeit des Todes im Da-sein des Menschen gehört in die ursprünglichste Bestimmung des Da-seins, nämlich vom Seyn [sic] selbst er-eignet zu werden, um seine Wahrheit (Offenheit des Sichverbergens) zu gründen. In der Ungewöhnlichkeit und Einzigkeit des Todes eröffnet sich das Ungewöhnlichste in allem Seienden, das Seyn selbst, das als Befremdung west» (BPh, S. 283).

Heideggers legitimer Kampf gegen die Denunziation seiner Anstrengung als einer «Philosophie des Todes» macht ersichtlich, was leitendes Stimulans bleibt: die Erschließungsfunktion des Todes für die Zeit des Seins selbst, das nun, als ‹Seyn› angesprochen, freilich ganz befreit sein soll von der Mißdeutung, in einer auch nur noch indirekt subjekttheoretischen Steuerung sich zu erschließen. Im ‹Seyn zum Tode› vollzieht sich gerade *«die Anzeige des Zeit-Raumes»* (BPh, S. 284), damit die Möglichkeit, «das Dasein in seiner abgründigen Weite zu bewältigen und so den Grund der Möglichkeit der Wahrheit des Seyns voll auszumessen» (BPh, S. 285). Zwar sei gerade nicht jedermann gehalten, das ‹Seyn zum Tode› zu vollziehen, denn

«dieser Vollzug ist nur notwendig im Umkreis der Aufgabe der Grund-legung der Frage nach dem Seyn, eine Aufgabe, die allerdings nicht auf die Philosophie beschränkt bleibt.

Der Vollzug des Seins zum Tode ist nur den Denkern des anderen Anfangs eine Pflicht, aber jeder wesentliche Mensch unter den künftig schaffenden kann davon wissen» (ebd.).

Heidegger, der mit dem Worte und der Sache der *Pflicht* geizt, hält damit nicht zurück, wenn es um die abgründige Gründung des Daseins zu tun ist. Das Da-sein geht nicht im Sein zum Tode auf, aber dieses ist der ‹Einschluß› im Dasein und «mit diesem Einschluß erst ist es volles, ab-gründiges Da-*sein*, d. h. jenes ‹Zwischen›, das dem ‹Er-eignis› Augenblick und Stätte bietet und so dem Sein zugehörig werden kann» (ebd.). Erst der Tod bringt damit die Seinsfrage auf ihren Grund (BPh, S. 286). Und der wäre? Der Ab-grund der Einheit von Zeit und Raum. Der aber ist nach den «Beiträgen» ursprünglicher als Raum und Zeit, diese also entspringen aus dem Zeit-Raum. Da-sein selbst ist der Zeit-Raum «als die Augenblicksstätte für die Gründung der Wahrheit des Seyns» (BPh, S. 323). Gerade dies soll aber keine Subjektivierung meinen, sondern deren Überwindung (BPh, S. 375). Gegen die subjekttheoretische Tradition gerichtet, setzt Heidegger:

«Die ‹Zeit› ist so wenig ich-haft wie der Raum ding-haft; und erst recht ist der Raum nicht ‹objektiv› und die Zeit ‹subjektiv›.

Beide sind ursprünglich einig im Zeit-Raum, zugehörig zum Wesen der Wahrheit die abgründige Gründung des Da, durch das Selbstheit und alles Wahre von Seiendem erst gegründet wird» (BPh, S. 376).

Der ursprüngliche Zeit-Raum meint nicht die lediglich temporale «gewöhnliche Vorstellung vom ‹Zeitraum›» (BPh, S. 377), bei dem die Zeit quasi verräumlicht wird, meint aber auch nicht «nur eine Verkoppelung von Raum und Zeit in dem Sinn, daß Zeit als (t) der Rechnung genommen zum vierten Parameter gemacht wird und damit der vierdimensionale ‹Raum› der *Physik* angesetzt ist» (ebd.).

Explizit wird der *Zeit-Raum als der Ab-grund* in der Reflexion 242 der BPh. Der Abgrund selbst «ist die *ursprüngliche Einheit* von Raum und Zeit» (BPh, S. 379), er ist «Weg-bleiben des Grundes» (ebd.), d. h.: sich verbergendes Wesen der Wahrheit. Als das Sichversagende ist er aber *lichtende Verbergung*. Der Zeit-Raum als Ab-*grund* eröffnet, er ist *Er-eignung*:

«Der Ab-grund als erste Wesung des Grundes gründet (läßt den Grund als Grund wesen) in der Weise der Zeitigung und Räumung» (BPh, S. 383).

Und was ‹ereignet› sich dabei? *Das* Ereignis von Zeit-Raum und Sein ‹im› Da-sein als der «Augenblicks-Stätte», wobei das Entscheidende die Frage ist, «ob der Gott von uns weg oder auf uns zu sich bewegt» (BPh, S. 382).

Erst in dem späten Vortrag «Zeit und Sein» (1962) ist es Heidegger bedingt gelungen, sich aus dem Mystizismus der «Beiträge» und ihrer verblasenen Gottessuche tendenziell zu befreien, freilich um den Preis, analytisch wohlbegründet nur so sprechen zu können, daß seine Setzungen trivial werden, während die Metaphorik auch noch in diesem späten Beitrag in der Sache nichts einträgt. Hierauf bleibt lediglich zu verweisen[3] wie auch auf eine weiterreichende Destruktion des Ereignisses[4].

Was bleibt an Heideggers äußerstem Ausbruchsversuch der Kehre unter dem, was überhaupt ‹bleiben› kann, wenn andere Interpretamente der ‹Wahrheit des Seins› als die im Rekurs auf den ‹Zeit-Raum› zu gewinnenden jedenfalls in der Heidegger-Variante von vornherein den Dienst versagen, in die Rationalität zurückholbar zu sein? Heidegger denkt in den «Beiträgen» gegen den Strich seiner Zeit- und Raumanalysen in SZ und vermag das Andere, was er sagen will, doch immer wieder nur so anzudeuten, daß er an die – in SZ plausiblen – Analysen der Zeitigung und Einräumung anknüpft, ohne dabei eigenen neuen Stand zu gewinnen. Damit beginnt aber auch schon der Verfall der Heideggerschen Thanatologie.

Wenn in der *Kehre* etwas nicht gelungen ist, dann das Kernstück der Umkehrung, nämlich ‹die Zeit› und ‹den Raum› vom Sein her zu denken und nicht mehr, und sei es auch nur indirekt, vom ‹Dasein› in SZ her, das, zur ‹Augenblicks-Stätte› geworden, weiterhin quasi-subjekttheoretische Grundfunktionen übernehmen muß, die das ganze Unternehmen der ‹Kehre› immer wieder ins Absurde führen. Während Heidegger diese Absurdität als Weglosigkeit positiv auszeichnet, bleibt uns nur die Möglichkeit, sie als blanke Nichtigkeit festzuhalten. Heidegger ist es nämlich in keinem Stadium seiner späteren Philo-

---

[3] H. Ebeling: Das Verhängnis. Erste Philosophie. Freiburg/München 1987, S. 14–37.

[4] H. Ebeling: Das Ereignis des Führers. Heideggers Antwort, in: ders.: Heidegger. Geschichte einer Täuschung. Würzburg 1990, S. 9–34.

sophie noch gelungen, über Zeit und Raum und ihre Einheit so zu sprechen, daß nicht gerade immer wieder die subjekttheoretische Zugangsweise als die allein mögliche, weil legitimationsfähige erschiene, *wenn* sinnvoll gesprochen werden soll.

Nun gehört es freilich immer wieder zu den großen panischen Gegebenheiten der Gattungsgeschichte, daß sich Menschen in das Äußerste von Zeit und Raum aufgelöst sehen und quasi zum Mundstück des Welt-Alls werden möchten. Dies ist Heideggers Situation in der *Kehre* der «Beiträge zur Philosophie», die deshalb prinzipiell schon nicht mehr beitragen zur Philosophie, sondern nur noch Beiträge zu ihrer Liquidation sind: Wäre da nicht die ganz anders geartete Strömung auch präsent, die ihn – explizit erst nach dem Zweiten Weltkrieg – noch einmal auf die Höhe einer Philosophie der Technik bringt, welche als Philosophie den Namen verdient (s. u. Kap. 13–15). Aus dem eigenen Ungenügen an der Revision der Wahrheit und der Revision des Zeit-Raums sucht Heidegger nun freilich eine letzte sich überstürzende Abkehr vom ‹Dasein›.

9. Revision des Daseins

Das ‹Dasein› muß selbst liquidiert werden. Es wird wieder *Mensch.* Dem dient ein Brief «Über den ‹Humanismus›»[5], welcher den *homo humanus* scheinbar deskriptiv distanziert, tatsächlich ihn diffamiert und damit in der Sanftmut doch gerade dazu angetan ist, einem neuen Terrorismus das Wort zu reden: dem Schrecken des ‹Seins›:

> «Überall kreist der Mensch, ausgestoßen aus der Wahrheit des Seins, um sich selbst als das animal rationale.
>
> Das Wesen des Menschen besteht aber darin, daß er mehr ist als der bloße Mensch, insofern dieser als das vernünftige Lebewesen vorgestellt wird. ‹Mehr› darf hier nicht additiv verstanden werden, als sollte die überlieferte Definition des Menschen zwar die Grundbestimmung bleiben, um dann nur durch einen Zusatz des Existenziellen eine Erweiterung zu erfahren. Das ‹mehr› bedeutet: ursprünglicher und darum im Wesen wesentlicher. Aber hier zeigt sich das Rätselhafte: der Mensch ist in der Geworfenheit. Das sagt: der Mensch ist als der ek-sistierende Gegenwurf des Seins insofern mehr denn das animal rationale, als er gerade weni-

[5] M. Heidegger: Platons Lehre von der Wahrheit. Mit einem Brief über den «Humanismus». Bern [2]1954. Sigle im weiteren: *BH*.

ger ist im Verhältnis zum Menschen, der sich aus der Subjektivität begreift. Der Mensch ist nicht der Herr des Seienden. Der Mensch ist der Hirt des Seins» (BH, S. 89f).

Der einstige «Platzhalter des Nichts» hat sich gewandelt (nicht *verwandelt*), nun das Sein zu hüten, ihm ausgesetzt und gänzlich unterlegen, doch immer noch in der ‹Funktion›, die erst die neuzeitliche Subjekttheorie hatte ausbilden können, nämlich als *Werkzeug*. Wenn im Dasein noch bedingte Selbständigkeit zu denken war, so sind die letzten Reste der Subjektivität des Menschen – jedenfalls Heideggers Absicht nach – endgültig ausgetrieben, wenn der Mensch als Werkzeug des Seins anerkannt ist. Er erscheint damit freilich auch endgültig dem enthoben, mit Fichte noch Werkzeug des *Sollens*, weil des Sittengesetzes sein zu können. Entsprechend treibt Heidegger nun den Kampf gegen die praktische Philosophie auf die Spitze: durch den Versuch der Deklassierung des ‹Humanismus›. Barocke Rede, poetisierender Jargon, Chiasmus und Alliteration werden ‹Erklärungselemente› in gewiß schwer zugänglichen, vor allem aber schwer erträglichen Wendungen wie dieser: «Sein erst gewährt dem Heilen Aufgang in Huld und Andrang zu Unheil dem Grimm» (BH, S. 114).

Dies ist, ein Jahr nach dem Zusammenbruch des deutschen Faschismus, Heideggers Für-Tod-Erklärung des Subjekts durch Liquidation auch noch des Subjekts im Dasein. Sehen wir nach, was sich daraus ergibt: die Lobpreisung eines für herakliteisch genommenen ἦϑος, damit *Heideggers Freispruch*:

ἦϑος ἀνϑρώπῳ δαίμων, wie es im Heraklit-Fragment 119 heißt, nämlich: Seine Lebensart ist für den Menschen das Bestimmende (sein Daimon), das wird von Heidegger wiedergegeben mit: «Der (geheure) Aufenthalt ist dem Menschen das Offene für die Anwesung des Gottes (des Un-geheuren)» (BH, S. 109). Das ist zwar eine, wie man sagt: ‹unmögliche›, weil überschwengliche Übersetzung, doch eine im herakliteischen Kontext immer noch tendenziell denkbare. Nur wird Heraklit zu ‹Schlußfolgerungen› herangezogen, die frappant sind:

«Soll nun gemäß der Grundbedeutung des Wortes ἦϑος der Name Ethik dies sagen, daß sie den Aufenthalt des Menschen bedenkt, dann ist dasjenige Denken, das die Wahrheit des Seins als das anfängliche Element des Menschen als eines eksistierenden denkt, in sich schon die ursprüngliche Ethik» (ebd.).

Zwar lehnt Heidegger für seine Arbeit wesentlich die Bezeichnung ‹Ethik› ebenso ab wie die Klassifizierung als ‹Ontologie› (BH, S. 110). Und doch läßt er die Bezeichnung akzidentell zu, eher gar: *inzidentell*. Denn in der Situation nach dem Zweiten Weltkrieg sind Sicherungen gegen ‹Mißverständnisse› von besonderer, ja ‹existentieller› Bedeutung. Deshalb entschließt sich Heidegger zu einer Explikation, die ihm zugleich immer widerstrebt und die entsprechend manieriert vorgebracht wird:

«Bald nachdem ‹S. u. Z.› erschienen war, frug mich ein junger Freund: ‹Wann schreiben Sie eine Ethik?› Wo das Wesen des Menschen so wesentlich, nämlich einzig aus der Frage nach der Wahrheit des Seins gedacht wird, wobei aber der Mensch dennoch nicht zum Zentrum des Seienden erhoben ist, muß das Verlangen nach einer verbindlichen Anweisung erwachen und nach Regeln, die sagen, wie der aus der Eksistenz zum Sein erfahrene Mensch geschicklich leben soll. Der Wunsch nach einer Ethik drängt umso eifriger nach Erfüllung, als die offenkundige Ratlosigkeit des Menschen, nicht weniger als die verhehlte, sich ins Unermeßliche steigert. Der Bindung durch die Ethik muß alle Sorge gewidmet sein, wo der in das Massenwesen ausgelieferte Mensch der Technik nur durch eine der Technik entsprechende Sammlung und Ordnung seines Planens und Handelns im ganzen noch zu einer verläßlichen Beständigkeit gebracht werden kann» (BH, S. 104f).

Auf dem Niveau einer *technischen* Entsprechung zur Technik wird der Ethik das Wort geredet, damit einer: Technik der Ethik, von der sich Heidegger selbst doch essentiell distanziert weiß. Maßstäblich ist dagegen nur das Ereignis, dessen Grundstruktur nun von den Resten noch mitgeschleppter Fundamentalontologie des Daseins befreit ist und so erst die Generalthese Heideggers begünstigt: *Alles* nur ein Ereignis von Zeit und Sein und *kein* Verhältnis von Sein und Sollen:

Das Ereignis meint die Vereignung von Zeit (auch Raum) und Sein so, daß der Mensch *ganz* dem Sein übereignet ist als der, der das Sein hütet als «das Nächste» (BH, S. 76).[6] Wie ist das denkbar? So, daß «die Sprache das Haus des Seins» ist, «darin wohnend der Mensch eksistiert, indem er der Wahrheit des Seins, sie hütend, gehört» (BH, S. 79). Der Mensch, vom Seinsgeschick gebraucht, ist nur noch dazu aufgerufen, der «Ankunft des Seins» (BH, S. 118) das Wort zu reden. Damit hat er nun gänzlich dem ‹Humanismus› entsagt, denn: «Jeder

[6] Vgl. auch M. Heidegger: Zur Sache des Denkens. Tübingen 1969, S. 20–24, 38f. – Ders.: Unterwegs zur Sprache. Pfullingen 1959, S. 258–267.

Humanismus gründet entweder in einer Metaphysik, oder er macht sich selbst zum Grund einer solchen» (BH, S. 63f).

Mit dem gänzlich ins Sein gekehrten Menschen, der nun auch noch den Titel des ‹Daseins› abstreift, ist für Heidegger jede Variante des Humanismus vollständig liquidiert. Gerade damit aber bereitet sich für ihn neue Sicherheit vor, nicht für uns. Der sog. Brief über den sog. Humanismus gehört zu den betrüblichsten Zeugnissen des Heideggerschen Irrgangs.

B: Die Ideologie des Ereignisses

Selten war in der Philosophie selbst neben die Ungeheuerlichkeit des politischen Handelns ein solches nicht mehr geheures Denken getreten wie bei Heidegger. Die Verwirrung der Politik war teils durch die Verwirrung des Denkens begünstigt, teils wurde sie Anlaß zur verschärften Abwegigkeit des Gedankens. In der Krise des Selbstverständnisses entwickelt sich Heideggers Konzept in quasi-chaotischen Schüben: Dem selbst zu verantwortenden Desaster von 1933 folgt das ebenso selbst zu verantwortende Desaster von 1945. Hatte Heidegger 1933 – anders als Platon – die Höhle nie verlassen, so blieb er auch 1945 bei den Lemuren. Das konnte auch für das Denken selbst nicht ohne Folgen bleiben. Es ist heute nur noch tragikomisch, wenn Heideggers salvatorischer Brief «Über den ‹Humanismus›» mit dem Satz beginnt: «Wir bedenken das Wesen des Handelns noch lange nicht entschieden genug» (BH, S. 53). Und es ist in einem für Heidegger allzu ‹fatalen› Sinne *wahr*, wenn er (ebd.) annimmt: «Das Denken handelt, indem es denkt.» Der Denker der Kehre hat nicht nur verkehrt gehandelt, er denkt auch verkehrt. Und warum? Weil seine Philosophie der Kehre immer unterlaufen ist von der Ideologie des Ereignisses. Diese führt ebenso zur Preisgabe des Wahrheitskriteriums (Kap. 10) wie zum Mythos des anderen Hauptwerks (Kap. 11) wie zur Reformulierung des Faschismus (Kap. 12). In der Ideologie des *Ereignisses* überstürzt sich die Ideologie der *Eigentlichkeit* und wird nun zur Geschichte einer Täuschung, die es nicht mehr erlaubt, Einsichten wie noch in SZ anzuerkennen, sondern die nur noch dazu taugt, aufgehoben zu werden, und zwar in die *eine* Gestalt einer zukünftigen

Philosophie der Technik, die auch Heidegger noch wieder transzendiert. Denn in der Krise seines Selbstverständnisses wird sich Heidegger selbst der Totengräber seiner vormals großen Gedanken. Er bereitet seinen eigenen Untergang vor, ohne von diesem Ende schon genug zu wissen. Der Heidegger in der Krise eliminiert sich bereits selbst aus dem Kontext der Philosophie, in den er schließlich auch nicht mehr zurückgestellt sein will. Er entzieht sich der Gemeinsamkeit des Denkens und läßt uns nur noch zurück in staunender Verwunderung, die freilich nicht verwechselt werden darf mit dem aristotelischen θαυμάζειν als jenem Erstaunen, das der Philosophie das Wort redet und an dessen Anfang das Sokratische Fragen gestanden hatte.

10. Preisgabe des Wahrheitskriteriums

Schon die Wahrheitstheorie in SZ hatte es nicht mehr erlaubt, dem wichtigsten Erfordernis *aller* Wahrheitstheorie zu genügen: der näheren Bestimmung des Unterschiedes von ‹wahr› und ‹falsch›. Kant tritt dabei nur scheinbar auf die Seite Heideggers:

«Die alte und berühmte Frage, womit man die Logiker in die Enge zu treiben vermeinte und sie dahin zu bringen suchte, daß sie sich entweder auf einer elenden Diallele mußten betreffen lassen oder ihre Unwissenheit, mithin die Eitelkeit ihrer ganzen Kunst bekennen sollten, ist diese: *Was ist Wahrheit?* Die Namenerklärung der Wahrheit, daß sie nämlich die Übereinstimmung der Erkenntnis mit ihrem Gegenstande sei, wird hier geschenkt und vorausgesetzt; man verlangt aber zu wissen, welches das allgemeine und sichere Kriterium der Wahrheit einer jeden Erkenntnis sei.

Es ist schon ein großer und nötiger Beweis der Klugkeit oder Einsicht, zu wissen, was man vernünftigerweise fragen solle. Denn wenn die Frage an sich ungereimt ist und unnötige Antworten verlangt, so hat sie außer der Beschämung dessen, der sie aufwirft, bisweilen noch den Nachteil, den unbehutsamen Anhörer derselben zu ungereimten Antworten zu verleiten und den belachenswerten Anblick zu geben, daß einer (wie die Alten sagten) den Bock melkt, der andre ein Sieb unterhält.»[7]

Kant hatte im weiteren seiner «Kritik der reinen Vernunft» als allgemeines Kriterium gehaltvoller Aussagen den «obersten Grundsatz al-

---

[7] I. Kant: Kritik der reinen Vernunft, A 57f./B 82.

ler synthetischen Urteile» vorgestellt und entwickelt, daß nämlich «die Bedingungen der *Möglichkeit der Erfahrung* überhaupt (...) zugleich Bedingungen der *Möglichkeit der Gegenstände der Erfahrung*»[8] sind, daß es also erfahrungsvorgängige Prämissen gibt, die aller Erfahrbarkeit und damit allem Gebbaren den Grund legen.

War eben nicht Heidegger in SZ Kant hier noch prinzipiell gefolgt, indem er im Dasein gelegene Wahrheitsbegründungen aufsuchen wollte? Und hatte er nicht gerade mit seiner Substruktion der Vernunft durch das jeweils befindliche Verstehen einen solchen Grund freigelegt? War aber nicht eben damit auch gezeigt, daß es unumgänglich ist, noch nach dem Ort der Aussagewahrheit zu fragen? Erwies es sich dann nicht aber gerade als illegitim, Heideggers eigene Wahrheitstheorie noch nach Kriterien bemessen zu wollen, die nur solche der Aussagewahrheit sein konnten?

Es gehört zu den Grundverwirrungen der Heideggerianer und durch die Heideggerianer, annehmen zu wollen, die Distinktion von ‹wahr› und ‹falsch› sei von der Art, daß sich ihre Bedeutung durch irgendeine ‹tiefer›gehende Analyse der ‹Wahrheitsfrage› hintergehen, unterlaufen und relativieren ließe. Denn so läuft nur jede Wahrheits‹analyse› auf einer Untiefe auf. Ernst Tugendhat verdanken wir die erste bedeutende Kritik der Heideggerschen Wahrheitskonzeption. Tugendhat hat nämlich die «Zweideutigkeit, in der Heidegger das Wort ‹Entdecken› verwendet»[9], in der Weise genau herausgearbeitet, daß die kriteriellen Defizite der Heideggerschen Wahrheitsthese erkennbar werden. Zunächst steht nämlich ‹Entdekken›

«für das Aufzeigen überhaupt, entsprechend dem griechischen ἀποφαίνεσθαι. In diesem Sinne ist jede Aussage entdeckend, die falsche so gut wie die wahre. Zugleich verwendet Heidegger aber das Wort, entsprechend dem griechischen ἀληθεύειν, in einem engen und prägnanten Sinn, demgemäß die falsche Aussage vielmehr kein Entdecken, sondern ein Verdecken sein soll. Dann versteht es sich freilich von selbst, daß die Wahrheit im Entdeckendsein liegt, aber was heißt nun Entdecken, wenn es nicht mehr Aufzeigen überhaupt bedeutet? Wodurch

[8] Ebd., A 158/B 197.

[9] E. Tugendhat: Der Wahrheitsbegriff bei Husserl und Heidegger. Berlin ^{2}1970, S. 333.

unterscheidet sich Entdecken (2) von Entdecken (1), das ἀληθεύειν vom ἀποφαίνεσθαι?»[10]

Tugendhat hält zu Recht fest: Auf diese Frage gibt Heidegger keine Antwort mehr. Es ist dies freilich die entscheidende Frage, mit der der Versuch steht und fällt, ‹tiefer› zu graben als die tendenziell diffamierte Aussagewahrheit. Bei dem Versuch des ‹Tief-gangs› gibt Heidegger gerade die Standards preis, von denen dann aber nicht mehr gut sagbar ist, sie seien nur solche der ‹Oberfläche›, da sie Minimalstandardisierungen für alle ‹wahr/falsch›-Bestimmungen vorgeben. Welche dies sind, ist gerade der Grundlagenstreit aller Wahrheitstheorien.[11] Aber daß es darum zu tun ist, intersubjektiv gültige Kriterien für die Distinktion von ‹wahr› und ‹falsch› zu entwickeln, ist prinzipiell unumstritten.[12] Es gibt deshalb auch keine Wahrheitstheorie im prägnanten Sinne, wenn der Grundunterschied, um dessentwillen die Theorie gefordert ist, liquidiert wird. Eben dies ist aber bei Heidegger der Fall. Wenn man sich mit Heidegger «auf die beiden Begriffe Entborgenheit und Verborgenheit beschränkt», dann bleibt eben «gar keine Möglichkeit, den besonderen Sinn des Falschen und damit auch den des Wahren zu bestimmen».[13]

Das schon in SZ gegebene Verfehlen des Wahrheitsphänomens ist vorzüglich in WW vorangetrieben zum planmäßigen Verwirrspiel der ‹Wahrheit›. Während aber SZ noch Impulse vermittelte, die es zumindest plausibilisieren, die Aussagewahrheit «auf die umfassende Thematik der Erschlossenheit»[14] zu orientieren, zersetzt nun in WW der *Irrtum* die ganze Wahrheitsproblematik in der Manier Nietzsches. Dessen Adaptation wirft jetzt Heidegger irreversibel aus dem Gleis. Von Generation zu Generation ist es Nietzsche offenbar immer wieder möglich, durch jene Wendung der Wahrheitsfrage zu fas-

---

[10] Ebd.

[11] Zur Einführung in die aktuelle Problematik und vorzüglich zur Grundlegung der Konsensustheorie vgl. J. Habermas: Wahrheitstheorie, in: ders.: Vorstudien und Ergänzungen zur Theorie des kommunikativen Handelns. Frankfurt/M. 1984, S. 127–183.

[12] Vgl. H. Ebeling: Heidegger. Geschichte einer Täuschung. Würzburg 1990, S. 58–63.

[13] E. Tugendhat, a. a. O., S. 334.

[14] Ebd., S. 351.

zinieren, deren trügerischem Glanz Heidegger erlegen ist: «*Wahrheit ist die Art von Irrtum,* ohne welche eine bestimmte Art von lebendigen Wesen nicht leben könnte. Der Wert für das *Leben* entscheidet zuletzt.»[15]

Es soll sich hier die Kritik nicht in dem schalen Genuß erschöpfen, der sich einstellen muß, wenn Nietzsches Behauptung über ‹Wahrheit› und ‹Irrtum› auf sich selbst bezogen würde. Aber es ist eben nur ein interessantes Aperçu und beliebtes Gesellschaftsspiel für höhere und nicht mehr höhere Stände, Wahrheit dem Irrtum subsumieren zu wollen und dann immer noch verständlich zu bleiben. Das ist jederzeit möglich in den Salons einer fin-de-siècle-Stimmung des ausgehenden 19. Jahrhunderts, wenn gesagt sein soll, daß wir uns immer weit eher im Irrtum befinden als in der Wahrheit und uns lebensdienliche Lebenslügen tragen und bestimmen. Zwar: Heidegger sucht gerade gründlicher zu arbeiten, als es Nietzsche vermochte. Doch eben dies gelingt auch ihm am Ende nicht.

Was soll es nämlich heißen, wenn wir mit Heidegger aus der Freiheit als dem ‹Sich-freigeben für eine bindende Richte›, jeweils, statt das Seiende sein zu lassen, es auch nicht sein lassen können? Wir erweisen uns damit nur als solche, die vollständig ausgeliefert sind, und zwar an Offenbarkeit wie Verstellung gleichermaßen, und gerade deshalb der ‹bindenden Richte› gänzlich entbehren. Mit der Austreibung der letzten Reste der Subjektität des Subjekts sind wir daher nichts anderem preisgegeben als der Willkür des Seins, d. h. gänzlicher Beliebigkeit. Heidegger, der noch Jahrzehnte später, nämlich 1953, «das Fragen» als «die Frömmigkeit des Denkens»[16] bezeichnen konnte, hat dann auch bald danach (1957) diese Setzung noch einmal zurückgenommen in die Fassung, maßgeblich sei nicht das Fragen, sondern «das Hören der Zusage dessen, was in die Frage kommen soll»[17]. Wir sind *hörig* dem Sein, ihm ausgeliefert ohne tatsächliche Richtschnur.

In der Konsequenz der Preisgabe des Wahrheitskriteriums schon in

---

[15] F. Nietzsche: Aus dem Nachlaß der Achtzigerjahre, in: ders.: Werke. Hrsg. K. Schlechta. Darmstadt ^{2}1960, III, S. 844.
[16] M. Heidegger: Vorträge und Aufsätze. Pfullingen ^{2}1959, S. 44.
[17] M. Heidegger: Unterwegs zur Sprache. Pfullingen ^{2}1960, S. 175.

SZ bestimmt sich daher die *Ideologie* der Wahrheitskonzeption mit der Kehre als Ideologie der Hörigkeit gegenüber der sog. Wahrheit des Seins, die dann aber bald diese, bald jene ‹Wahrheit› sein kann, weil das gänzlich subjektlos gewordene Dasein, quasi aufgesaugt in die Un-Verborgenheit, nur noch auf Signale lauschen kann, denen es selbst nichts mehr entgegenstellt. Gerade die widerstandslose Einfügung in den jeweiligen Zuspruch des Seins ist nicht die sachorientierte Einfühlung ins Gegebene, die eigene Zutaten beiseite läßt im Interesse der Erschließung der Sachen an ihnen selbst, sondern der Rückgang in die angemaßte Ursprünglichkeit, da nur ungehemmte Unmittelbarkeit des hörigen blinden ‹Sehers›. Es ist deshalb leider durchaus sachgerecht, das Wahrheitsverständnis des späteren Heidegger mit demjenigen rauschhafter Erfahrung der Pythia zu vergleichen. Der Preis ist freilich der Schrecken, der sich immer dann einstellt, wenn versucht wird, über Wahrheit und Richtigkeit ohne die Prinzipien der theoretischen wie der praktischen Philosophie zu sprechen. Was dadurch etabliert wird, ist das Chaos, ein immer noch geordneter Zustand jeweilig beliebiger neuer Unordenbarkeit.

Wenn aber dies bei Heidegger unter quasi-theoretischem Vorzeichen geschieht, so, angestoßen durch den vor-theoretischen Status des Daseins von 1927, schließlich immer deutlicher unter dem Diktat der politischen Korruption: Weil Heidegger sich von Anfang an normativen Maßstäben der Ethik entzog, konnte er sich einerseits ebenso der Wahrheitslehre als Übergang in die gänzliche Seinshörigkeit verschreiben wie andererseits dem Aktionismus von 1933ff hingeben. Schließlich diente gerade auch die veröffentlichte Abhandlung WW noch einmal der völligen politischen Entlastung: Wer sich ohnehin widerstandslos immer auch im Königreich des Irrtums bewegen muß, dessen Bewegungen in ‹der› Bewegung des NS-Systems mußten dann auch für salviert gelten können. Das eigentliche Gravamen der Ideologie der Wahrheit ist freilich die wiederkehrende Folgelast unter der Prämisse, Heidegger agiere als «gottloser ‹christlicher Theo*loge*›»[18]. Der *ab*wesende Gott ist für Heidegger immer so sehr *an*wesend, daß

[18] K. Löwith: M. Heidegger und F. Rosenzweig. Ein Nachtrag zu «Sein und Zeit», in: ders.: Gesammelte Abhandlungen. Zur Kritik der geschichtlichen Existenz. Stuttgart 1960, S. 83.

er die Achtung vor dem endlichen Subjekt als Selbstachtung des Menschen nicht aufkommen läßt. Die «Beiträge zur Philosophie» sind daher noch in einem ganz anderen Sinne von Bedeutung, als es die Heideggeristen nahelegen, welche uns also von der Wahrheit abhalten möchten.

11. Mythos des anderen Hauptwerks

Wiederkehrend ist die Heidegger-Rezeption begleitet worden vom Mythos der unveröffentlichten Lehre. Dessen größtes Fanal war es, Heideggers «Beiträge zur Philosophie» als «sein eigentliches Hauptwerk»[19] zu bezeichnen. Was aber ist ‹eigentlich› an Heidegger, wenn dies sein ‹Hauptwerk› sein soll, zumindest sein «zweites»[20]? Und was heißt Philosophie, wenn mit dem immer noch bedeutendsten Philosophen in der ersten Hälfte des 20. Jahrhunderts, nämlich Martin Heidegger, offenbar unter dessen tätiger Duldung so verfahren werden kann? Die «Beiträge zur Philosophie» sind tatsächlich nur ein Skizzenbuch von oft repetierter Redundanz und jedenfalls wenig glücklicher Fügung, im ganzen: imitierter Sils-Maria-Rausch eines schmerzlich gott- und volklosen Philosophen, der von Gott und Volk allzuviel und doch nur kümmerliches Aufheben macht und dadurch das eigentliche Projekt, von dem im Untertitel die Rede ist, nämlich: *Vom Ereignis*, nur selbst verdunkelt. Im übrigen wird, wer weiß, was Aphorismen sind spätestens seit Lichtenberg, seit Nietzsche, sich weigern, Heideggers Skizzen zu Aphorismen zu erklären.

Dem Mythos des anderen Hauptwerks ist zu begegnen durch (a) Offenlegung der Leere des Ereignisses, die nicht ‹kompensiert› wird

---

[19] So leider O. Pöggeler selbst noch im Jahr der Veröffentlichung der «Beiträge», nämlich in: B. Martin (Hrsg.): Martin Heidegger und das ‹Dritte Reich›. Ein Kompendium. Darmstadt 1989, S. 85.

[20] So die Verlagsanzeige: «Die ‹Beiträge zur Philosophie› dürfen mit Fug und Recht als das zweite Hauptwerk Heideggers bezeichnet werden.» Dies ist der Sache nach Unfug und bleibt auch Heidegger gegenüber ein Unrecht. Heidegger hat *gewußt*, warum er selbst von einer Veröffentlichung zu Lebzeiten abzusehen hatte. Freilich war er einer Selbstmystifikation erlegen, die ihn die Mythenbildung fördern ließ.

durch eine Fülle der Einsicht, (b) Destruktion der Heideggerschen ‹Destruktion› des ‹Volkes›, schließlich aber (c) Anerkennung der Bedeutung seiner Skizzen über die technische Machenschaft. Während Heidegger aus (a) der Leere des Ereignisses auch später wesentlich nicht mehr herausfand und ebenso (b) die Distanzierung von NS-System lebenslänglich niemals gelang, konnte sich Heidegger durch (c) die vorgreifende Einsicht in die Bedeutung des technischen Zeitalters schließlich noch einmal in einer Avantgarderolle wiederfinden, die uns im dritten Titel beschäftigen soll.

Für (a) die Offenlegung der Leere des Ereignisses ist oben (im Kap. 8) schon der entscheidende Schritt vollzogen: Heidegger will alle subjekttheoretischen Restbestände aus dem Dasein austreiben, kann dies aber nur um den Preis einer Entleerung des Ereignisses, das zum faden Konstrukt verkommt. Was aber wird im Ereignis ‹konstruiert› qua zusammengebaut? Das Sein selbst, nun gefaßt als ‹das Seyn›:

«Das Seyn west als die Er-eignung der Götter und des Menschen zu ihrer Entgegnung. In der Lichtung der Verbergung des Zwischen, das aus der entgegnenden Ereignung und mit ihr entspringt, ersteht der Streit von Welt und Erde. Und erst im Zeit-Spiel-Raum dieses Streites kommt es zu Verwahrung und Verlust der Ereignung, tritt ins Offene jener Lichtung Jenes, was das Seiende genannt wird» (BPh, S. 477).

Die später bekanntgewordenen ‹Motive› des Gevierts (s. u. Kap. 15) sind prinzipiell bereits beisammen. Vorbereitet über den ‹Streit von Welt und Erde› in den Kunstwerk-Vorträgen (1936)[21], wird die Fügung des ‹Seyns› als Ereignis angesichts der verquasten Theologie Heideggers freilich zur Imagination eines Geistersehers.

Dasein soll ausgetrieben werden und kann es doch nicht, wenn irgend etwas sich noch zeigen soll vom Ereignis an seinem Ort, der ‹Augenblicksstätte›. Bezeichnend ist, daß sogar die Rede ist von der Macht eines «Willens zum Ereignis» (BPh, S. 58). Heidegger hätte gut daran getan, den neuen – und nur noch outrierten – Mystizismus seiner Krise sogleich durch gänzliche Preisgabe des Daseins noch zu steigern (wie er eben dies in der späten Zeit versucht hat). Das my-

[21] M. Heidegger: Der Ursprung des Kunstwerks, in: ders.: Holzwege. Frankfurt/M. ^{3}1957, S. 7–68.

stisch verbrannte Ich hätte uns dann schon früh den Weg gewiesen, uns um den Schein der Erleuchtung nicht weiter zu scheren. Aber auch so müssen wir die Ereignislosigkeit des Ereignisses den Heideggeristen selbst überlassen. Heideggers stille – und laute – Verzückung am Herdfeuer des Seins läßt uns kalt. Über solche Erbaulichkeit hat Hegel in seiner Kritik Schellings genug gesagt.

(b) Wichtig ist freilich, was Heidegger über ‹das Volk› zusammenträgt. Indessen erweist es sich, gerade auch nicht das zu sein, wofür es die Heideggeristen nehmen möchten. Denn in den «Beiträgen» liegen keineswegs Dokumente eines Widerstandes gegenüber dem NS-System vor, nur Dokumente seiner Steigerung in das von Heidegger für ‹wahr› genommene Wesen ‹des Volkes›. «Da-sein als Grund eines Volkes» (BPh, S. 98) indiziert für Heidegger die Aufgabe, ‹dem Volk› die maßstäbliche Aufgabe vorzugeben; «denn Erhaltung des Volkes ist nie ein mögliches Ziel, sondern nur Bedingung einer Zielsetzung» (BPh, S. 99). Die organisierte Betriebsamkeit des NS-Systems ist ein Ausweichen angesichts des modernen Nihilismus:

> «man will sich die Ziel-losigkeit nicht eingestehen. Und deshalb ‹hat› man plötzlich wieder ‹Ziele› und sei es nur, daß, was allenfalls ein *Mittel* für die Zielaufrichtung und Verfolgung sein kann, selbst zum Ziel hinaufgesteigert wird: das *Volk* z. B. Und deshalb ist eben da, wo man wieder Ziele zu haben glaubt, wo man wieder ‹glücklich› ist, wo man dazu übergeht, die bisher den ‹Meisten› verschlossenen ‹Kulturgüter› (Kinos und Seebadereisen) allem ‹Volke› gleichmäßig zugänglich zu machen, eben da, in dieser lärmenden ‹Erlebnis›-Trunkenboldigkeit, ist der größte Nihilismus, das organisierte Augenschließen vor der Ziel-losigkeit des Menschen, das ‹einsatzbereite› Ausweichen vor jeder Ziel setzenden Entscheidung, die Angst vor jedem Entscheidungsbereich und seiner Eröffnung. Die Angst vor dem Seyn war noch nie so groß wie heute. Beweis: die riesenhafte Veranstaltung zur Überschreitung dieser Angst. Nicht das ist das wesentliche Kennzeichen des ‹Nihilismus›, ob Kirchen und Klöster zerstört und Menschen hingemordet werden oder ob dieses unterbleibt und das ‹Christentum› seine Wege gehen kann, sondern dieses ist entscheidend: ob man weiß oder wissen will, daß gerade diese Duldung des Christentums und dieses selbst, daß das allgemeine Reden von der ‹Vorsehung› und dem ‹Herrgott›, so ehrlich es dem Einzelnen damit sein mag, nur Auswege und Verlegenheiten in *dem* Bereich sind, den man als den Entscheidungsbereich über Seyn oder Nichtseyn nicht anerkennen und zur Geltung kommen lassen will» (BPh, S. 139).

Dies sind Sätze der Distanzierung vom NS-System, die dieses erst in sein wahres Wesen erheben wollen: Absage an die Betriebsamkeit zugunsten der Anerkennung der ausstehenden maßstäblichen Entscheidung, wobei der «inneren Wahrheit und Größe» *der* ‹Bewegung›[22] gerade dadurch nicht Abbruch getan ist, *daß* gemordet wird. Denn: Mord ist nicht so wichtig. Wieder wollen wir uns hüten vor einer primär moralisierenden Einrede Heidegger gegenüber. Sein Gedankengang bleibt ernst zu nehmen, sogar ‹diskussionswürdig› trotz der schier unauslöschlichen Schrecken der Vergangenheit, deren Vorzeichen 1936 jedenfalls erkennbar waren. Was aber will Heidegger jenseits des Diagnostischen? Die Herstellung des wahren Volkes ohne seine «biologischen Triumphe» (BPh, S. 203), aber gerade als dessen Stimme: «Die *Stimme* des Volkes spricht selten und nur in Wenigen» (BPh, S. 319). Das Volk ist dann nicht die verpönte Pluralisierung des Ich-Gedankens, sondern das seinerseits dem ausgezeichneten Da-sein der ‹Wenigen› Gehörige:

«Ein Volk ist *nur* Volk, wenn es in der Findung seines Gottes seine Geschichte zugeteilt erhält, jenes Gottes, der es über sich selbst hinwegzwingt und es so in das Seiende zurückstellt. Nur dann entgeht es der Gefahr, um sich selbst zu kreisen und das, was nur Bedingungen seines Bestandes sind, zu seinem *Unbedingten* zu vergötzen. Aber wie soll es den Gott finden, wenn nicht jene sind, die für es verschwiegen *suchen* und als diese Sucher sogar dem Anschein nach *gegen* das *noch nicht* volkhafte ‹Volk› stehen müssen! Diese Suchenden müssen selbst erst sein: als seiende sind sie vorzubereiten. Da-sein, was ist es anderes als die *Gründung* des Seins *dieser* Seienden, der Zukünftigen des letzten Gottes» (BPh, S. 398f).

Aus der Zugehörigkeit zu dem Gott, damit aus dem Ereignis selbst ein Volk zu denken, das ist dann erst die Aussicht auf das wahre Beisichsein des Volkes. In der Konsequenz, die wir ziehen, nicht Heidegger, ist dann freilich klar, daß etwa die Franzosen ab 1789 kein Volk sein können. Heideggers Distanz gegenüber ‹Rasse› und ‹Rassekunde› und dem blutigen Biologismus des ‹Kampfs ums Dasein› hindert ihn gerade nicht daran, das *deutsche* Volk als eigentliches der Dichter und Denker auszuzeichnen. Maßstäblich ist es das Volk Hölderlins und Heideggers selbst. Dem NS-System wird dadurch nur Abweichung vom Seinsgedanken vorgehalten als mangelnde Zukehr zum ‹eigentlichen›, weil daseinsgegründeten Volk. Wie im *Anhang I: Die Zerstörung der Politik* zu erinnern sein wird, ist an der Position

[22] M. Heidegger: Einführung in die Metaphysik. Tübingen ^{2}1958, S. 152.

der Rektoratsrede von 1933 auch in der Rechtfertigung von 1945 im wesentlichen gerade festgehalten.

Der Mythos des anderen Hauptwerks ist deshalb auch ein Mythos des anderen, weil eigentlichen und daher desselben Volks. Auch und gerade Heidegger führt seinen ‹Kampf ums Dasein›, nur auf etwas diffizilere Weise. Es ist richtig: Heidegger vertrat kontinuierlich einen *geistigen* Rassismus, wie dies R. Marten[23] vorgetragen hat. Heidegger kann sich gegenüber ‹Blut und Rasse› distanziert halten, durch welche die «Praehistorie» der Historie diktiert (BPh, S. 493), weil die eigentliche Auszeichnung des deutschen Volkes die geistige ist. Heidegger entsprach damit freilich auch wieder nur einer weitverbreiteten Selbstüberschätzung des sog. Bildungsbürgertums, welches in seiner Kleinbürgervariante die Deutschen bis heute davon abhält, Europäer zu werden.

Es bleibt (c) die Anerkennung der Heideggerschen Skizzen über die technische Machenschaft. Es sind diese Skizzen, die ihn am weitesten vorantragen und es ihm ermöglichen, wider allen Willen noch einmal mit einer *Philosophie* der Technik hervorzuragen, die den Namen verdient. Heideggers frühe, noch tastende Versuche einer Vergegenwärtigung des Technizismus als einer *Machenschaft* des *Riesenhaften*, der *«Übergang zum technisierten Tier»* (BPh, S. 98) sind historisch bedeutsam, sollen hier aber nur illustriert werden durch Heideggers genauen Blick für und auf den Wissenschaftsbetrieb. In ihm formiert sich etwa die Historie am neuen Leitbild der ‹Zeitungswissenschaft› als der letzten

> «Vorwegnahme des Wesens der Historie als neuzeitlicher Wissenschaft. Zu beachten ist die unvermeidliche Koppelung dieser ‹Zeitungswissenschaft› im weiten Sinne mit der Verlegerindustrie. Beide in ihrer Einheit entspringen dem neuzeitlichen technischen Wesen» (BPh, S. 153).

Das technische Zeitalter ist das wissenschaftliche als das der Austreibung der Philosophie. Aber Heidegger behält selbst gerade seinen unverlierbaren Anteil an der Machenschaft als primär politischer und deshalb auch technischer Konfusion. Denn vor dem Explizitwerden

---

[23] R. Marten: Heideggers Geist, in: J. Altwegg (Hrsg.): Die Heidegger Kontroverse, Frankfurt/M. 1988, S. 225–241.

seiner Philosophie der Technik steht seine Reformulierung des deutschen Faschismus, an der er invariant festhält über dessen äußere Niederlage hinaus. Einsatzpunkt dafür ist in den «Beiträgen» die Auszeichnung der *Wenigen*, der *Seltenen*, der *Einzigen*, der wahren *Zukünftigen*, der *Unvergleichlichen*:

«Unvergleichlich (...) ist der Entwurf des Seyns als Ereignung, welcher Entwurf selbst als *geworfener* sich erfährt und sich jeden Anschein des Gemächtes fernhält» (BPh, S. 479).

Der Mythos des anderen Hauptwerks lebt vorzüglich von der sehr trügerischen Illusion einer gemächtefreien Übereignung an ‹das Sein›. Heidegger nähert sich in den «Beiträgen» erstmals dem später bekannten Gestus des Priester-Philosophen – und bleibt dabei doch immer selbst willig-unwilliges Opfer der Machenschaft. Heidegger macht sich selbst zum Priester-Philosophen einer nun freilich endgültig nicht mehr geheuren Anhängerschaft. «Wo es die Zertrümmerung des Subjekts gilt, wie soll da noch das Sein ‹subjektiv› gemacht werden können?» (BPh, S. 456). Der von Heidegger schließlich mitinszenierte Mythos des anderen Hauptwerks ist Beleg genug, daß ‹das Sein› nur allzu ‹subjektiv›, nämlich bloß subjektiv spricht, wenn die Philosophie meint, die Subjekttheorie ungestraft einziehen zu können, statt: Flagge zu zeigen.

12. Reformulierung des Faschismus

Die Invokation des ‹Seins› schlägt um in eine Reformulierung des Faschismus, da einmal die Humanitas verworfen ist und nur ein notdürftiges Substitut errichtet bleibt, das gerade schutzlos macht angesichts des Regiments der Willkür, da es selbst ein willkürlich Gesetztes ist. Der ‹Hirt des Seins› bereitet neues Unheil vor, während und indem er auf das ‹Heil› setzt, kaum, daß die vormalige Verschwörung des ‹Heils› liquidiert war.

Nach der Rechtfertigungsschrift von 1945 war es 1933 darum gegangen, «das Positive zu retten und zu läutern und zu festigen».[24] 1945

[24] M. Heidegger: Die Selbstbehauptung der deutschen Universität. Rede, gehalten bei der feierlichen Übernahme des Rektorats der Universität Freiburg i. Br.

galt es erneut weiterzublicken und die «Bewegung unserer Geschichte» zu durchschauen, «deren Dimension die Deutschen auch jetzt noch nicht ahnen, nachdem die Katastrophe über sie hereingebrochen ist».[25] Der sog. Brief über den sog. Humanismus übernimmt genau dies. In ihm vollendet sich die Katastrophe der Philosophie Heideggers: Der Sichtlosigkeit von 1933 entspricht diejenige von 1946.

Das Prinzip der Heideggerschen Reformulierung des Faschismus ist das Festhalten an einem Führerprinzip ohne tatsächliche Führung. Sowenig aber der biologische Rassismus des NS-Systems als tatsächliche Führungsgröße taugte, sowenig der geistige Rassismus Heideggers in der Entsprechung zum Sein. Nicht nur, daß für Heidegger alles nur ein Ereignis von Sein und Zeit ist und kein Verhältnis von Sein und Sollen.[26] Es ist in politischer Hinsicht gerade gänzlich abwegig, Heidegger habe auch nur nach 1945 dem ‹Sein› entsprochen. Vielmehr ist der gesamte Brief über den ‹Humanismus› eine – nicht einmal meisterliche – Realitätsverdrängung von durchaus beschwerlichstem Ausmaß. Der Brief über den ‹Humanismus› ist die andere Auschwitz-Lüge[27] und dabei die weit gefährlichere, da nämlich Verleugnung der Realität aus angemaßter Tiefe. Heidegger repetiert dabei aber nur noch einmal, was längst vor ihm Nietzsche ausgesprochen hatte. Nietzsche aber war schon vor Auschwitz ein so radikaler Anti-Antisemit, daß wir ihm bei allen Einschränkungen nicht unterstellen dürfen, er hätte auf Auschwitz derart nichtssagend geantwortet wie Heidegger.

Heidegger steht im Brief über den ‹Humanismus› unter Legitimationsdruck, meint aber, es gelte ‹bloß› eine philosophische Legitima-

---

am 27.5.1933. Das Rektorat 1933/34. Tatsachen und Gedanken. Hrsg. H. Heidegger. Frankfurt/M. 1983, S. 26.

[25] Ebd., S. 43.

[26] Vgl. H. Ebeling: Heidegger. Geschichte einer Täuschung, Würzburg 1990, S. 9–34.

[27] Daß der Adressat des Briefes, Jean Beaufret, später die Auschwitz-Lüge des sog. Historikers R. Faurisson faktisch gutgeheißen hat, bleibt hier durchaus beiseite, wenn dies auch ein weiterer schockierender Beleg für die politische Naivität Heideggers ist, wem er mit solcher Vehemenz sein Programm der Non-Liquidation des Faschismus mitteilt. (Vgl. H. Ott: Martin Heidegger. Unterwegs zu seiner Biographie. Frankfurt/New York 1988, S. 14f).

tion. Denn schließlich ist der ‹Führer› (von ihm selbst) schon scheinbar distanziert als der ‹Ärger›:

«Die moralischen Entrüstungen derer, die noch nicht wissen, was ist, zielen oft auf die Willkür und den Herrschaftsanspruch der ‹Führer› – die fatalste Form der ständigen Würdigung. Der Führer ist der Ärger, der nicht loskommt vom Verfolgen des Ärgernisses, das jene nur dem Schein nach geben, da sie nicht die Handelnden sind.»[28]

Mit der Titulatur der «moralischen Entrüstungen» soll jede moralisch-praktische Einrede gegenüber dem ‹Führer› als deplaziert gelten. Denn der Führer und einebnend: alle Führer, gleich ob totalitär oder demokratisch ermächtigt, sind nur «die ersten Angestellten innerhalb des Geschäftsganges der bedingungslosen Vernutzung des Seienden im Dienste der Sicherung der Leere der Seinsverlassenheit».[29] Der Führer ist als Techniker gedeutet, als leitender Angestellter im Gestell als dem Inbegriff des technischen Zeitalters, und damit nicht moralisch-praktisch zu deklassieren, denn er ist schon in der «Leere der Seinsverlassenheit». Er bleibt im übrigen unbetreffbar, ist weiter nicht belastet, weil gar nicht belastbar.

Der eigentliche Entlastungsangriff Heideggers geschieht aber erst im Kampf gegen den ‹Humanismus›, und dies zunächst durchaus nicht ohne Erfolg, nämlich in der Weise, zeitkonform einzunehmen für der Zeitgeschichte überlegene Ziele. Heidegger hatte sich gegen eine Reihe von Mißdeutungen seiner Philosophie verwahrt, nämlich gegen den Vorwurf des Inhumanismus, des Irrationalismus, der Negation der Werte, der bloßen Diesseitigkeit, des Atheismus und des Nihilismus. Der Vorwurf des Inhumanismus erhält die Form:

«Weil gegen den ‹Humanismus› gesprochen wird, befürchtet man eine Verteidigung des In-humanen und eine Verherrlichung der barbarischen Brutalität. Denn was ist ‹logischer› als dies, daß dem, der den Humanismus verneint, nur die Bejahung der Unmenschlichkeit bleibt?» (BH, S. 95).

---

[28] M. Heidegger: Vorträge und Aufsätze. Pfullingen ^{2}1959, S. 93. Zwar ist keineswegs davon auszugehen, daß diese Partie, wie von Heidegger insinuiert, 1942 verfaßt worden wäre (zwei Seiten später ist auf die «Forschungen des in diesem Jahr mit dem Goethepreis der Stadt Frankfurt ausgezeichneten Chemikers Kuhn» verwiesen). Aber jedenfalls 1946 ist die Aufgabe einer Scheindistanzierung absolviert.

[29] Ebd., S. 96.

Die selbstformulierten Einwände sind wie hier insgesamt in einer Form stilisiert, die den Opponenten von vornherein nur als wenig geschultes Gemüt, quasi in statu infantis, zulassen. Auf den Vorwurf des Inhumanismus antwortet Heidegger – im Unterschied zu allen anderen Repliken der Abhandlung – gleichwohl nur in der äußersten Knappheit dessen, der sich in seiner Überlegenheit hier einmal doch geschwind von jedermann verstanden weiß:

«Daß der Gegensatz zum ‹Humanismus› keineswegs die Verteidigung des Inhumanen einschließt, sondern andere Ausblicke öffnet, dürfte in einigem deutlicher geworden sein» (BH, S. 98).

Der maßstäbliche Ausblick war die Entsprechung zum ‹Sein›, aus der her das Wesen des Menschen neu bestimmt werden sollte. Was aber war denn Heideggers eigentliche Antwort, wenn wir uns nicht begnügen können mit einem umgebogenen Heraklit-Fragment, das in der Heidegger-Deutung der Seßhaftigkeit das Wort redet? Auf Emigration, ‹Verschubung›, ‹Verbringung›, Inhaftierung, Einlieferung, Kasernierung, ‹Liquidierung› (auch Vertreibung) nur das Lob der Ortsfestigkeit – eine Antwort für Einheimische von einem Einheimischen, dies alles «in der Nähe des Gottes» (BH, S. 106).

Im Grunde ist nichts geschehen. Dem allzu durchsichtigen Lob des Marxismus, wonach «die marxistische Anschauung von der Geschichte aller übrigen Historie überlegen» sei (BH, S. 87)[30], entspricht nur die Explikation der eigenen Lehre als derjenigen, die das Geschick der Entfremdung seinsgeschichtlich als das der Seinsverlassenheit erkenne und dadurch gerade noch dem Marxismus überlegen bleibe, weil sie mit der Durchsicht durch das technische Zeitalter den *homo humanus* aus der Metaphysik befreie:

---

[30] Noch 1940 war dagegen von Marx lediglich höhnisch gesprochen: «Daß die mittelalterlichen Theologen auf ihre Weise, d. h. umdeutend, Platon und Aristoteles studieren, ist dasselbe, wie daß Karl Marx für seine Weltanschauung die Metaphysik Hegels benutzt» (M. Heidegger: Nietzsche. Pfullingen 1961, II, S. 132). – Entsprechend ist 1969 Marx wiederum schulmeisterlich behandelt (Martin Heidegger im Gespräch. Hrsg. R. Wisser. Freiburg/München 1970, S. 74). Vgl. H. Ebeling: Heidegger und die Linke, in: ders.: Neue Subjektivität. Die Selbstbehauptung der Vernunft. Würzburg 1990, S. 13–33.

«Das Denken überwindet die Metaphysik nicht, indem es sie, noch höher hinaufsteigend, übersteigt und irgendwohin aufhebt, sondern indem es zurücksteigt in die Nähe des Nächsten. Der Abstieg ist, zumal dort, wo der Mensch sich in die Subjektivität verstiegen hat, schwieriger und gefährlicher als der Aufstieg. Der Abstieg führt in die Armut der Ek-sistenz des homo humanus. In der Ek-sistenz wird der Bezirk des homo animalis der Metaphysik verlassen» (BH, S. 103).

Re vera hat gerade Heidegger den verachteten *homo animalis*, der der Metaphysik zugerechnet wird, als den *Tiermenschen des Seins* reproduziert und dadurch nur den Faschismus reformuliert. Beschwichtigende Sätze wie die, der «Bindung durch die Ethik» müsse «alle Sorge gewidmet sein», um im technischen Zeitalter das Schlimmste zu verhindern (BH, S. 104f), können nicht darüber hinwegtäuschen, daß damit ‹in Wahrheit› nichts zu retten sei, nur mit dem Wohnen in der Nähe des Seins. Gerade dort kann aber nur der Tiermensch wohnen, genauer: der von Heidegger fingierte Tiermensch, eingelassen in ein fingiertes natürliches Sein.

Nun gehört es zur Einsicht aller Metaphysik, daß wir eben dies eine nicht sind: natürlich. Dies zu behaupten blieb dem rassistischen Faschismus vorbehalten, und Heidegger reformuliert die rassistische Einbettung des Biologismus als *Absehen* vom Biologismus, erreicht aber dadurch nur die Subreption eines menschlichen Seins neuer Quasi-Natürlichkeit derer, die als Sterbliche wie als Naturereignisse konstruiert sind und doch als Seinsverhältnisse immer noch mehr sein sollen, ohne als *Sollens*verhältnis anerkannt zu werden. Im Zuge seiner Destruktionsversuche hatte Heidegger alle moralisch-praktische Vernunft gerade als Denaturierung des Menschen begriffen. Das war freilich nur so abwegig, wie es abwegig ist, einer Pflanze vorzuhalten, sie sei leider unbelebt. Wer wie Heidegger die moralisch-praktische Subjektität des vernünftigen Daseins im Menschen vom Menschen als dem Seinshörigen abreißen will, muß in der Tat den Menschen als Menschen aus seinem ‹Wurzelgrund› reißen, also: theoretisch umzubringen versuchen.

Das kann gleichgültig lassen, wären die Folgen nicht furchterregend. Der Theorie mag jeder Spielraum überlassen bleiben, wird darüber nicht auch die Praxis als Existenzvollzug unmöglich. Anders als in der Stoa, die gelehrt hatte, in der Entsprechung zur Natur zu existieren (ὁμολογουμένως τῇ φύσει ζῆν), und die sich damit schon in einem theorieintern nicht auflösbaren Selbstwiderspruch mit sich befand, hat Heidegger zu verantworten, daß er den rassistischen Kampf ums Dasein noch einmal als intellektuellen der neuen Natürlichkeit reformuliert – und damit das ‹wahre› NS-System reinigt und zu sich selbst befreit. So wurde Heidegger sich selbst zum eigenen ‹Bereinigungsausschuß›, in dem es ‹eigentlich› nichts zu bereinigen gab.

Die sublimste Rechtfertigung des deutschen Diktators ist diejenige durch Heidegger: er sei nur Führungsangestellter im Seinsgeschick gewesen. Die sublimste Rechtfertigung des deutschen Faschismus als ganzen ist ebenfalls diejenige durch Heidegger: Dem NS-System als ganzem ist Unausweichlichkeit einer technischen und doch nicht bloß technischen Veranstaltung zudiktiert, nämlich am Ende immer die zukunftsweisende Unausweichlichkeit, daß der Mensch als Subjekt untergehen müsse im Interesse des neuen Anfangs des Seins, damit aber seines neuen Untergangs in der ‹Natur› des Seinshörigen. Wer so denkt, ist ‹geistiger› Rassist, weil er gegenüber dem tatsächlich praktizierten Mord und Totschlag gleichgültig bleiben muß. Es gibt leider, wie der Anhang I belegt, keine Indikatoren dafür, daß es mit Heideggers Denken irgend anders bestellt gewesen wäre. Das Sein ist nun einmal «das Strittige», wo mit «dem Heilen zumal … das Böse» (BH, S. 112) erscheint, offenbar erscheinen muß, und das bleibt hinzunehmen. Heidegger hat durch seinen intellektuellen Rassismus noch *post exitum ducis* dem deutschen Faschismus letztes überhöhendes Licht aufgesteckt. Er hat dadurch wesentlich beigetragen zu dem noch heute tief verankerten Widerstand gegen eine tatsächliche ‹Aufarbeitung› des deutschen Faschismus. Heideggers «Brief über den ‹Humanismus›» introvertierte und introvertiert den Faschismus. In seiner vorletzten Notiz zu Heidegger hat Jaspers noch Anfang der 60er Jahre vermerkt:

«Wie die Denkungsart derer, die den Nationalsozialismus mit Enthusiasmus ergriffen – das Diktatorische, das Behauptende, das sich überlegen Dünkende, das eine allein Wahre, die Neigung zum Absurden, die primäre Aggressivität, Verneinung, der Machtwille – heute unverändert als solche fortbesteht, in andere Kleider schlüpft – so in der Philosophie Heideggers und seiner Anhänger: hier ist, da sie im geistigen Raum erfolgt und nicht mit Staatsmacht konfrontiert ist – dieselbe Denkungsart heute frei – sie kann erscheinen und sich äußern – unter Bejahung der Demokratie mit Abneigung gegen sie und unter Mitwirkung an allen Tendenzen, die sie nicht entfalten, sondern untergraben – man merkt es nicht.»[31]

[31] K. Jaspers: Notizen zu Martin Heidegger. Hrsg. H. Saner. München/Zürich 1978, S. 263.

Heidegger hat kontinuierlich an der «inneren Wahrheit und Größe»[32] des Nationalsozialismus unverrückt durch alle Umdeutungen hindurch festgehalten, lediglich den unhaltbaren Biologismus durch einen ebenfalls unhaltbaren Intellektualismus ersetzend, welcher es erlaubte, einvernehmlich schweigend über das Verbrechen hinwegzugehen, welches sich einstellte bei Gelegenheit der tätigen Liquidation des Humanismus durch tätige Liquidation des Menschen. Bei Heidegger erhält *post factum* auch noch einmal der Humanismus einen Fußtritt durch anhaltende Negation der Aufgabe praktischer Philosophie, wie wenn die NS-Verbrechen seine Leistung gewesen wären und nicht gerade die Konsequenz einer Negation des Universalismus, der in Deutschland spätestens seit Kant vertreten war, unter den ‹Einheimischen› sich aber gerade nicht hatte durchsetzen können, sondern Opfer der Gegenaufklärung wurde. Bald ein halbes Jahrhundert nach Heideggers «Brief über den ‹Humanismus›» macht die Lektüre heute nur noch den Sinn, Heidegger zu lassen – wäre nur eben dies möglich angesichts seiner immer noch bleibenden und gerade auch in der Konfrontation mit dem NS-Staat geprägten Philosophie der Technik, welche ihn noch einmal legitim auf die Höhe der Zeit bringt. Heideggers Selbstwiderspruch zwischen legitimer Philosophie und illegitimer Ideologie überschreitet freilich weiter das Maß des vor der Vernunft Erträglichen und der Benignität Zumutbaren.

[32] M. Heidegger: Einführung in die Metaphysik. Tübingen ^{2}1958, S. 152.

3. TEIL

ENDE DER PHILOSOPHIE?

Aus der Krise seines Selbstverständnisses und auch angesichts des Endes seiner eigenen Philosophie rettet Heidegger eine einzige Einsicht von Bedeutung: die Einsicht in die Dezentrierung der Vernunft im Zeitalter der Technik. Sowenig die Philosophie von SZ zu vernächlässigen ist, sowenig seine Philosophie der Technik, auch wenn diese gerade über seine Philosophie der Kehre vermittelt bleibt. Es gehört zur Janusgesichtigkeit Heideggers, daß seine Einsichten nicht ohne seine Zusammenbrüche zu haben sind und daß auch noch einmal seiner Philosophie der Technik eine Ideologie nun äußerster Regression zur Seite tritt: Die in die Technik untergehende Vernunft erhält ihr untergängliches Pendant in Heideggers Flucht aus der Vernunftgeschichte nicht nur der Moderne, sondern der gesamten vernunftgegründeten Tat der Philosophie. Auch wenn wir diesen Preis wiederum nicht zahlen wollen, weil gar nicht können, bleibt festzuhalten, daß Heidegger sich durch seine Philosophie der Technik noch einmal auf die zunächst konkurrenzlose Höhe des Gedankens bringt, also: Avantgarde gewesen ist. In der subjekttheoretischen Einsichtslosigkeit und in der Durchsichtigkeit seiner Ideologie gelingen Heidegger gleichwohl Durchblicke voller Klarheit, die gelegentlich sogar die ‹Seinsfrage› ins Einfache und Luzide bringen. Demnach gilt:

«Das Nichts (...) ist das Sein selbst, dessen Wahrheit der Mensch dann übereignet wird, wenn er sich als Subjekt überwunden hat und d. h., wenn er das Seiende nicht mehr als Objekt vorstellt.» [1]

Der Vortrag «Die Zeit des Weltbildes» (1938), zu dem der angeführte Zusatz gehört, leitet mit am deutlichsten über in eine Einsicht, der wir

[1] M. Heidegger: Holzwege. Frankfurt/M. ^{3}1957, S. 104.

uns in jedem Fall zu stellen haben, ohne schon auf Heideggers Seite treten zu müssen, nämlich der Ausdenkbarkeit, uns als Subjekte ‹wegnehmen› zu können. Angesichts der Schrecken des technischen Zeitalters ist dies nicht mehr primär eine Frage der Theorie um der Theorie selbst willen, sondern *die* Grundfrage der menschlichen Gattung selbst umwillen ihres Fortbestandes und möglicher Korrigierbarkeit zum Besseren. Wenn sich mit Heidegger, was für das Subjekt nur ein Nichts ist, nach und mit der Überwindung der Selbstzentrierung als Subjekt erweisen kann als «das Sein selbst», so sind hier Anklänge manifest, die etwa Rousseau gefaßt hatte sub titulo ‹Rückkehr zur Natur›. Wichtig ist zu sehen, wie sich solche Rückkehr und vorzüglich diejenige Heideggers verträglich machen läßt mit dem Prinzip der Moderne oder ob nur die Möglichkeit besteht zu kontra-modernem Ausbruch.

A: Die Philosophie der Technik

Der eigentliche und nächste Ertrag der Krise bleibt erst hier darzustellen: Heideggers ‹seinsgeschichtlicher› Konstruktivismus im Gegenzug zur blank historisierenden Einebnung, seine Destruktion der Metaphysik (Kap. 13). Aus ihr ergibt sich die spezifische Konstruktion der Neuzeit (Kap. 14) wie die Einleitung der Postmoderne (Kap. 15). Alle drei Schritte formieren die Philosophie der Technik.

Das kann erkennbar nur plausibilisiert werden, wenn die Sache der Technik aus ihrer Parzellierung herausgelöst wird, nur ein Bereich unter anderen zu sein, neben der Metaphysik, neben den Wissenschaften, auch neben den Naturwissenschaften, wenn der Sachverhalt der ‹Technik› also auch nicht etwa daneben den Sachverhalt der ‹Kultur›, des ‹Geistes› etc. zuläßt, sondern in der Moderne derjenige konkurrenzlose Tatbestand ist, in dem und als der sich die Metaphysik vollendet, diejenige Gegebenheit, die alles andere in ihren Sog zieht und zum Mahlstrom wird, um dessen Zentrum herum alle nun möglichen Bewegungen sich ausfluchtslos umkreisend ereignen. Heideggers Philosophie der Technik ist ebensosehr Destruktion der Metaphysik wie Konstruktion der Moderne wie deshalb auch schon Einleitung der Postmoderne.

13. Destruktion der Metaphysik

Heideggers versuchte Distanzierung von der gesamten Geschichte der Philosophie seit Platon bis zu Nietzsche kann hier nur exemplarisch angezeigt werden für die entscheidende Verschärfung unter den Bedingungen der Neuzeit, und auch dies nicht in der Weise eines kurzen Aufrisses der jeweilig distanzierten Positionen auch nur der neuzeitlichen Überlieferung. Auch Heideggers eigene über mehr als ein halbes Jahrhundert deutlich divergierende Deutung ‹der› Metaphysik kann ich nur andeuten, etwa daß der Heidegger unmittelbar nach SZ in seiner Freiburger Antrittsvorlesung (1929) ‹Metaphysik› bestimmt hatte als «*das Grundgeschehen im* und *als Dasein selbst*»,[2] in Nachwort und Einleitung der 40er Jahre aber erst die Aufgabe der Transzendenz der Metaphysik, also des ‹Überstiegs› über sie und ihrer ‹Überwindung› explizit verdeutlicht. Für die Erläuterung dessen, was *Destruktion* der Metaphysik in eins mit der Konstruktion der ‹Seinsfrage› meint, bleibt immer auch auf die früh veröffentlichte wichtige Vorlesung «Einführung in die Metaphysik» von 1935 zu verweisen.[3] Sie ist die erste größere Reflexion der ‹destruktiven› Absichten, die in SZ als Programm angezeigt waren, nämlich unter dem Titel «Grundzüge einer phänomenologischen Destruktion der Geschichte der Ontologie am Leitfaden der Problematik der Temporalität» (SZ, S. 39), und die zunächst in der Abhandlung «Kant und das Problem der Metaphysik» 1929 umgesetzt wurden.

Entscheidender Anstoß, nämlich der anstößige Stein im Wege, ist immer wieder: Die Metaphysik hat sich nicht auf die Zeit des Seins eingelassen und deshalb Sein nur als präsentisches Anwesen zugelassen, so aber ‹eigentlich› gar nicht erfahren. Sie verkennt damit gerade die Erstrecktheit des Seins selbst und stabilisiert sich in einer nur angemaßten Invarianz. Deren neuzeitliche Verschärfung ist die Versteifung in der Cartesischen Rationalität. Denn mit René Descartes (1596–1650) verengt sich die Vernünftigkeit auf die Selbstgewißheit in der Selbstsicherung des Seienden:

[2] M. Heidegger: Was ist Metaphysik? Bonn 1929, S. 28.
[3] M. Heidegger: Einführung in die Metaphysik. Tübingen 1953.

«Wie kommt es überhaupt dahin, daß sich das Seiende in betonter Weise als Subjectum auslegt und demzufolge das Subjektive zu einer Herrschaft gelangt? Denn bis zu Descartes und noch innerhalb seiner Metaphysik ist das Seiende, sofern es ein Seiendes ist, ein sub-jectum (ὑπο-κείμενον), ein von sich her Vorliegendes, das als solches zugleich seinen beständigen Eigenschaften und wechselnden Zuständen zu Grunde liegt. Der Vorrang eines ausgezeichneten, weil in wesentlicher Hinsicht unbedingten Sub-jectum (als Grund zu Grundeliegenden) entspringt aus dem Anspruch des Menschen auf ein fundamentum absolutum inconcussum veritatis (auf einen in sich ruhenden, unerschütterlichen Grund der Wahrheit im Sinne der Gewißheit). Weshalb und wie bringt sich dieser Anspruch zu seiner entscheidenden Geltung? Der Anspruch entspringt aus jener Befreiung des Menschen, in der er sich aus der Verbindlichkeit der christlichen Offenbarungswahrheit und der kirchlichen Lehre zu der sich auf sich selbst stellenden Gesetzgebung für sich selbst befreit. Durch diese Befreiung wird das Wesen der Freiheit, d. h. der Bindung in ein Verbindliches, neu gesetzt. Weil aber gemäß dieser Freiheit der sich befreiende Mensch selbst das Verbindliche setzt, kann dieses fortan verschieden bestimmt werden. Das Verbindliche kann die Menschenvernunft und ihr Gesetz sein oder das aus solcher Vernunft eingerichtete und gegenständlich geordnete Seiende oder jenes noch nicht geordnete, durch die Vergegenständlichung erst zu meisternde Chaos, das in einem Zeitalter die Bewältigung fordert.»[4]

Sich auf sich selbst zu stellen, wird zur spezifischen Nötigung des neuzeitlichen Menschen aus der spezifischen Notwendigkeit neuzeitlicher Metaphysik. Metaphysik war mit Aristoteles die *Erste* Philosophie, nämlich eine solche, die nach den ersten Gründen des Seienden als solchen fragt. In der Neuzeit wird die Frage zur Aufgabe einer *Selbst*begründung des Menschen in seiner Vernunft. Die Gründung in der eigenen Vernunft führt zur Begründung qua Ordnung auch alles anderen Seienden. Dieses Grundgeben ist aber kein primär mehr hinnehmendes, vielmehr ein konstruierendes. Deshalb ist das nächst der Vernunft selbst Verbindliche das durch sie Eingerichtete, die Vergegenständlichung – oder auch nur die Aufgabe der Vergegenständlichung. Die Ordnung des *vor*stellenden, alles auf sich zustellenden Denkens führt aber gerade zur *Ver*stellung. Kopf und Welt werden quasi einbetoniert. Descartes ist der erste ‹Betonkopf›. Der Preis der Selbstsicherung nach dem Verlust der Sicherung durch den mittelalterlichen Gott ist die Selbstübersteigerung. Am Anfang der durch Ord-

[4] M. Heidegger: Die Zeit des Weltbildes. Zusatz 9, in: ders.: Holzwege. Frankfurt/M. ³1957, S. 98f.

nung des Gedankens zerstörten Welt steht die Selbstzurichtung des Gedankens. Die Selbstgewißheit der menschlichen Vernunft als Selbstsicherung eines neuzeitlichen Subjekts ist der Beginn einer neuzeitlichen Seinsvergessenheit aus der Manie, alle Denkgehalte im Subjekt sich selbst vorstellend zu subsumieren. Das alles auf sich zustellende Denken unterjocht die Welt, denn sein ‹Vorstellen› ist ein Zwang:

«Vorstellen meint hier: von sich her etwas vor sich stellen und das Gestellte als ein solches sicherstellen. Dieses Sicherstellen muß ein Berechnen sein, weil nur die Berechenbarkeit gewährleistet, im voraus und ständig des Vorzustellenden gewiß zu sein. Das Vorstellen ist nicht mehr das Vernehmen des Anwesenden, in dessen Unverborgenheit das Vernehmen selbst gehört und zwar als eine eigene Art von Anwesen zum unverborgenen Anwesenden. Das Vorstellen ist nicht mehr das Sich-entbergen für..., sondern das Ergreifen und Begreifen von... Nicht das Anwesende waltet, sondern der Angriff herrscht. Das Vorstellen ist jetzt gemäß der neuen Freiheit ein von sich aus Vorgehen in den erst zu sichernden Bezirk des Gesicherten. Das Seiende ist nicht mehr das Anwesende, sondern das im Vorstellen erst entgegen Gestellte, Gegen-ständige. Vor-stellen ist vor-gehende, meisternde Ver-gegen-ständlichung. Das Vorstellen treibt so alles in die Einheit des so Gegenständigen zusammen. Das Vorstellen ist coagitatio.»[5]

Cogitatio als Co-agitatio meint: Die Denkleistung ist Leistung des Zusammentreibens unter dem Joch dessen, der das Zusammentreiben leistet. Wer dergestalt alles zusammen-nimmt, sich alles zum Gegen-ständigen zu machen, nimmt zuvor sich selbst zusammen in die Einheit einer Grundgewißheit seiner selbst als des Ausgreifenden und Angreifenden, der jedem Ausgriff und Angriff zugrunde liegt. Der als ‹*Sub*jekt› Zugrundeliegende betreibt die Selbstsicherung. In aller Produktion steht er selbst am Anfang als die Selbstproduktion:

«Das Subjectum, die Grundgewißheit, ist das jederzeit gesicherte Mitvorgestelltsein des vorstellenden Menschen mit dem vorgestellten menschlichen oder nichtmenschlichen Seienden, d. h. Gegenständlichen. Die Grundgewißheit ist das unbezweifelbar jederzeit vorstellbare und vorgestellte me cogitare = me esse. Das ist die Grundgleichung alles Rechnens des sich selbst sichernden Vorstellens.»[6]

Das co-agitierende Denken ist zusammen-zwingendes Vorstellen unter der Grundvorstellung seiner selbst als dem Grund aller co-agitatio

---

[5] Ebd., S. 100.
[6] Ebd.

und dadurch *Subjekt* für alles nun Gegenständige. Eben dieser Ansatz aber hat beherrschende Zukunft im Gleichmachen und Niedermachen:

«Der Mensch als Vernunftwesen der Aufklärungszeit ist nicht weniger Subjekt als der Mensch, der sich als Nation begreift, als Volk will, als Rasse sich züchtet und schließlich zum Herrn des Erdkreises sich ermächtigt. (...) Im planetarischen Imperialismus des technisch organisierten Menschen erreicht der Subjektivismus des Menschen seine höchste Spitze, von der er sich in die Ebene der organisierten Gleichförmigkeit niederlassen und dort sich einrichten wird. Diese Gleichförmigkeit wird das sicherste Instrument der vollständigen, nämlich technischen Herrschaft über die Erde. Die neuzeitliche Freiheit der Subjektivität geht vollständig in der ihr gemäßen Objektivität auf.»[7]

Damit ist ansatzweise schon erkennbar, wie über den spezifischen Subjektbegriff bei Descartes die *Technik* vermittelt wird mit der *Metaphysik* und die Technikgeschichte zur letzten Geschichte der einheitlich durchtragenden Metaphysik gemacht ist. Die Verkennung der Seinsfrage beginnt für Heidegger mit Platon, und ihre äußerste Verstellung ist gegeben durch die gegenwärtige Dominanz der Technik in allen Lebens- und Sterbensbereichen. Die Platonische Verstellung der Wahrheit des Seins zugunsten der Übermächtigung durch die Idee und maßstäblich die sog. Idee des Guten treibt nach römischer Brechung und christlicher Irritation durch eine Heilsgewißheit schließlich die Selbstsicherung in der neuzeitlichen Rationalität der Selbstermächtigung im Subjekt hervor, aus welcher am Ende die äußerste Selbstkorruption im spezifischen Subjektsein der Technik hervorgeht und damit die letzte Fassung des Seins. Sein wird dann schließlich nur noch heißen: *Ersetzbarsein*.

Wenn es entsetzende Gründe gibt, die Metaphysik von ihrem Ende her zu kritisieren, gibt es dann auch Gründe zu einer Kritik von Anfang an? Metaphysik ist für Heidegger immer deutlicher selbst «schon als Geschick der Wahrheit des Seienden gedacht, d. h. der Seiendheit, *als* einer noch verborgenen, aber ausgezeichneten Ereignung, nämlich der Vergessenheit des Seins».[8] Was soll aber schon Platon ‹vergessen›

---

[7] Ebd., S. 102f.

[8] M. Heidegger: Überwindung der Metaphysik, in: ders.: Vorträge und Aufsätze. Pfullingen ^{2}1959, S. 71.

haben? Den Ort des Seins selbst, an dem und aus dem sich die Verstellung der Welt ereignet, welche bloß Hinordnung auf eine höchste Seiendheit ist und dadurch schon Anfang der Hinrichtung des Seins:

«Wenn Platon das Sein als ἰδέα und als κοινωνία der Ideen vorstellt, Aristoteles als ἐνέργεια, Kant als Position, Hegel als den absoluten Begriff, Nietzsche als Willen zur Macht, dann sind dies nicht zufällig vorgebrachte Lehren, sondern Worte des Seins als Antworten auf einen Zuspruch, der in dem sich selber verbergenden Schicken, im ‹Es gibt Sein› spricht.»[9]

Das Ereignis von Zeit und Sein zeigt sich in Heideggers Seinsgeschichte als Metaphysikkritik nicht als ein aus Vernunftgründen legitimationsfähiger Verknüpfungszusammenhang und doch auch nicht als eine bloß ‹zufällige› Sequenz. ‹Vernunft› erscheint in dieser Deutung ohnehin nur als eine willentliche Leistung, als Wille zur Vernunft – wie jede andere willentliche Leistung –, und das heißt für Heidegger faktisch als Willkürleistung. Das Besondere der Neuzeit und ihrer Metaphysik ist es, die Willkür auf die Spitze zu treiben. Verstellung beherrscht mit Heidegger die Metaphysik von Anfang an. In der Neuzeit wird sie zur planmäßigen Tat der Selbstverstellung.

14. Konstruktion der Neuzeit

Die Neuzeit, die sich in der cartesischen Selbstversicherung versteift, ist die Zeit der *Selbstbejahung* des Subjekts bis hin zu dessen Selbstliquidation im Prozeß der mathematisierten Wissenschaft, die ihrerseits nur Teil der alles beherrschenden Technik des Stellens ist:

«‹Selbstbejahung› (...) deutet auf die neuzeitliche Auslegung des Seins im Sinne der Leibnizschen exigentia essentiae, worin liegt: Seiendes ist, indem es sich sich selbst in seinem Wesen zustellt und in solcher Zustellung vorstellt und vorstellend sich erstrebt. (Ge-Stell)»[10]

Heideggers Grundwort für das Regiment der Technik, *Gestell*, erweist sich schon durch seine Einbettung in den Kontext einer Leibniz-Analyse als Grundwort einer Selbstbemächtigung, die den engeren

[9] M. Heidegger: Zeit und Sein, in: ders.: Zur Sache des Denkens. Tübingen 1969, S. 9.

[10] M. Heidegger: Schellings Abhandlung Über das Wesen der menschlichen Freiheit (1809). Hrsg. H. Feick. Tübingen 1971, S. 208 (Anhang).

Horizont der Technikgeschichte des 19. und der ‹Hochtechnologie› des 20. Jahrhunderts transzendiert und einen Grundzug der Neuzeit exponiert, für den es dann freilich gerade charakteristisch ist, Prozesse immer größerer Akzeleration zu durchlaufen und sich schließlich nur noch zu überstürzen. Selbstbejahung ist Wille zu sich selbst, ganz gleich, was gewollt wird, wenn nur irgend etwas gewollt wird. Die sich auf sich selbst gründende existentia ist der Drang, sich selbst auf sich selbst zuzustellen. Das Sein selbst als *Gestell* meint entsprechend: den willentlichen Selbstverzehr in der Subjektzentrierung alles Gebbaren, wie sie seit Descartes vorbereitet, durch Leibniz mathematisiert, schließlich durch Nietzsche auf den Begriff gebracht war als *Wille zur Macht*:

«Die Maschinentechnik bleibt der bis jetzt sichtbarste Ausläufer des Wesens der neuzeitlichen Technik, das mit dem Wesen der neuzeitlichen Metaphysik identisch ist.» [11]

Das Wesen der neuzeitlichen Metaphysik aber ist die Selbstbegründung in der Selbstbemächtigung, und als deren Wahrheit ist der Wille zur Macht:

«Der Wille ist in sich schon der Vollzug des Strebens als Verwirklichung des Erstrebten, wobei dieses wesentlich im Begriff, d. h. als ein im allgemeinen Vorgestelltes eigens gewußt und bewußt gesetzt ist. Zum Willen gehört Bewußtsein. Der Wille zum Willen ist die höchste und unbedingte Bewußtheit der rechnenden Selbstsicherung des Rechnens (...).

Daher gehört zu ihm das allseitige, ständige unbedingte Ausforschen der Mittel, Gründe, Hemmnisse, das verrechnende Wechseln und Ausspielen der Ziele, die Täuschung und das Manöver, das Inquisitorische, demzufolge der Wille zum Willen gegen sich selbst noch mißtrauisch und hinterhältig ist und auf nichts anderes bedacht bleibt als auf die Sicherung seiner als der Macht selbst.» [12]

Der Wille zur Macht ist der Wille zum Willen, dessen mathematisch genaue Inquisition Selbstinquisition ist, die die Selbstliquidation vorbereitet. Der Mensch ist zum *arbeitenden Tier* geworden. Das *animal rationale* ist fest-gestellt als arbeitendes Tier:

«Diese Fest-stellung bestätigt die äußerste Verblendung über die Seinsvergessenheit. Der Mensch aber will *sich* als den Freiwilligen des Willens zum Willen, für den

---

[11] M. Heidegger: Holzwege. Frankfurt/M. ^{3}1957, S. 69.
[12] M. Heidegger: Vorträge und Aufsätze. Pfullingen ^{2}1959, S. 88f.

alle Wahrheit zu demjenigen Irrtum wird, den er benötigt, damit er vor sich die Täuschung darüber sicherstellen kann, daß der Wille zum Willen nichts anderes wollen kann als das nichtige Nichts, demgegenüber er sich behauptet, ohne die vollendete Nichtigkeit seiner selbst wissen zu können.» [13]

Indem die Neuzeit sich selbst als Metaphysik kon-struiert, baut sie sich auch schon in ihrer Vollendungsform zusammen. Die vollendete Metaphysik ist die Technik. In ihr verendet die Metaphysik. Als Technik ereignet sich das Ende der Philosophie, gleich ob als Atomartechnologie, Biogenetik oder Computertechnologie. Die Konstruktion der Neuzeit ist ihr technischer Zusammenbruch in die Ahnungslosigkeit der ‹Seinsvergessenheit› wie die Bedürfnislosigkeit gegenüber aller Philosophie, ohne deren entscheidende Zutat der Zurichtung des Menschen die Technik freilich niemals ihre konkurrenzlose Position der vollständigen Dominanz aller Lebensverhältnisse erlangt hätte. Mit den Frankfurter Schulen zu sprechen: Die instrumentelle Vernunft beansprucht, alle Vernunft zu sein, und sie hat als Technik alle anderen Verhältnisse kolonialisiert.

Bei Heideggers Konstruktion der Neuzeit und ihrer Vollendung im technischen Zeitalter bleibt beachtlich und sollte ohne Einschränkung anerkannt bleiben, daß und wie sehr Heidegger schon früh sich der Neutralitätsthese widersetzt. Sie ist in der Tat eine lediglich naive Position gewesen, deren heutige – schwindende – Vertreter in der Tat nur noch den Tatbestand der erwiesenen Dummheit dokumentieren. Heidegger hat sich hiergegen früh genug verwahrt:

«*‹Die Technik›* (Die vermeintliche Neutralität der Technik) Daß sich die Erfindungen der Technik zum Aufbau und zur Vernichtung, zum Nutzen und zum Verderb verwenden und überhaupt betreiben lassen, erweckt den Anschein, als stünde die Technik samt ihren Produkten ‹eigentlich› außerhalb der Parteiung jener Gegensätze. Man sagt, die Technik sei neutral. Nur der Mensch dränge sie in die Richtung des Segens und des Unsegens. (...)

Wer sagt, daß der Nutzen, den die Technik aufbauend biete, ein Heil sei und der Verderb ein Unheil? Vielleicht ist der Aufbau, worin der metaphysische Egoismus des Menschen sich austobt und angebliche Nutzwerte schafft, das Unheil seines Wesens. Vielleicht ist aber auch die Vernichtung, in die der Mensch, ohne es zu ahnen, von der ‹neutralen› Technik gestoßen wird, ein Heil, sofern sie die Nichtigkeit des Seienden an den Tag bringt.

[13] Ebd., S. 72f.

Vielleicht ist der Anschein der Neutralität, den die Technik um sich legt und den der Mensch gierig aufnimmt, um ja in der Verzauberung durch die Technik bleiben zu können, die letzte Täuschung, die von der Metaphysik ausgeht und den Willen zum Willen in seinen unbedingten Machenschaften bestätigt.

Vielleicht ist der Anschein der Neutralität der Technik und der gierige Glaube an sie das Kennzeichen der Ahnungslosigkeit des metaphysischen Menschen hinsichtlich der Metaphysik.

Vielleicht reizt der Anschein der Neutralität der Technik allen menschlichen Scharfsinn dazu, alle Möglichkeiten der Technik und der technischen Eroberung der Natur und der technischen Organisation der Geschichte zu versuchen, um auf diesem Wege eine Welteinrichtung herzustellen, die vom Menschen gemacht das Wohlergehen und den Wohlstand der Menschen sichern soll. – Vielleicht wird durch diese Aufreizung der metaphysische Mensch in die letzten Tollheiten des planetarischen Egoismus gestoßen.»[14]

Die Neutralitätsthese erweckt den Anschein, wie wenn zwischen dem Menschen und der Technik ein Schnitt anzubringen wäre, während sie re vera miteinander verwachsen sind, da die Technik das Gemächte des sich als Subjekt selbst setzenden Menschen ist. Der neuzeitliche Mensch ist nur in der Weise der technischen Sicherung seiner selbst, und die Technik ist nur in der Weise, im Menschen als dessen Wahrheit der Sicherstellung zu sein. Im aktuellen Zeitalter der ‹Technologiefolgenabschätzungen› wäre es gewiß von großem ‹Nutzen›, sich zunächst dieser Heideggerschen Einsicht zu stellen, statt angeblichen Eingrenzungserfolgen sog. unerwünschter Nebenwirkungen der angeblich neutralen Technik hinterherzujagen und so nur die Naivität im Umgang mit der Technik noch zu intensivieren.

Am Ende unseres Jahrhunderts, mit Nadeshda Mandelstam des ‹Jahrhunderts der Wölfe›, wird erkennbar, was sich seit bald einem Jahrtausend vorbereitet: die Autodestruktion der menschlichen Gattung. Dieser Sachverhalt, dem wir *Fatalität* zuzusprechen geneigt sind, könnte uns auch geneigter machen, der Heideggerschen Rede vom Seinsgeschick die Zustimmung nicht zu verweigern. Doch wären auch dies nur Spontaneitäten des ‹Verstehens› in der Weise bloßen Mißverstehens dessen, was der Fall ist. Es bleibt deshalb erforderlich, hier das Urteil jedenfalls solange zu inhibieren, bis auch die komple-

[14] M. Heidegger: Der Anklang (1939/40), zitiert bei S. Vietta: Heideggers Kritik am Nationalsozialismus und an der Technik. Tübingen 1989, S. 93f.

mentäre Ideologie Heideggers analysiert ist, also die Einheit seiner Todes- und Vernunftvergessenheit als Subjektvergessenheit (Kap. 16–18). Vorerst aber bleibt darzustellen Heideggers Antwort auf die ‹Fatalität› der Moderne.

15. Einleitung der Postmoderne

Von der Detranszendentalisierung in «Sein und Zeit» war Heidegger über die eigene und mutwillig selbstverschuldete Entwurzelung im NS-Staat zur Einsicht in die Verwüstung der Technik gelangt. Aus der Anonymisierung des Subjekts, Uniformierung des sog. Staatsbürgers und tendenziell schon früh globalen Verwüstung der Erde war ihm eine Antwort zugewachsen, die ihrerseits kontramodern ist und bereits die sog. Postmoderne antizipiert. Es war eine ‹*un*politische› Antwort ihrem Selbstverständnis nach, tatsächlich aber ein neues Politikum. Die Antwort hatte es zugelassen, sich schließlich vom NS-System zu verabschieden, ohne sich von ihm zu trennen oder gar irgend etwas zu widerrufen. Die eigene sog. Verstrickung wird Teil eines Geschicks, für das eine Verantwortung nicht zu übernehmen ist. Die technische Umdeutung des politischen Verführers ist dazu angetan, sich und andere zu salvieren, ja dem NS-System noch einmal einen letzten überhöhenden Glanz aufzustecken. Denn er wird nun eingebettet in die Geschichte des Unumgänglichen, nachdem er mit großem Raffinement selbst zum «ersten Angestellten» im Gestell ernannt worden ist, in eins mit anderen «‹Führernaturen›».[15] Damit ist auch die Legendenbildung vom ‹Widerstandskämpfer› Martin Heidegger eingeleitet, zu der es neuerdings ohne Rücksicht auf die Chronologie gehört, sogar den NS-Lobessatz von der inneren Wahrheit und Größe der Bewegung in ein Widerstandsdokument zu verkehren (s. u.: Anhang I). Damit ist einem Prozeß vorgearbeitet, wie er für die Postmodernismen der 70er und 80er Jahre charakteristisch war: die Politik sich selbst zu überlassen, da sie selbst noch als ein Gemächte der technisch pervertierten Metaphysik erscheint.

Aus der UnOrdnung der technisch pervertierten Neuzeit begibt

[15] M. Heidegger: Vorträge und Aufsätze. Pfullingen ^{2}1959, S. 96.

sich Heidegger mindestens dreifach auf den der Absicht nach geordneten Rückzug: (1) im Rückgang auf ein archaisches Stadium der europäischen Philosophie mit parallelem Ausbruch zu Lao-tse, (2) im Eingang in eine kontramodern konzipierte Kunst, (3) im überschwenglichen Versinken in einer religiös überhöhten Natur. Ich beschränke meine Darstellung auf die Verschmelzung aller drei Rückzugslinien, wie sie im Heideggerschen *Geviert* vorliegt. Der graphische Auftakt hierfür ist Heideggers zeitweilige Schreibung:

~~Sein~~.[16]

Damit soll angezeigt sein: (a) daß es mit dem Sein ‹Nichts› ist, da durchgestrichen, (b) daß das Sein zu fassen ist als *Geviert* der vier Richtungen, in die die Durchkreuzung verweist. Als die Vier des Gevierts sind gemeint: Erde und Himmel, Göttliche und Sterbliche. Den seriösesten Auftakt zu Heideggers Ausbruch aus der Philosophie finden wir immer noch in einem schönen Satze Johann Peter Hebels, den freilich Heidegger noch einmal verbauert hat:

> «Wir sind Pflanzen, die – wir mögen's uns gerne gestehen oder nicht – mit den Wurzeln aus der Erde steigen müssen, um im Äther blühen und Früchte tragen zu können.»[17]

Hatte Goethe dem liebenswerten Hebel entgegengehalten, er verbauere die Welt, so verbauert Heidegger die Hebelsche und vorzüglich die Hölderlinsche Welt durch *Regionalisierung* und Herstellung einfachster Harmonien des Gleichmaßes. Und weil die Titel: Erde und Himmel, Göttliche und Sterbliche so eingängig sind und die Sache so ‹einfach› scheint, kann für die Heideggersche ‹Philosophie› des Gevierts als der Antwort auf das Gestell auch in Zukunft eine internationale Anhängerschaft als gesichert gelten, zumal die von ihm prognostizierte Verwüstung der Erde erst noch in ihrer ganzen Gewalt bevorsteht. Was hat es nun auf sich mit den Vier des Gevierts?

---

[16] M. Heidegger: Zur Seinsfrage. Frankfurt/M. 1956.
[17] Zitiert nach M. Heidegger: Hebel der Hausfreund. Pfullingen ^{4}1977, S. 28f.

«Die Erde ist die bauend Tragende, die nährend Fruchtende, hegend Gewässer und Gestein, Gewächs und Getier. (...)

Der Himmel ist der Sonnenlauf, der Mondlauf, der Glanz der Gestirne, die Zeiten des Jahres, Licht und Dämmer des Tages, Dunkel und Helle der Nacht, die Gunst und das Unwirtliche der Wetter, Wolkenzug und blauende Tiefe des Äthers. (...)

Die Göttlichen sind die winkenden Boten der Gottheit. Aus dem verborgenen Walten dieser erscheint der Gott in sein Wesen, das ihn jedem Vergleich mit dem Anwesenden entzieht. (...)

Die Sterblichen sind die Menschen. Sie heißen die Sterblichen, weil sie sterben können. Sterben heißt: den Tod als Tod vermögen. Nur der Mensch stirbt. Das Tier verendet. Es hat den Tod als Tod weder vor sich noch hinter sich. Der Tod ist der Schrein des Nichts, dessen nämlich, was in aller Hinsicht niemals etwas bloß Seiendes ist, was aber gleichwohl west, sogar als das Geheimnis des Seins selbst. Der Tod birgt als der Schrein des Nichts das Wesende des Seins in sich. Der Tod ist als der Schrein des Nichts das Gebirg des Seins. Die Sterblichen nennen wir jetzt die Sterblichen – nicht, weil ihr irdisches Leben endet, sondern weil sie den Tod als Tod vermögen. Die Sterblichen sind, die sie sind, als die Sterblichen, wesend im Gebirg des Seins. Sie sind das wesende Verhältnis zum Sein als Sein.» [18]

Die ‹Vier› sind gedacht als eine ‹Einfalt› der Zugehörigkeit zueinander. Auf ‹Erde› und ‹Himmel› muß ich nicht eingehen. Es handelt sich hier um lebensweltliche Basis-Bestimmungen, deren symmetrische Zuordnung trivial ist, auch wenn es inzwischen alles andere als trivial ist, wenn die Erde noch nährt und aus dem Himmel nicht nur Bomben fallen, radioaktiver fall-out et hoc genus omne der Diktatur des Gestells, neuerdings vorzüglich in Gestalt einer Klimakatastrophe.

Auch zu den Göttlichen gibt es nichts mehr zu sagen, außer dies zu erinnern, daß sie seit den griechischen Anfängen wiederum symmetrisch den Sterblichen zugeordnet werden, nämlich als Denkfigur der ‹UnSterblichen›. Viel bleibt freilich – und beinahe alles – zu erinnern bei Heideggers Rekurs auf die Sterblichen, wobei in der Sache zu sehen ist, daß Heidegger immer noch anschließt an die Position von «Sein und Zeit», wenn er sich auch ein am Ende gefährliches Stück weit von der damaligen Anerkennung des Seins zum Tode entfernt hat.

[18] M. Heidegger: Vorträge und Aufsätze. Pfullingen ^{2}1959, S. 176f.

Heute ist es delikate Mode geworden, Heidegger wieder dort zu verteidigen, wo er sich schon gar nicht verteidigen läßt, aber gleichzeitig zu ignorieren, was Heideggers eigentliche Leistung ausmacht: lebenslänglich das Seinsverhältnis als Sterblichkeitsverhältnis bedacht zu haben. Es wird billig sein, zumal angesichts einer erheblichen Kritik auch und gerade an Heideggers Thanatologie, hier nun den eigentlichen Ertrag seiner Spätphilosophie ungeschmälert zur Geltung zu bringen, damit diesem großen Denker nicht auf Dauer widerfährt, für seine späteren Phasen weiterhin nur noch weihevoller Gegenstand im Gemurmel der Gemeinde zu sein.

Heideggers eigentliche Antwort auf das Gestell ist, abgesehen vom wiederum nur verstellenden Zierat des Gevierts, zunächst einmal die widerstandslose und ungeschützte Einfügung in das Sterblich*sein*, und hieran bleibt zunächst festzuhalten, und zwar unter Bedingungen einer negativ einigenden Globalsituation der menschlichen Gattung, das Sterblichsein immer noch notorisch für gering zu achten. Heideggers späte Deutung der Sterblichen darf uns Anlaß sein, dem Gestorbenen selbst einen *Nachruf* zu widmen aus dem ‹einfachen› Grund, Heideggers Leistung zu erinnern, selbst auf seine Weise der Sterblichkeit ‹begegnet› zu sein. Ein solcher Nachruf ist auch heute noch nötig, da die Geschichte der Heidegger-Rezeption dominiert ist von Todesverdrängung einerseits, Todesschwärmerei andererseits. Die Schwärmer lasse ich beiseite, unter den Verdrängern nenne ich Hans-Georg Gadamer, dem Odo Marquard einmal zu Recht sehr pointiert entgegengehalten hat, er habe das Sein zum Tode durch «das Sein zum Text»[19] ersetzt. Gadamer hat wissen lassen, ihn habe «seit dem Erscheinen von ‹Sein und Zeit›» die Frage «beschäftigt (...): War die Einführung des Todesproblems in die Gedankenführung von ‹Sein und Zeit› eigentlich zwingend und der Sache wirklich angemessen?»[20] Wer wie Gadamer so fragen kann, legt freilich die Befürchtung nahe, er habe in der Nähe Heideggers den Bezug von Sein, Zeit und Tod kaum vergegenwärtigt. Aber gerade diese Verkleinerung Heideggers

[19] O. Marquard: Die Geschichtsphilosophie und ihre Folgelasten, in: R. Koselleck/W.-D. Stempel (Hrsg.): Geschichte – Ereignis und Erzählung. Poetik und Hermeneutik. Bd. 5. München 1973, S. 468.

[20] H.-G. Gadamer: Heideggers Wege. Studien zum Spätwerk. Tübingen 1983, S. 109.

hat Schule gemacht. Deshalb möchte ich hier noch einmal auch das Recht des späteren Heidegger betonen (der sich ganz sicher nicht auf Dauer von Gadamer in Erbpacht nehmen läßt). Es ist das Recht in der Tat eines «Einblicks in das was ist», eines Vortragszyklus, in dessen Kontext der Ding-Aufsatz gehört als der erste und den ich hier zugrunde lege.[21]

Nach Schopenhauer und nach Hegel war über den Tod nicht mehr so erhellend vorgetragen wie erst wieder durch Heidegger. Was Hegel für die Zeit *post mortem* notierte, das notiert Heidegger bereits für die als ‹eigentlich› ausgezeichnete Zeitlichkeit *ante mortem*: Hatte sich für Hegel der Tote «aus der langen Reihe seines zerstreuten Daseins (...) in die vollendete Eine Gestaltung zusammengefaßt und aus der Unruhe des zufälligen Lebens (...) in die Ruhe der einfachen Allgemeinheit erhoben»[22], so kon-struierte Heidegger in «Sein und Zeit» und re-konstruierte er in seiner späteren Phase seit dem NS-Ende ein Lebensverhältnis zum Tode, das schon jetzt das Einfachsein, das Geringsein erlaubte. Während das Tier verhältnislos zum Tode ist, sind Menschen als Sterbliche wesentlich *des* Todes als ihn wissende. Ihn zu ‹vermögen› heißt mit dem späteren Heidegger: ihn aushalten können, auch: ihn aushalten müssen. Und darin ist noch einmal indirekt auch das Menetekel der neuesten Menschheitsgeschichte antizipiert ohne Larmoyanz, aber eben auch ohne das sonst und auch unter ‹Philosophen› übliche gänzliche Vorbeischielen am Tode, den Heidegger freilich immer nur als primär individuellen und übermächtigenden erfahren hat, nicht mehr aber als möglichen Holozid zureichend reflektiert.

Und doch bleibt bei solcher Anerkennung auch noch für den späteren Heidegger festzuhalten, daß das Todesverhältnis bei ihm nun gänzlich verrutscht durch seine Art der Einleitung der Postmoderne, nämlich der Regression in schlechte Metaphysik. An deren Anfang steht die Einschreinung des Todes selbst, und zwar im Zeitalter der «Toten ohne Begräbnis». Der Tod, von dem gesagt ist, er sei «als der

---

[21] M. Heidegger: Das Ding, in: ders.: Vorträge und Aufsätze. Pfullingen ^{2}1959, S. 163–181.

[22] G. W. F. Hegel: Phänomenologie des Geistes. Hrsg. H.-F. Wessels u. H. Clairmont. Hamburg 1988, S. 295.

Schrein des Nichts das Gebirg des Seins», ist auch schon der Beginn der Abschwächung des Todes, seiner Ermäßigung und Milderung. Dies aber war bereits Sache der Tradition der Metaphysik des Todes.

Charakteristisch für die ‹Metaphysik› des Todes, der Heidegger nun selbst verfällt, ist, daß sie den Tod immer noch etwas anderes bezeichnen läßt als ihn selbst, auch wenn dies nicht mehr notwendig zu einer Metaphysik der ‹UnSterblichkeit› überleiten muß. Andere Beispiele dafür sind die nachhegelschen Schwundstufen etwa bei Schopenhauer, teilweise im Marxismus, wobei das ‹wahre Wesen› als unzerstörbar gesetzt wird: etwa in der Gestalt eines ‹Willens an sich› oder als invariante Materie. Dieser nachhegelschen Denkfigur, die Heidegger zunächst erfolgreich gemieden hatte, erliegt er nun selbst: Der Tod ist nun «als äußerste Möglichkeit des sterblichen Daseins nicht Ende des Möglichen, sondern das höchste Ge-birg (das versammelnde Bergen) des Geheimnisses der rufenden Entbergung».[23]

Der Tod wird so zum Vor-Hof heruntergestuft, wie der NS-Führer abgemildert wurde zum bloßen Führungs-Angestellten im Gestell. Man muß sich den Tod auf einmal wieder vorstellen als eine Art Durchgang oder auch, wienerisch gesprochen, wie ein Durchhaus, hinter dem dann noch ein Haus zu erwarten ist. Das macht: Die Rede vom Tod als ‹Schrein des Nichts› und ‹Gebirg des Seins› ist *phantastisch*, wie sich näher in der ernüchternden Kritik der Ideologie des Gevierts zeigen soll.

Entscheidend für Heideggers Einleitung der ‹Postmoderne› lange vor der expliziten Verständigung unter diesem angemaßten und nur der Krise schlechter Architektur entlehnten Titel[24] ist Heideggers – gewiß immer noch auf Perfektion drängender – Ausbruch aus allen Weisen der Rationalität, an deren Stelle nun eine ebenso undurchsichtige Naturalität wie tendenziell verquaste Religiosität treten, welche aller diskursiven Verständigung und jedem philosophisch zu nennenden Argument den Garaus machen wollen. Beide beanspruchen freilich, dafür das Kreditiv unserer Sterblichkeit auf ihrer Seite zu haben, sind aber am Ende beide auch nur geeignet, noch den Tod ins

---

[23] M. Heidegger: Vorträge und Aufsätze, S. 256.
[24] Vgl. A. Huyssen/K. R. Scherpe (Hrsg.): Postmoderne. Zeichen eines kulturellen Wandels. Reinbek bei Hamburg 1986.

Unglaubwürdige zu verzerren. Die Hellsicht Heideggers wird überwuchert von einer verwirrenden Strategie des Ausgleichs, die die Tode im Gestell vergessen machen will. Dieter Thomä hat jüngst darauf verwiesen, daß Heidegger mit seinem Geviert nur noch in *Symmetrien* zu denken suche.[25] Die Zuordnung von Erde und Himmel, Göttlichen und Sterblichen schließt freilich nichts anderes mehr auf als dies, daß alle Vernunft verschlossen bleiben soll. Dies ist charakteristisch für die postmodernen Strategien des Vergessens.[26] Am Ende läßt uns Heidegger ratlos im Einsturz seines eigenen Denkens zurück, sofern es noch konstruktiv sein will. Analytisch aufschlußreich bleibt freilich der bedeutende Befund der Destruktion von 1969: «Sein ist heute Ersetzbarsein.»[27] Dies ist nun ohne Frage immer noch eine der schockierendsten Einsichten Heideggers, von der *Gegenständlichkeit* über die *Beständlichkeit* zur *Bestellbarkeit* unter Bedingungen progressiver Technik schließlich auf die *Ersetzbarkeit* stoßen zu müssen. Die späte Diagnose:

«Alles (das Seiende im Ganzen) reiht sich ohne weiteres in den Horizont der Nutzbarkeit, der Beherrschung oder besser noch der *Bestellbarkeit* dessen ein, dessen es sich zu bemächtigen gilt. Der Wald hört auf, ein Gegenstand zu sein (was er für den wissenschaftlichen Menschen des 18. und 19. Jahrhunderts war) und wird für den endlich in seiner wahren Gestalt als Techniker hervorgetretenen Menschen, das heißt für den Menschen, der das Seiende a priori im Horizont der Nutzbarmachung sieht, zum ‹Grünraum›. Es kann nichts mehr in der gegenständlichen Neutralität eines Gegenüber erscheinen. Es gibt nichts mehr als Bestände: Lager, Vorräte, Mittel.

Die ontologische Bestimmung des Bestandes (des Seienden als Materialvorrat) ist nicht die Beständigkeit (die beständige Dauer), sondern die Bestellbarkeit, die beständige Möglichkeit, aufgeboten und bestellt zu werden, das heißt das dauernde zur-Verfügung-stehen. In der Bestellbarkeit ist das Seiende *gesetzt* als von Grund auf und ausschließlich *verfügbar*, – verfügbar für den Verbrauch in der Planung des Ganzen.

Eines der wesentlichen Momente der Seinsweise des derzeitigen Seienden (der

---

[25] D. Thomä: Die Zeit des Selbst und die Zeit danach. Zur Kritik der Textgeschichte Martin Heideggers 1910–1976. Frankfurt/M. 1990, S. 775–907.

[26] Vgl. B. Schmidt: Postmoderne – Strategien des Vergessens. Ein kritischer Bericht. Darmstadt 1988.

[27] M. Heidegger: Vier Seminare. Le Thor 1966, 1968, 1969. Zähringen 1973. Übersetzung der französischen Seminarprotokolle von C. Ochwadt. Frankfurt/M. 1977, S. 107.

Verfügbarkeit für einen planmäßig gelenkten Verbrauch) ist die Ersetzbarkeit, die Tatsache, daß jedes Seiende wesenhaft *ersetzbar* wird in einem allgemein gewordenen Spiel, wo alles an die Stelle von allem treten kann.»[28]

Hatte aber Heidegger in diesem Spiel nicht selbst allzu kundig und geschickt mitgespielt? Schlägt die späte Deutung des Gestells nicht noch einmal auf ihn selbst zurück? Waren nicht die Versatzstücke seines eigenen Denkens bald die Entschlossenheit des Einzigen, bald die Tollkühnheit der Deutschen, bald die ‹Frömmigkeit› des Denkens, bald die sog. Gelassenheit in allem Tun?

B: Die Ideologie des Gevierts

Ob Heideggers späte Versuche der ‹Darstellung› des Gevierts literarisch gelungen sind oder nicht, mag für sekundär genommen werden. Ich halte freilich die Darstellungsform für abgeschmackt, etwa die Aufreihung der Welt-Dinge des Gevierts, in ihrem wirren Durcheinander nur mühsam durch einige und dürftigste Alliteration zusammengehalten wie «Reiher und Reh», «Spiegel und Spange, Buch und Bild, Krone und Kreuz»[29]. Für das provinziell Kunsthandwerkliche, geeignet für Heimatabende in Meßkirch und Todtnauberg, gibt es im übrigen übergenug Belegmaterial. Man kann aber diese Texte jedenfalls immer mit dem Gewinn lesen, mit dem sich auch Hermann Löns goutieren läßt. So vermutet man bei Löns in der unter Heidjern geschätzten Geschichte vom «Heidhasen» nicht unbedingt den Abgesang von Jans Mümmelmann, der die Zukunft vorhersagt, wonach sich Mensch gegen Mensch kehren wird: «und sie werden sich alle ermorden. Dann wird Frieden auf Erden sein», so die Prognose für Ludjen Flinkfoot, «seines im letzten Herbst bei dem großen Kesseltreiben im Feuer gebliebenen Schwagers Sohn». Wenn Paul Celan in «Largo» Heidegger mit *heidegängerisch* assoziieren läßt, so sind wir der Gangart des späteren bis spätesten Heidegger sicher am nächsten, freilich nicht nur der Hinter-Sinnigkeit, sondern auch der angemaß-

[28] Ebd., S. 106f.
[29] M. Heidegger: Vorträge und Aufsätze, S. 181.

ten Tiefe. Doch dieses Thema dürfen wir der Literaturästhetik überlassen, die uns zeigt, daß vorzüglich die Lüneburger Heide bis in den Schwarzwald reicht. Ich darf nur anmerken, daß sich Nietzsche, der Meister ebenso des geschliffenen wie gebeizten Worts, mit Grausen abgewandt hätte. Es bleibt dabei: Le style, c'est l'homme. Gerade in Frankreich hat man aber dies im Umgang mit Heidegger immer wieder gern vergessen. Stilprobe aus einem Adeptenseminar: «Mit dem vom Wehen der Spekulation hervorgerufenen Schweigen schließt die Sitzung.»[30] Die Sokrates-Imitation hätte in alten Athener Kreisen nur einen Lachkrampf bis zur Morgenröte bewirkt. Die Antwort aus Königsberg wieder ist bekannt: «Hohe Türme und die ihnen ähnlichen metaphysisch-großen Männer, um welche beide gemeiniglich viel Wind ist, sind nicht für mich.»[31]

Bevor auch wir daran denken können zu schließen, bleibt zu vergegenwärtigen, was in der Tat wichtig ist, nämlich: die für Heidegger spezifische Todesvergessenheit (Kap. 16), seine damit verknüpfte abgründige Vernunftvergessenheit (Kap. 17) und die Einheit beider als Subjektvergessenheit (Kap. 18). Aus allen drei Perspektiven wird sich uns zeigen, daß die späte Introversion Heideggers keineswegs weniger gefährlich ist als sein blinder Aktionismus von 1933. Langfristig ist sie sogar verführerischer. Während die Toten des NS-Systems tot sind, stehen uns die Toten der Introversion erst noch bevor. Es wird gut sein, sich zu hüten, selbst unter sie gerechnet zu werden. Die Rede ist vom ‹Tod des Subjekts›, den Subjekte herbeigeredet haben in einer Art von Todeserklärung in eigener Sache. Dergleichen kann spannend sein in Kriminal- und Spionagegeschichten, in der und für die Philosophie ist Heideggers Spiegel-Spiel nur falscher Flitter und ein Scherbenhaufen ‹Welt›. Aber dem bleibt nachzugehen, weil Heideggers Absage an die Aufgabe der Philosophie Konjunktur hatte und immer wieder hat. Zur Debatte steht nämlich nun: die von Heidegger mitgetragene ‹Verwüstung der Erde›.

---

[30] M. Heidegger: Vier Seminare, S. 63.

[31] I. Kant: Prolegomena zu einer jeden künftigen Metaphysik, die als Wissenschaft wird auftreten können, AA IV, 373.

16. Todesvergessenheit

Heidegger eint mit den weitesten Strecken der Metaphysik die erstaunliche Fähigkeit, das Zu-Tode-*kommen* zu vergessen. Deshalb können am Ende beide mit solcher Leichtigkeit den Tod selbst ‹transzendieren›, sei dies in einer Metaphysik der UnSterblichkeit oder sei es in einer Postmetaphysik des Seins. Nun kann es nicht die Aufgabe der Philosophie sein, und zwar weder in der Gestalt der Metaphysik noch in derjenigen der Postmetaphysik noch in der revidierten Form welcher Ersten Philosophie auch immer, Varianten des Zu-Tode-kommens durchzurechnen wie ein Gerichtsmediziner oder ein Kriminalist. Ohnehin können beide das weit besser. Es kann gewiß nicht Aufgabe der Philosophie sein, bei der Einzelnheit stehen zu bleiben. Aber sie kann eben ihrer Aufgabe auch nicht dadurch genügen, daß sie die Einzelnheit zugunsten eines sog. Allgemeinen bloß überspringt. Der Übersprung ist freilich in zwei Fällen leicht gemacht: mit der Gewährleistung der Transzendenz der UnSterblichkeit wie mit der Gewährleistung der Transzendenz ins Sein als Geviert. Beide Bewegungen haben ihren Fluchtpunkt in der prinzipiellen Negation der *Politik* des Tötens, aber nicht in der Weise, gegen diese Politik aufzutreten, sondern so, sie wesentlich zu ignorieren – im Interesse eines sog. Wesentlichen. Dies bleibt hier nur für Heidegger näher zu vergegenwärtigen, und zwar den Heidegger eben des Gevierts:

Es ist schockierend, wahrnehmen zu müssen, mit welcher Leichtigkeit Heidegger beim sog. Allgemeinen der Sterblichen als Sterblichen ist. Im Gestell *wird* gestorben, im Geviert der Tod als Tod vermocht. Aber welcher? Heidegger nimmt an den Toden des 20. Jahrhunderts immer nur aus der Ferne teil und nähert sich ihnen erst dann an, wenn sie auch für ihn bedrängend werden können. Es gibt den Fall der Pseudo-Heroisierung des Todes für das sog. Vaterland. Dies geschieht im Stalingrad-Jahr nicht zufällig als «Opfer»: «Das Opfer ist heimisch im Wesen des Ereignisses, als welches das Sein den Menschen für die Wahrheit des Seins in den Anspruch nimmt.»[32]

Dies sind freilich nur verhöhnende Sätze je nach dem Stand der

---

[32] M. Heidegger: Was ist Metaphysik? Nachwort. Frankfurt/M. ^{7}1955, S. 50.

Tageserfordernisse der Philosophie und der Politik, die sich im Umkreis ihrer Begrenztheit wechselseitig bestärken. Schon der Stalingrad überbietende Untergang der Heeresgruppe Mitte bei der Sommeroffensive der Roten Armee 1944 bleibt ignoriert, die Verluste der Polen und Russen interessieren nicht, die Opfer der NS-Vernichtungspolitik sind in keiner Variante existent. Sie wollen offenbar nicht mehr recht passen ins ‹Ereignis›. Die welt-erschließende Kraft ‹des› Todes erstirbt im Jahrhundert der Massenmorde. Die Reaktion ist die des Übersprungs, der nicht gelingen kann. ‹Der› Tod soll zwar sein: «das Ge-setz, so wie das Gebirg die Versammlung der Berge in das Ganze ihres Gezüges»[33], aber im nicht überwundenen, nicht einmal ‹verwundenen› Gestell ist auch durch das neuerliche Stellen zum Geviert eine solche Syntaxis gerade nicht mehr leistbar – außer um den Preis der durchschaubaren Künstlichkeit, da angemaßter Substantialität, und ausgeliehener Ursprünglichkeit, welche eine Schamanen- und Priesterwelt neu beleben will, deren Zuspruch aber gerade noch weit genug reicht, Individualbeerdigungen mit gewissem Anstand zu bewältigen, keinen Zusammenbruch danach aber mehr auffangen kann.

Essentiell für die Todesvergessenheit, die Heideggers Postmetaphysik prinzipiell mit der Tradition der Metaphysik eint, ist das Ignorieren des Todes durch Absehen von den Todesqualitäten, -modalitäten und -quantitäten. Heideggers Postmetaphysik erweist sich dadurch ihrerseits als schlechte Metaphysik. Ich darf hier noch einmal erinnern an eine Differenzierung, die ich bereits in den 70er Jahren[34] vorgetragen habe und die später[35] vertieft worden ist.

Todes*qualitäten* sind: (1) der eigene Tod, (2) der Tod von Mitsubjekten und (3) der Tod, der ebenso der eigene ist wie auch der der Mitsubjekte und deshalb der gemeinsame.

Todes*modalitäten* sind: (1) der fremdproduzierte, (2) der selbstproduzierte und (3) der ebenso fremd- wie selbstproduzierte Tod.

---

[33] M. Heidegger: Holzwege. Frankfurt/M. ^{3}1957, S. 280.

[34] H. Ebeling: Selbsterhaltung und Selbstbewußtsein. Zur Analytik von Freiheit und Tod. Freiburg/München 1979, S. 132–138.

[35] H. Ebeling: Die Willkür des Todes und der Widerstand der Vernunft, in: ders.: Rüstung und Selbsterhaltung. Kriegsphilosophie. Paderborn/München 1983, S. 82–98.

Todes*quantitäten* sind: (1) der singuläre, (2) der partielle und (3) der totale Tod, und dies im Sinne von: (1) einzelnem Todesfall, (2) Todesfall mindestens zweier und (3) Tod aller im strikten Sinne.

Aus der Verschränkung der ersten beiden Parameter ergibt sich eine erste und noch nicht vollständig entwickelte Tafel der Todesbegriffe:

Qualität / Modalität	Eigentod	Mittod	Eigen- und Mittod
fremdproduziert	E_f	M_f	EM_f
selbstproduziert	E_s	M_s	EM_s
fremd- und selbstproduziert	E_{fs}	M_{fs}	EM_{fs}

Setzt man anschließend die modifizierten Qualitäten der vorläufigen Tafel mit dem dritten Parameter in Beziehung, ergibt sich die vollständige Tafel der Todesbegriffe, wobei Leerstellen aus systematischen Gründen zwingend sind und andererseits die Vollständigkeit der Tafel gewährleistet ist:

Quantität / Qualität_m	Einzel-Fall	Besonderer Fall	Allgemeiner Fall
E_f	e E_f	–	–
E_s	e E_s	–	–
E_{fs}	e E_{fs}	–	–
M_f	e M_f	b M_f	–
M_s	e M_s	b M_s	–
M_{fs}	e M_{fs}	b M_{fs}	–
EM_f	–	b EM_f	a EM_f
EM_s	–	b EM_s	a EM_s
EM_{fs}	–	b EM_{fs}	a EM_{fs}

Diese Tafeln sind hier nicht zu dem Zweck in Erinnerung gerufen, durch Tabellierung von ‹Details› die Sache aus dem Auge zu verlieren, sondern gerade zu dem Zweck, mit dem Blick auf insgesamt 15 genau differenzierte Todesbegriffe von der Eitelkeit der Bornierung auf den bloß eigenen Tod wegzuführen auf die relevantesten ‹Fälle› insbesondere des Genozids wie vorzüglich des Holozids. Erst dann wissen wir zureichend, was es heißt, den Tod als Tod zu ‹vermögen›, wenn wir das ‹Vermächtnis› der Technik und Politik des 20. Jahrhunderts nicht einfach auf die ‹schlechte› Seite des Gestells tun und den sog. natürlichen Tod (der auch immer nur eine Fiktion der Medizin war) auf die ‹gute› Seite des Gevierts. Für die maßstäbliche Perspektive des Holozids bleibt vielmehr festzuhalten: (1) Der Tod ist das geteilte Ereignis schlechthin und deshalb die gemeinsamste Möglichkeit. (2) Der Tod ist die selbstbezüglichste Möglichkeit der menschlichen Gattung geworden. (3) Er *soll* angesetzt werden als eine aus Freiheit überholbare Möglichkeit. (4) Denn er ist eine der Natürlichkeit enthobene und deshalb nur ungewisse Möglichkeit. (5) Freilich ist er ein Ereignis, das eine korrupte Machtelite jederzeit herstellen kann und das angesichts mangelnder Fehlerfreundlichkeit der ABC-Waffen jederzeit eintreten kann.

Diese Sachhaltigkeit des Todes in der Moderne kann nur überspringen, wer sich der Illusion hingibt, es gäbe das Ereignis von Zeit und Sein in einer qualifizierbaren Weise auch ohne uns. Das wäre die äußerste Gleichgültigkeit gegenüber dem Schicksal der menschlichen Gattung als ganzer. Wir können aber Heidegger nicht solche Gleichgültigkeit unterstellen – bei aller seiner Bornierung auf den für ihn maßstäblichen Menschheitsstamm der Alemannen. Es handelt sich also bei Heideggers Quasi-Integration ‹des› Todes in das Geviert nur um eine Idyllisierung ohne andere Bedeutung als die, den Tod selbst vergessen machen zu wollen.

Nach der Praktizierung so vieler Tode im zum Gestell gewordenen NS-System wird der Tod noch einmal gebraucht als das Ge-setz, womit dem NS-Staat, also dem SS-Staat ein weiteres Mal und nun letztmals überhöhendes Licht aufgesteckt wird. Heidegger hat nicht nur durch «Sein und Zeit» Anteil an der ‹Ideologie des Todes›, wie sie zuerst der ‹Heideggermarxist› Herbert Marcuse[36] beschrieb, sondern

[36] H. Marcuse: Die Ideologie des Todes, in: H. Ebeling (Hrsg.): Der Tod in der

mehr noch durch seine spätere *Thanatodizee*, in der das Ereignis von ‹Führer› und ‹Volk› noch einmal ins Gralshafte verklärt wird. Der Tod im Geviert legitimiert nämlich indirekt die weithin verschwiegenen Tode im Gestell – und dieser Schatten liegt als die große Verdunkelung noch über aller spätesten Distanzierung Heideggers von der Ungeheuerlichkeit der Technologie jenseits des NS-Systems. Hier bleibt nur mit Hamlet zu schließen: Es ist nicht und es wird auch nimmer gut.

17. Vernunftvergessenheit

Warum Heideggers Konzeption am Ende nicht ins Gute zu bringen war, hat einen einfachen Grund: seine geradezu abgründige Vernunftvergessenheit, die auch seine spezifische Form der Todesvergessenheit bedingt. Für diese *Vernunft*vergessenheit, das genaue Korrelat seiner Proklamation der Aufhebung der *Seins*vergessenheit, ist charakteristisch die Subsumption auch noch der ethischen Vernunft unter die instrumentelle und funktionalistische, strategische und demagogische, das heißt unter Verstandespotentiale, die ‹eigentlich› alle den Titel der Vernunft gar nicht verdienen, aber so anmaßend auftreten, daß noch diejenige Vernunftinstanz ignoriert werden kann, die mit guten Gründen ehestens Anspruch darauf erheben muß, als Vernunft anerkannt zu werden. Es ist dies im Prinzip die Kantische *praktische* Vernunft unter Einschluß ihrer verschiedenen pragmatischen Brechungen in der Gegenwart, so der *transzendental*pragmatischen bei Karl-Otto Apel[37], der *universal*pragmatischen bei Jürgen Habermas[38] und der *fundamental*pragmatischen in meiner eigenen Deutung[39].

Heidegger läuft dabei der sog. Wirklichkeit nur hinterher: durch deren Ratifizierung. Denn es ist gerade die sog. Wirklichkeit, die alles

Moderne. Frankfurt/M. ²1984, S. 106–115.

37 K.-O. Apel: Transformation der Philosophie. Bd. II: Das Apriori der Kommunikationsgemeinschaft. Frankfurt/M. 1973.

38 J. Habermas: Moralbewußtsein und kommunikatives Handeln. Frankfurt/M. 1983.

39 H. Ebeling: Vernunft und Widerstand. Die beiden Grundlagen der Moral. Freiburg/München 1986.

auf sich selbst als *Sein* setzt und nichts hält von welcher Form des *Sollens* auch immer. Heideggers radikale Absage an die ethische Vernunft aus radikaler Verkennung aller Vernunft reproduziert nur die sog. Realität, der entgegen dann freilich immer noch andere Instanzen quasi-normativen Gehalts festgehalten sind – entgegen der Heideggerschen *Forderung*, von allem *Fordern* zu lassen, einer selbstwidersprüchlichen Konzeption, die deshalb dazu bestimmt ist, im Selbstwiderspruch unterzugehen, weshalb das Werk des späten Heidegger zum Stillstand kommt, nicht einfach wegen eines Versiegens der Quelle, sondern weil die Wege verbaut sind, sie überhaupt noch zu fassen. Hierhin gehört Heideggers wiederkehrend ungeklärter Ausbruch in die *Kunst* wie sein allzu durchsichtiger Übergang in das *Kunsthandwerk* des Gevierts.

Immer wieder erreichen uns treuherzige und dabei kundige Äußerungen der Rechtfertigung Heideggers, für die charakteristisch ist, daß sie durchaus von Heidegger selbst hätten stammen können. Heidegger überließ dergleichen aber gern seinem Lager. Die Bunkermentalität, die immer noch auf Resonanz rechnen darf, kommt zum Beispiel im folgenden gut zum Ausdruck:

«Die oft gescholtene Unverständlichkeit gerade des späten Heidegger resultiert aus den eminenten Schwierigkeiten, eine Sprache jenseits der neuzeitlichen Metaphysik und ihrer Begrifflichkeit zu finden, den Herrschaftsbereich des alten Denkens nicht nur zu erkennen, sondern auch zu verlassen. Die Schwierigkeiten der Sprache der Spätphilosophie Heideggers sind so immer auch ein Ausdruck der realen Macht der Metaphysik des herrschaftlichen Denkens der Subjektivität, gegen das Heidegger nicht nur andenkt, sondern das er auch als eine noch und immer mehr herrschende Form der Metaphysik hinter sich gelassen hat.

Von dieser ‹Kehre› her sieht Heidegger auch die moderne Ethik und Anthropologie ebenfalls kritisch als Ausdrucksformen der immer noch herrschenden Subjektphilosophie. Heideggers Denken ist, im seinsgeschichtlichen Sinne, von einer tiefen *Ethik* geprägt, impliziert auch eminente *politische* Entscheidungen. Aber den Glauben an eine oberflächliche Korrigierbarkeit der neuzeitlichen, technischen Seinsgeschichte durch eine aufgesetzte Ethik und korrektive Humanisierungsbestrebungen teilt Heidegger in dem Maße nicht, wie er den globalen Machtanspruch des technischen Denkens selbst durchschaut hat.»[40]

---

[40] S. Vietta: Heideggers Kritik am Nationalsozialismus und an der Technik. Tübingen 1989, S. 101.

Heidegger, der sich demnach dem «ichhaften, transzendental-egozentrischen Denkhorizont zunehmend entwunden» hat[41], hat dann mit der Korruption speziell der neuzeitlichen Metaphysik auch die Korruption der neuzeitlichen Ethik vorzüglich in ihrer Prägung durch Kant durchschaut. Diese ist ja, mit Heidegger selbst zu reden, ihrerseits nur eine ziel-lose Bewegung gewesen:

«Die Ziel-losigkeit und zwar die wesentliche des unbedingten Willens zum Willen ist die Vollendung des Willenswesens, das sich in Kants Begriff der praktischen Vernunft als des reinen Willens angekündigt hat. Dieser will sich selbst und ist als der Wille das Sein. Deshalb ist, vom Gehalt her gesehen, der reine Wille und sein Gesetz formal. Er ist sich selbst der einzige Inhalt als die Form.»[42]

Damit ist von Heidegger der Kantische Kategorische Imperativ heruntergebracht auf die Nullität des Sichselbstumkreisens. Dieser Imperativ war dagegen von Kant als *Grundgesetz der reinen praktischen Vernunft* auf die Form gebracht worden: «Handle so, daß die Maxime deines Willens jederzeit zugleich als Prinzip einer allgemeinen Gesetzgebung gelten könne.»[43]

Das ist nun für Heidegger in eins mit aller normativen Ethik der Neuzeit ein Fordern unter dem Selbstzwang, der seit Descartes als coagitatio etabliert, sich als Wille zu sich selbst entpuppt und deshalb noch Vorläufer des Willens zum Willen ist im Sinne des von Nietzsche gefeierten Willens zur Macht. Bedenken wir auf das Benigneste das mögliche Recht dieser Deutung, bleibt freilich zu erinnern, daß Heidegger auch Nietzsches ‹Konzept› der Gerechtigkeit auf geradezu makabre Weise zum Maßstäblichen ernennen konnte. Heidegger hatte Nietzsche attestiert, er treffe

«das Wesen der Gerechtigkeit, die im Beginn der Vollendung des neuzeitlichen Weltalters innerhalb des Kampfes um die Erdherrschaft bereits geschichtlich ist und darum alles Handeln des Menschen in diesem Weltalter ausdrücklich oder nicht, versteckt oder offen bestimmt».[44]

---

41 Ebd., S. 100.

42 M. Heidegger: Vorträge und Aufsätze, S. 89.

43 I. Kant: Kritik der praktischen Vernunft. Riga 1788, § 7.

44 M. Heidegger: Nietzsches Wort «Gott ist tot», in: ders.: Holzwege. Frankfurt/M. ^{3}1957, S. 228.

Und Heidegger hatte damit tatsächlich attestiert, die «von Nietzsche gedachte Gerechtigkeit» sei «die Wahrheit des Seienden, das in der Weise des Willens zur Macht ist».[45] Zwar habe Nietzsche diesen Gedanken nicht zu Ende gedacht. Aber es bleibe gerade mit Heidegger festzuhalten:

«Die Gerechtigkeit ist (...) die vom Sein selbst bestimmte Wahrheit des Seienden. Als diese Wahrheit ist sie die Metaphysik selbst in ihrer neuzeitlichen Vollendung.»[46]

Der theoretische Parameter der Wahrheit und der praktische Parameter der Richtigkeit als Gerechtigkeit sind hier von Heidegger widerstandslos zusammengemengt – wie dies Nietzsche gelehrt hatte. Nietzsche habe ihn, Heidegger, «kaputt gemacht», so eine Heidegger «zugeschriebene gelegentliche Bemerkung».[47] In seinen Werken hat Heidegger dies freilich niemals durchscheinen lassen, aber er hat recht mit diesem Eingeständnis.

Alle Distanzierung Heideggers von Nietzsche, der ja selbst noch in das finstere Reich der Metaphysik verstoßen wird, reicht nicht so weit, daß Heidegger sich jemals wieder von dem makabren und doch nur kindischen Auftrumpfen Nietzsches gelöst und so erreicht hätte, die *Kontamination* theoretischer und praktischer Parameter zu vermeiden. (Die komplementäre Gefahr der Zusammenschüttung – nun unter positiven Vorzeichen – besteht übrigens bei Apel.)[48] Mit der Wahrheit als ‹Illusion› soll einhergehen die Gerechtigkeit als die andere ‹Illusion›; denn beide unterstehen der Selbstillusion der Selbstermächtigung, ganz gleich, wozu ein Subjekt sich ermächtigt. Es ist auf diesem Niveau spielender und sich an ihren Worten ergötzender Knaben dann freilich nicht mehr möglich, den Ausdruck der ‹Gerechtigkeit› sinnvoll zu verwenden, da er an ihm selbst auch jede Form der Ungerechtigkeit deckt, denn er ist nun nur noch eine abhängige Variable der Beliebigkeit der Willkür eines ‹Willens zur Macht›.

---

[45] Ebd.

[46] Ebd.

[47] O. Pöggeler: Besinnung oder Ausflucht? Heideggers ursprüngliches Denken, in: Forum für Philosophie Bad Homburg (Hrsg.): Zerstörung des moralischen Selbstbewußtseins: Chance oder Gefährdung? Frankfurt/M. 1988, S. 240f.

[48] Vgl. H. Ebeling: Vernunft und Widerstand. Die beiden Grundlagen der Moral. Freiburg/München 1986.

So steht es von vornherein auch mit Heideggers Deutung der Kantischen praktischen Vernunft nicht gut. Sie ist der gravierendste Beleg für Heideggers Eingeständnis: «Nietzsche hat mich kaputtgemacht.» Denn die Einfügung noch der Kantischen praktischen Vernunft in das Gemächte der Neuzeit bedeutet das planmäßige Ignorieren der einzigen Instanz einer angemessenen Konterkarierung eben dieses Gemächtes, die sich nun einmal nicht gut reduzieren läßt darauf, «eine aufgesetzte Ethik» zu sein. Hier erweist sich auf erschreckende Weise Heideggers quasi ideologiekritische Absicht selbst als durch und durch von Ideologie durchsetzt, nämlich von der Prämisse, das Sollen *solle* nicht sein. Dies ist aber eine Präsupposition, die gerade der Erörterung aller res humanae im Wege stehen muß; denn es kann dann freilich von einer spezifisch humanen qua ethischen Vernunft gar keine Rede mehr sein, weil vom Menschen als Menschen ganz gelassen ist. Mit besserem Recht läßt sich fordern, ein Stein *solle* nicht mehr der Schwerkraft gehorchen (was bekanntlich machbar ist).

Freilich werden wir gerade nicht moralisierend auf Heidegger antworten. Daß ethische Regulative nicht die sog. Wirklichkeit bestimmen, ist allen praktischen Philosophen seit Aristoteles vertraut. Das aber ist gerade kein Grund, davon abzulassen, die Bedingungen der praktischen Notwendigkeit zu moralischem Handeln zu ermitteln und immer weiter zu präzisieren. Es hieße nämlich den Menschen als Menschen vergessen, wollte man ihn als handelndes Wesen vergessen. Und es hieße ihn als handelndes Wesen gerade ignorieren, wollte man ignorieren, daß er sich selbst dabei selbst Handlungsregulativen unterwirft (denen er gewiß nicht folgen muß, aber kann). Es gehört daher zur konstruktiven *Be*schreibung des Menschen als Menschen, ihn *Vor*schriften unterworfen zu sehen, wobei für die praktische Philosophie die Aufgabe darin besteht, die vor der Vernunft legitimationsfähigen Präskripte zu unterscheiden von Regulativen bloß traditioneller und/oder bloß konventioneller Herkunft. Unter den vor der Vernunft legitimationsfähigen Regulativen zeichnet sich nun Kants Kategorischer Imperativ als konkurrenzlos aus, weil er das Prinzip aller möglichen praktischen Legitimation an ihm selbst ausspricht, nämlich im Grundsatz der Verallgemeinerbarkeit einer Handlung als Kriterium ihrer Erforderlichkeit oder Verwerfung. Ich soll mit Kant so handeln müssen, daß an meiner Stelle als Aktor jeder denkbare andere Aktor nach derselben Handlungsmaxime verfahren können müßte, kurz: Ich soll so handeln, daß *alle* so handeln können müßten nach Maßgabe *einer* jedermann verbindenden praktischen Gesetzgebung.

Heideggers Einordnung der Kantischen praktischen Vernunft in die Geschichte der co-agitatio seit Descartes und vorzüglich Heideggers Umdeutung des Kantischen guten Willens zu einem Vorläufer von Nietzsches Wille zur Macht sind freilich ihrerseits nur eine neuere Groteske der Willkür. Denn sie negiert die Differenz der theoretischen und der praktischen Vernunft und läßt beide gleichsam zurückstürzen in eine platonische Einheit. Zwar läßt sich mit Heidegger noch sinnvoll seine Deutung des *theoretischen* Kant erwägen, der bei ihm freilich auch schon von Anfang an verzerrt erscheint:

«Kant denkt in seiner kritischen Grundlegung der Metaphysik die letzte Selbstsicherung der transzendentalen Subjektivität als die quaestio iuris der transzendentalen Deduktion. Sie ist die Rechtsfrage der Recht-fertigung des vorstellenden Subjekts, das sich selbst sein Wesen in die Selbst-Gerechtigkeit seines ‹Ich denke› festgemacht hat.»[49]

Gewiß ist es illegitim, die juridische Metaphorik Kants, vorzüglich in seiner Frage nach der Recht-mäßigkeit des Aufweises der obersten Grundsätze der Theorie, so zu strapazieren, daß von hier aus die Kluft zwischen theoretischen und praktischen Grundsätzen ignoriert werden könnte. Gewiß ist es in der Sache auch eine fundamentale Verkennung des Status theoretischer Vernunft, sie der Strategie der ‹Selbstsicherung› zu subsumieren. Immerhin kann darüber noch sinnvoll gestritten werden. Aber für Heideggers Umdeutung der Kantischen *praktischen* Vernunft entfällt die Möglichkeit weiteren Disputs. Denn hier handelt es sich um einen geradezu böswilligen Akt der Verzerrung der Sache mit schwerwiegenden politischen Implikationen. Deute ich nämlich die moralisch-praktische Vernunft mit Heidegger als auch nur eine Leistung technisch-praktischer Vernunft, dann widerspricht das nicht nur Kants genauester Unterscheidung moralischer und technischer Imperative, die auch über Kant hinaus als sach-

[49] M. Heidegger: Holzwege, S. 226.

gegründet und korrekt anerkannt werden muß, sondern ich lasse dann schließlich noch eine Kontinuität von Kant bis Hitler zu: Am Ende der auch bloß willkürlichen Aktion des Setzens auf die Ziellosigkeit moralischen Handelns kommt dann, vermittelt über Nietzsches Willen zur Macht, der Terror des NS-Systems zu Ehren – als letzte Vollendung der lange vorbereiteten Willkür und Ziel-losigkeit. Diese Deutung Heideggers wird nun dadurch zur besonderen Groteske, daß Heidegger praktischer Handlanger Hitlers war, der genau dafür erst einmal die Kantische Theorie der Praxis ignorieren mußte, um sich dem Regiment der tatsächlichen Willkür anschließen zu können.

Über die Gründe des Heideggerschen Ressentiments läßt sich zureichend, wenn überhaupt, wohl nur als Psychologe räsonnieren. Heidegger ist dermaßen als katholischer Theologe mit ‹Moralität› traktiert worden, daß sein Ressentiment demjenigen des evangelischen Pfarrersohns Nietzsche nicht nachsteht. In beiden Fällen handelt es sich wohl um eine pathologische Reaktion sensu stricto. Im Falle Heideggers wird die aus dem Leiden geborene Reaktion rationalisiert im Widerspruch zur sog. Wertphilosophie und von dort her umgelegt auf die gesamte ethische Tradition mindestens der Neuzeit. Ich lasse aber diesen Aspekt beiseite, weil er nur so interessant ist wie andere Krankheitsgeschichten auch.

Was Heidegger in der Sache mißlingt, ist: auch nur tendenziell zu plausibilisieren, daß auch noch die normative Ethik durch das frühe Verdikt aus «Sein und Zeit» berührbar wäre, das Dasein zu nehmen «als Seiendes, das zu besorgen ist» (S. 293). Heideggers gesamtes Konzept der Umdeutung der praktischen Vernunft als wiederum bloß technizistischer Vernunft hat sich im wesentlichen niemals über das Niveau von SZ erhoben. Heideggers Liquidation der *praktischen* Vernunft hat es ihm dann besonders leicht gemacht, alle *theoretische* Vernunft ohnehin liquidieren zu wollen. Daraus ergibt sich seit den 30ern die Vorordnung der Kunst vor die Philosophie und seit den 40ern der eigene Übergang ins Kunsthandwerk. Für das eine stehen die Vorträge unter dem Titel «Der Ursprung des Kunstwerkes»[50], für das andere die Bremer Vorträge «Einblick in das was ist» (*Das Ding. Das*

[50] M. Heidegger: Holzwege, S. 7–68.

Gestell. Die Gefahr. Die Kehre.).[51] Die Illegitimität der Vorordnung der Kunst vor die Philosophie kann ich hier nicht begründen (wobei soviel angezeigt sein soll, daß es auch nicht darum zu tun ist, die Kunst der Philosophie nachzuordnen).[52] Der Ausbruch Heideggers ins Handgedrechselte und Knorzig-Gewundene ist freigestellt, aber nur so bedeutsam wie die kuriosen Köstlichkeiten aus der angeblichen «Erfahrung des Denkens», die nicht nur den (immerhin noch diskutierbaren) Hinweis enthalten: «Wer groß denkt, muß groß irren»,[53] sondern auch HeimatKundliches wie:

«Wälder lagern
Bäche stürzen
Felsen dauern
Regen rinnt.

Fluren warten
Brunnen quellen
Winde wohnen
Segen verspielen.»[54]

Gestehen wir uns ein: Hier sind wir in der Fremde. Zwischen uns und der Natur steht Heideggers Mangel an Stil. Auf diese Weise droht freilich ‹Heimat› immer wieder besetzt zu werden genau von den Falschen. Wir müssen uns dagegen hüten, ‹Heimat› wie ‹Natur› als irrationale Größen zu verspielen.

18. Subjektvergessenheit

Edmund Husserl, dem «Sein und Zeit» (nicht immer) gewidmet war, hat durch Martin Heidegger die bedeutendste Gefährdung der Subjekttheorie erfahren müssen. Die persönliche Beziehung und Nicht-

[51] Vgl. M. Heidegger: Die Technik und die Kehre. Pfullingen 1962, Vorbemerkung.
[52] H. Ebeling: Ästhetik des Abschieds. Kritik der Moderne. Freiburg/München 1989.
[53] M. Heidegger: Aus der Erfahrung des Denkens. Pfullingen 1954, S. 17.
[54] Ebd., S. 27.

Beziehung zwischen Husserl und Heidegger darf den Biographen überlassen bleiben. Hier interessiert nur der eigentliche ‹Skandal›, für den Husserl ein Gespür bekam – zu spät. Gemessen am Alten und Veralteten muß jede Philosophie von Bedeutung in ihrer Zeit skandalisieren. Eine Philosophie, die ein Skandal ist (ein Ärgernis), hat damit einen Ehrentitel für sich erworben. Das Skandalisierende Heideggers relativiert sich freilich in den Aufstand, der gescheitert ist und scheitern mußte, weil ihm die Legitimität abgeht. Waren die versuchten Revisionen von «Sein und Zeit» in der Tat noch aufregende Einreden gegen die traditionale Gestalt des Bewußtseinssubjekts, so leiten Todesvergessenheit und Vernunftvergessenheit des späteren Heidegger über in eine bis dahin beispiellose Subjektvergessenheit der Philosophie selbst, welche für Heidegger dann auch konsequenterweise die Zeitdiagnose vom *Ende der Philosophie* nahelegt bei gleichzeitigem Anspruch auf eine fortbestehende *Aufgabe des Denkens*.[55] Die Seinsgeschichte ist für Heidegger «die Geschichte der sich steigernden Seinsvergessenheit»[56]. Für uns ist Heideggers Seinsgeschichte entsprechend die Geschichte sich steigernder Subjektvergessenheit bei Heidegger selbst, wobei sich die Heideggersche Deutung der Seinsvergessenheit und unsere Deutung seiner Subjektvergessenheit auch schon dadurch voneinander abheben, daß Heideggers Subjektvergessenheit gerade nicht mehr als Geschick gefaßt wird, sondern als planmäßige Tat der endgültigen Verschleierung seiner Politik. In der Proklamation der Subjektdurchstreichung erreicht Heideggers Politik ihren ideologischen Höhepunkt. Aber die Ideologie bleibt immer den philosophischen Anfängen verschwistert, denn auch und gerade seine Philosophie war seit «Sein und Zeit» auf die Subjektdestruktion angelegt. Erst in der durch die Zeitumstände und eigenes Involviertsein bedingten späteren Aufsteigerung der Vernunftvergessenheit bei gleichzeitiger neuer Todesvergessenheit war es freilich möglich, die Subjektvergessenheit bis zur vollständigen Verdunklung voranzutreiben.

Nicht nur in der Zeit der sog. Postmoderne, sondern zu allen Zeiten

[55] M. Heidegger: Das Ende der Philosophie und die Aufgabe des Denkens, in: ders.: Zur Sache des Denkens. Tübingen 1969, S. 61–80.
[56] Ebd., S. 56.

ist Subjektvergessenheit bei Völkern und bei Einzelnen virulent. Der der Spätantike mögliche Umschlag aus der Subjektlosigkeit ins Subjektsein wird durch die Herrschaft der christlichen Religion zunächst retardiert und dann in einer ‹Renaissance›, die mehr ist als bloße ‹Wiedergeburt›, erst eigentlich leistbar: durch tendenzielle *Um*schreibung des unendlichen Subjekts ins Endliche. Aber das bleibt immer eine Tat der Selbstsetzung des Bewußtseins, die zugleich das Verlangen der Bewußtlosigkeit befördert. Subjektvergessenheit ist daher ein legitimes Ziel, auf das schon unser Organismus drängt: durch das Institut des Schlafes. Ohnehin leben die meisten Vergnüglichkeiten unseres Daseinsvollzugs vom Ausklinken des Bewußtseins. Und die kargen Freuden der allzu Bewußten müssen nicht gemindert werden. Es gibt freilich einen halluzinatorischen Übergang in die auf dauernde Halluzination gestellte Bewußtlosigkeit des stillen Rausches, welche einen Zustand insinuiert, der seit der Erfindung von Paradiesen, Schlaraffenländern etc. vertraut ist. Die Subjektvergessenheit ist hierbei nicht zuerst ein theoretisches Problem, sondern ein praktisches: das der dauernden Abgabe der Insignien verantwortlichen, weil zu verantwortenden Handelns.

An dieser Stelle errichtet Heidegger das in der Tat ‹fatale› Existenzideal der *Gelassenheit*. Sie meint in aller Andeutung einer anderen Welt des ‹Seins› doch immer zuerst: Einvernehmlichkeit mit dem ‹Sein› und Zulassen noch der «Mitternacht einer Weltnacht». Solche Einvernehmlichkeit ist der Inbegriff der Subjektlosigkeit in der Subjektvergessenheit. Sie ist das – allzeit – attraktive Ideal des ‹Weisen›, kann aber am Ende des 20. Jahrhunderts immer nur proklamiert werden um den Preis der Negation der Philosophie, das heißt: der Liebe zur Weisheit. ‹Gelassenheit› ist nur das ideologische Versatzstück der Subjektvergessenheit.

Vergegenwärtigen wir mit Heidegger aber noch einmal den einheitlichen Grund, warum denn das Ende der Philosophie gekommen sei und worin dann noch die Aufgabe des Denkens bestehen können soll, wenn wir uns mit Heidegger von der Subjekttheorie verabschiedet haben. Für Heidegger setzt sich schließlich die Philosophie – verendend – nur noch in demjenigen Wissenschaftsbetrieb fort, der zur Liquidation der Philosophie führt: «Die Wissenschaften werden alles, was in ihrem Bau noch an die Herkunft der Philosophie erinnert, nach den Regeln der Wissenschaft, d.h. technisch deuten.»[57] Mit dieser Prognose hat Heidegger unstreitig recht gehabt. Die Eliminierung aller anderen Parameter als dem der technischen Verwertbarkeit bestimmt progressiv den Universitäts- und beinahe jeden Wissenschaftsbetrieb.

In den und durch die Wissenschaften vollendet die Philosophie ihre Selbstliquidation. Und sie kann dies, weil sie selbst als ‹Metaphysik› und weil die Wissenschaften als ‹Technik› begriffen sind und weil die ‹Metaphysik›, in ‹Technik› überführt, an ihr selbst scheitert. «Die Ausbildung der Wissenschaften» gehört daher «zur Vollendung der Philosophie»[58]. Und zwar ist dies «die legitime Vollendung der Philosophie»[59]. Das «Ende der Philosophie heißt: Beginn der im abendländisch-europäischen Denken gegründeten Weltzivilisation»[60]. Da die Philosophie begründend ist im Sinne des begründenden Vorstellens, ist das *Gestell* legitimer Erbe und Schlußpunkt der Philosophie.[61] Heidegger entnimmt der Philosophie *ein* Element, welches sich in der Tat im modernen Wissenschaftsbetrieb total zu setzen sucht, dasjenige der stellenden Bemächtigung, um es als einziges Element aller Philosophie zum gesetzmäßigen Grund der Selbstabschaffung der Philosophie zu erklären. Dies ist nun die Abhängigkeitserklärung par excellence. Durch sie ignoriert Heidegger ebenso die spezifisch transzendental-philosophische Wende Kants wie seine spezifische Grundlegung der Ethik. Das *ganze* Subjekt wird auf den unordentlichen Haufen geworfen, als den es den technisch organisierten Wissenschaftsbetrieb im Chaos nichtsnutzig verbrauchter Zeit gibt.

Die transzendentalphilosophische Wende Kants hatte vorzüglich darin bestanden, legitime Wissensansprüche von illegitimen überschießender Metaphysik genau zu trennen und so auch einer revidierten Metaphysik ihr begrenztes Recht zurückzugeben. Die ethische Grundlegung hatte bei Kant die Pointe der Eingrenzung alles bloß instrumentellen und funktionalistischen, prinzipiell egozentrischen

---

[57] Ebd., S. 64.
[58] Ebd., S. 63.
[59] Ebd., S. 64.
[60] Ebd., S. 65.
[61] Zur nächsten Fortsetzung: H. Ebeling: Gelegentlich Subjekt. Gesetz: Gestell: Gerüst. Freiburg/München 1983.

Denkens durch ein Prinzip strikter Verallgemeinerung und deshalb: Universalisierung unserer Handlungsmaximen. Zwar enthält auch Kants theoretische wie seine praktische Philosophie durchaus auch ein Moment des Stellens im Sinne der von Heidegger angegriffenen metaphysischen Technik des vorstellenden und so *vor sich* hinstellenden Begründens. Aber die vorzüglich durch Kant freigesetzte doppelte Subjektität des Subjekts kann eben nur dann in der modernen Wissenschaftstechnik als fortgesetzt gedacht werden, wenn der wesentliche Gehalt gerade beide Male nicht getroffen wird, nämlich derjenige zureichender und radikal nicht-technizistischer Grundlegung des Denkens wie des Handelns.

Es bleibt dann eben die von Heidegger unterstellte Aufgabe des Denkens im Unterschied zu der Kantischen ohne Notwendigkeit, ja, wie sich noch zeigen wird, sogar ohne Möglichkeit. Denn durch Heidegger wird nur willkürlich ein Projekt der Selbstsetzung des Subjekts vorzeitig und unnötig abgebrochen. Die Heideggersche Aufgabe der «Lichtung des Seins» im Geviert bedeutet gerade die widerstandslose Auslieferung an das Gestell statt tätiger Befreiung von ihm. Die Distanzierung Heideggers, die mit der instrumentell-strategischen Vernunft alle Vernunft verabschiedet, dokumentiert nur das willenlos-willige, weil untätige Einvernehmen mit aller Unvernunft des Gestells. Heideggers Angriff auf ‹die› Vernunft und seine planmäßige Subjektvergessenheit sind deshalb nur soviel zu achten wie die Lebensansichten des Katers Murr:

«Ist denn das auf zwei Füßen aufrecht Einhergehen etwas so Großes, daß das Geschlecht, welches sich Mensch nennt, sich die Herrschaft über uns alle, die wir mit sicherem Gleichgewicht auf vieren daherwandeln, anmaßen darf? Aber ich weiß es, sie bilden sich was Großes ein auf etwas, was in ihrem Kopfe sitzen soll und das sie die Vernunft nennen.»[62]

Entscheidend ist, mit der Absage an die Überschätzung der Selbstmächtigkeit des Subjekts nicht auch seine Unterschätzung zu verbinden, wie dies bei Heidegger der Fall ist. Das Heideggersche Konstrukt absoluter Selbstermächtigung des Subjekts zu sich ist nicht korrekt und ignoriert die Selbstbegrenzung des Subjekts vorzüglich in

[62] E. T. A. Hoffmann: Lebensansichten des Katers Murr. Frankfurt/M. 1976, S. 16.

der Subjekttheorie von Kant bis Hegel.[63] Heidegger erhebt wiederkehrend den Anspruch auf eine Verbindlichkeit des Denkens aus der insinuierten Verbundenheit mit dem Seinsgeschick; doch enthebt ihn diese Verbundenheit ohne allen Ausweis von aller vernünftigen Aufgabe theoretischer wie praktischer Philosophie, womit sein Tun prinzipiell unzugänglich wird, da selbstwidersprüchlich. Heidegger bringt sich selbst um die Möglichkeit qualifizierter Einrede gegen das Gestell durch unbegründete Subjektliquidation: Auf diese kann immer nur Anspruch erhoben werden ohne Einlösung.

Das *Subjekt* Heidegger bleibt allemal erhalten, das auf seine Weise *inter*subjektive Ansprüche zur Geltung bringen will, nämlich schon einmal den auf *Verständlichkeit* durch die Komplikation seiner Rede hindurch und dann vorzüglich den auf *Wahrheit*, auch wenn diese Wahrheit den Horizont der Aussagewahrheit hintergehen, auf einen tieferen Grund stellen will. Und schließlich erhebt gerade auch Heidegger implizit noch den Anspruch auf praktische *Richtigkeit* seiner immer wieder quasi-normativen Behauptungen. Aus dem feinen Gespinst der sprachlich sedimentierten Vernunftstrukturen der Intersubjektivität kann sich aber Heidegger nur um den Preis lösen wollen, sich in den Fesseln des Selbstwiderspruchs verstrickt zu sehen. Heidegger verstrickt sich in seiner planmäßigen Subjektvergessenheit aber nicht nur in einem kommunikationstheoretischen Widerspruch, sondern zuvor bereits in einem Widerspruch eher ‹klassischer› Bewußtseinstheorie, der ebenfalls nur eine nicht leistbare Regelverletzung meint. Heideggers Regelverletzung steht in unaufhebbarem Widerspruch zu mindestens zwei subjekttheoretischen Grundverhältnissen, einem primär bewußtseinstheoretischen und einem primär sprachpragmatischen.

Heideggers subjekttheoretische Regelverletzung Nr. 1 ist die, daß ein immer noch ‹Ich› sagendes, ‹jemeiniges› Dasein sich selbst aus seiner transzendental-logischen Führungsposition herausheben will und bei dem sich steigernden Bemühen der angeblichen Zertrümme-

---

[63] Vgl. D. Henrich: Die Grundstruktur der modernen Philosophie. Mit einer Nachschrift: Über Selbstbewußtsein und Selbsterhaltung, in: H. Ebeling (Hrsg.): Subjektivität und Selbsterhaltung. Beiträge zur Diagnose der Moderne. Frankfurt/M. 1976, S. 97–143.

rung der Subjekttheorie sich erklärt als vom Sein ereignet und so jedes Subjekt zu erklären sucht, ohne dabei im Modus des Erklärens seine das Ereignis erst konstituierende Führungsposition aufgeben zu können. Man verläßt nicht die Subjekttheorie so, wie man eine Kapitulationserklärung abgeben kann. Denn das Subjekt kann gerade zum Dasein verstellt werden oder zum Sterbewesen, nicht aber der Sache nach durch sich selbst aufgehoben werden. Ein Herrscher kann die Insignien seiner Macht abgeben, ‹abdanken› und gegebenenfalls sich ins Kloster zurückziehen. Herrschaftsfunktionen betreffen den Aktor immer nur in einer Rolle, auf die eben notfalls auch Verzicht geleistet werden kann. Ein Subjekt, das als Subjekt erklärt, auf sich Verzicht tun zu wollen, widerspricht durch seine Verzicht*erklärung* der Intention des Verzichts: Es existiert als Subjekt fort. Die Darstellung der Unterlegenheit welchen empirischen Subjekts auch immer ist dagegen leider unumgänglich genug, setzt aber immer einen welt-konstituierenden Vorrang einer non-empirischen Instanz voraus, die nicht ‹das Sein›, ‹die Zeit›, ‹die Sprache› ist, sondern das an indexikalische Ausdrücke von ‹Ich› gebundene Subjekt bleibt. Vorzüglich die *Wahrheits*frage ist deshalb gar nicht delegierbar an so etwas wie ‹Sein›, sondern bestenfalls korrumpierbar durch so etwas wie Dasein. Deshalb ist das Äußerste, was Heidegger erreichen kann, die Verstellung des Subjekts zum Dasein, aber nicht seine Liquidation. Dergleichen ist schon deshalb nicht sagbar, weil gar nicht denkbar. Es ist gerade nur mystisch oder in anderen Trancezuständen als Wünschbares vorstellbar – und das eben tut Heidegger jenseits von «Sein und Zeit».

Heideggers subjekttheoretische Regelverletzung Nr. 2 ist die sprachpragmatische, nämlich der Selbstwiderspruch des quasi-methodischen Solipsismus Heideggers seit «Sein und Zeit» und über «Sein und Zeit» hinaus, Anleihen bei der *Inter*subjektivität sprachlich verfaßter Kommunikation machen zu müssen, wenn auch nur der Anspruch auf Verständlichkeit, Wahrheit und Richtigkeit seinerseits soll verständlich bleiben können, und zugleich das geteilte Wir in der Programmdurchführung systematisch leugnen zu wollen. Beim späteren Heidegger verschärft sich die intendierte A-Kommunikation zum intendierten A-Dialog. Der appellative Rekurs auf Heraklit, Hölderlin, Nietzsche dient hier nur noch der Verfestigung im Monotonen, aber das eben wird uns planmäßig *mit*geteilt – als zu Teilendes und doch nicht zu Teilendes.

Die Planmäßigkeit beider Regelverletzungen mit dem Ziel, beide Regulationen außer Kraft setzen zu wollen und dabei zugleich doch weiter von beiden Gebrauch machen zu können, weil zu müssen, zeigt die Mutwilligkeit Heideggers zur Autodestruktion, und dies maßgeblich aus der Absicht auf ‹Destruktion› der praktischen Philosophie qua normativer Ethik.

Auch und gerade Heidegger liest das Subjekt noch als umgedrehtes und nach innen gekehrtes Gegenstandsbewußtsein – insoweit ganz wie sein Opponent Habermas auch.[64] Wir haben aber guten Grund, *Selbst*bewußtsein zuerst zu lesen als *Widerstands*bewußtsein.[65] Denn das ist das Erste, als welches wir uns zugrunde liegen – in der Nicht-Identifikation mit dem Bestand. Weil Heidegger vorzüglich das Widerstandsbewußtsein im Selbstbewußtsein verkannte, konnte er den Versuch der Verstellung des Subjekts zum Dasein vorantragen und im entscheidenden Augenblick politisch versagen und noch ex post nach Exkulpationen Ausschau halten, die zu Recht noch heute erschrekken:

«Gewiß – es ist immer vermessen, wenn Menschen den Menschen die Schuld vor- und zurechnen. Aber wenn man schon Schuldige sucht und nach der Schuld bemißt: Gibt es nicht auch eine Schuld der wesentlichen Versäumnis? Diejenigen, die damals schon so prophetisch begabt waren, daß sie alles kommen sahen, wie es kam – so weise war ich nicht –, warum haben sie fast 10 Jahre gewartet, um gegen das Unheil anzugehen? Warum haben 1933 nicht die, die es zu wissen meinten, warum haben damals nicht gerade sie sich aufgemacht, um alles und von Grund aus ins Gute zu lenken?»[66]

Heidegger ist hier das im Rahmen moderner Sophistik beachtliche Kunststück gelungen (und wir kommen im Kap. 20 des Anhangs darauf zurück), seinen eigenen mangelnden Widerstand dem mangelnden Widerstand anderer anzulasten. Das aber ist charakteristisch für die Subjektvergessenheit weit über die politische Katastrophe hinaus:

---

[64] H. Ebeling: Neue Subjektivität. Die Selbstbehauptung der Vernunft. Würzburg 1990.

[65] H. Ebeling: Vernunft und Widerstand. Die beiden Grundlagen der Moral. Freiburg/München 1986.

[66] M. Heidegger: Die Selbstbehauptung der deutschen Universität. Das Rektorat 1933/34. Tatsachen und Gedanken. Hrsg. H. Heidegger. Frankfurt/M. 1983, S. 26.

die mangelhafte Anerkennung seiner selbst durch das Starren auf falsche Führer wie ‹den› Tod, den NS-Führer, die Zeit und so allemal ‹das› Sein, das vom Sollen nicht mehr betroffen sein *soll*.

Heideggers Versuch der Stillstellung des Subjekts durch Aufgabe in das Sein konnte nur eine Zeit der Friedhofsruhe in Deutschland und Europa befriedigen – und auch das immer nur in Zirkeln, die lediglich ihrem Selbstverständnis nach elitär waren. Wenn heute Europa vom Atlantik bis zum Ural sich seiner Bedeutung als eines politischen Subjekts wieder bewußt wird, so ist das ein weiterer Beleg für die Virulenz des Subjektseins in der Moderne. Es ist dies Moment gewiß keine theoretische Widerlegung der Heideggerschen Resignation, wohl aber ein Indiz tätiger Widerlegung der Abgabe der Insignien neuer Selbstverfügung. Der *Seins*vergessenheit aber können wir in theoretischer wie praktischer Hinsicht überhaupt nur Herr werden, wenn wir der *Subjekt-*, und das heißt: der *Vernunft-* wie *Todes*vergessenheit begegnen. Auf diesem Wege bleibt das Anknüpfen an Heidegger unumgänglich, nämlich das Anknüpfen an den bedeutendsten Widerpart der Moderne zum Zwecke einer Zeit, die sich nicht mehr am Sein versieht, weil nicht mehr am Sollen. Wir haben heute keinen Grund mehr zu der Annahme, daß es sich hierbei bloß um ein weiteres idealisches Fordern handle. Denn die Aufhebung der Subjektvergessenheit ist Voraussetzung dafür, daß die menschliche Gattung noch einmal zu sich selbst zurückfindet. Der schonende Umgang mit der Natur, auch mit der eigenen, ist dafür immer nur ein Mittel. Zweck aber bleibt: das Subjektsein als Selbstzwecksein des Menschen.[67]

---

[67] H. Ebeling: Subjekttheorie. Bd. I: Zufall und Zerfall. Bd. II: Erste Gründe. Bd. III: Letzte Subjekte (in Vorbereitung).

ANHANG I

DIE ZERSTÖRUNG DER POLITIK

In seltsam kryptischen Wendungen war im § 74 von SZ die Rede gewesen vom ‹Volk›. Dasein sei als Mitsein verflochten in ein *Geschick*. «Damit bezeichnen wir das Geschehen der Gemeinschaft, des Volkes» (SZ, S. 384). Die Hinweisung auf ‹Gemeinschaft› wie ‹Volk› wirkte wie aufgesetzt und ist es auch, gemessen an der weiter maßstäblichen Einzigkeit des Eigentlichseins im Sein zum Tode. Pathos wird erkennbar in der Aufgipfelung:

«In der Mitteilung und im Kampf wird die Macht des Geschickes erst frei. Das schicksalhafte Geschick des Daseins in und mit seiner ‹Generation› macht das volle, eigentliche Geschehen im Dasein aus» (SZ, S. 384f).

Nicht das Aufgesetzte, wegen des Übergangs zum Plural der Eigentlichen schon einen systematischen Umbruch in SZ Implizierende ist hier noch unser Problem, sondern Heideggers Anteil an der Zerstörung der Politik. Die aufgrund der Quellenlage derzeit beste Dokumentation, die wir Hugo Ott[1] verdanken, will ich hier nicht reproduzieren, sondern mich noch einmal auf die Sache einlassen, die von der Selbstzerstörung der Universität (Kap. 19) bis zu Deutschland als Totenland (Kap. 20) reicht. Ich suche also Heideggers Anteil an beidem zu analysieren und möchte schon im vornhinein keinen Zweifel daran lassen, daß ich die Doppelthese für gut begründungsfähig halte, wonach ‹die Universität› auch noch in den 90er Jahren zerstört bleibt, ebenso wie ‹Deutschland› Totenland bleibt auch und gerade noch als vereinigtes Restdeutschland. Die Nuancierung, die für Heidegger geboten ist, meint vorzüglich: sowohl Heideggers *Zutat* zur Zerstörung

[1] H. Ott: Martin Heidegger. Unterwegs zu seiner Biographie. Frankfurt/New York 1988.

der Politik zu erinnern wie auch seine eigene geringe *Durchsicht* durch diesen Sachverhalt. Das meint: Der beteiligte und der überrollte Zeitgenosse sind gewiß beide zu vergegenwärtigen. Ich verfolge aber auch hier nicht primär Ziele einer Philosophie- und Politik*historie*, sondern vorrangig solche, die die Zukunft ebenso ‹der Universität› wie ‹des Totenlandes› im Blick haben. Alles andere sind nur Orientierungen an einer Gelehrsamkeit, die die Philosophie immer mit im Blick haben muß als eine zu erfüllende Basisleistung, die aber nicht das ausmacht, weshalb Menschen ‹Philosophie› brauchen und so ‹die Politik› auch. Heideggers untilgbare und entsetzliche Verstrikkung in den deutschen Faschismus interessiert deshalb beinahe schon nicht mehr um ihrer selbst willen, sondern maßstäblich umwillen der Schrecken der Zukunft.

19. Selbstzerstörung der Universität

Heidegger hat sich in seiner Rechtfertigung 1945 dagegen verwahrt, seine Freiburger Rektoratsrede von 1933 unter dem Titel zu lesen: «Die Selbstenthauptung der deutschen Universität» (SU, S. 30).[2] Seinen subjektiven Intentionen nach hat Heidegger ein solches Ziel gewiß gerade nicht verfolgt, sondern in der Tat eine Selbstbehauptung, freilich eine solche in seinem Sinne. Es sollte eine Selbstbehauptung sein aus dem Geist seiner Philosophie, im Grunde eine Heideggersche Führungsakademie, und nicht umsonst schließt die Rede mit beziehungsreicher Anspielung auf den Staatstheoretiker Platon.

Was hat Heidegger 1933 schon gesehen über den Verfall der Universität? Es ist das Einfache, das in den nachfolgenden Jahrzehnten bis zur Aufdringlichkeit der Gegenwart in immer rasanteren Schüben erkennbar wurde: daß es die Einheit einer Universität nicht mehr gibt außer die Einheit eines beliebig manipulierbaren Objekts der Politik und speziell der Bürokratie. Die Universität hat lange vor Heidegger ihren *Subjekt*charakter verloren, und die Ironie der Ge-

[2] Mit der Sigle *SU* ist im weiteren gekennzeichnet: M. Heidegger: Die Selbstbehauptung der deutschen Universität. Das Rektorat 1933/34. Hrsg. H. Heidegger. Frankfurt/M. 1983.

schichte hat es gewollt, daß Heidegger wesentlichen Anteil daran gewann, über nun schon mehr als ein halbes Jahrhundert die Chance zu verspielen, daß die Universität ihren Subjektcharakter zurückgewinnt. Es gibt heute vorzüglich Grund zu der Annahme, daß sie ihn auch nicht mehr zurückgewinnen kann, weil die Philosophie in ihr liquidiert wird.

Das ist ein Aktualitätshintergrund, der die kurze Erinnerung daran wachruft, daß Universitäten ohnehin immer nur ausnahmsweise der Ort der Philosophie waren, in einem strikten Sinne nur ein einziges Mal: in der kurzen Spanne bedeutender Revisionen von Kants «Kritik der reinen Vernunft» (1781) bis zu Hegels Tod (1831). Vorher ist das einheitsstiftende Prinzip der Philosophie in der angeblichen *universitas litterarum* nicht anerkannt worden und danach nicht wieder. Vorher waren die Universitäten Berufsschulen, und danach wurden sie es erst recht.

In der Konsequenz hat speziell die deutsche Universität des 20. Jahrhunderts keine Gelegenheit ausgelassen, sich zu blamieren: von der dominanten Kriegsbegeisterung von 1914 bis zur dominanten Vereinigungsmaschinerie von 1990. Es ist auch nichts Neues, daran zu erinnern, daß die eigentliche Selbstenthauptung der Universität sich in den späten 60ern und frühen 70ern ereignete, als die kontroversen Parteien der Professoren (‹Bekenner›), Assistenten (‹Hilfreichen›) und Studenten (‹Bemühten›) so lange stritten, bis die Staatsbürokratie uneingeschränkt die Macht übernommen hatte. An die Stelle der Einheit der Wissenschaften ist damit endgültig die Einheit des Fiskus getreten. Die sog. Demokratisierung der Universität hatte nur Erfolg als Proletarisierung.

Dagegen ist es probehalber immer noch durchaus gut, Heideggers Vorstellungen von 1933 zu vergegenwärtigen – und seine Illusion einer Führer-Universität. Die Führer sollen hier selbst Geführte sein, «geführt von der Unerbittlichkeit jenes geistigen Auftrags, der das Schicksal des deutschen Volkes in das Gepräge seiner Geschichte zwingt» (SU, S. 9).

Die erste Kopula ist die alte ‹Deutsch-Nationale›. Nur fragt sich: Was hat der ‹geistige Auftrag› einer Universität mit irgendeinem bestimmten Volk zu tun? Über das Volk, das da speziell zur Verhandlung steht, äußert Kant gar:

«Der Deutsche fügt sich unter allen zivilisierten Völkern am leichtesten und dauerhaftesten der Regierung, unter der er ist, und ist am meisten von Neuerungssucht und Widersetzlichkeit gegen die eingeführte Ordnung entfernt. Sein Charakter ist mit Verstand verbundenes Phlegma, ohne weder über die schon eingeführte zu vernünfteln noch sich selbst eine auszudenken.»[3]

Kant hatte noch Grund, als «seine gute Seite» auch aufzuführen: «er hat keinen Nationalstolz, hängt gleich als Kosmopolit auch nicht an seiner Heimat.»[4] Als «die zwei *zivilisiertesten* Völker auf Erden»[5] führt Kant England und Frankreich an: «Es versteht sich, daß bei dieser Klassifikation vom deutschen Volk abgesehen werde: weil das Lob des Verfassers, der ein Deutscher ist, sonst Selbstlob sein würde.»[6]

Spätere Zeiten waren bekanntlich nicht mehr so zurückhaltend und legten mit der falschen Scham dann auch gleich die Scham selbst ab. Entsprechend un-verschämt beginnt Heideggers Rektoratsrede. Der ‹geistige Auftrag›, «der das Schicksal des deutschen Volkes in das Gepräge seiner Geschichte zwingt», ist rechtschaffen nicht ohne weiteres erkennbar. Gefordert sind «ständigste und härteste *Selbstbestimmung*» (SU, S. 9). «Selbstverwaltung besteht nur auf dem Grunde der Selbstbesinnung. Selbstbesinnung aber geschieht nur in der Kraft der *Selbstbehauptung* der deutschen Universität» (SU, S. 10). Zu ihr ist Heidegger unterwegs, auch wenn wir rätseln müssen, was denn eine ‹deutsche› Universität sei:

«Die deutsche Universität gilt uns als die hohe Schule, die aus Wissenschaft und durch Wissenschaft die Führer und Hüter des Schicksals des deutschen Volkes in die Erziehung und Zucht nimmt» (ebd.).

Erforderlich für die Selbstbestimmung der Wissenschaft ist der Rückgang in den «Aufbruch der griechischen Philosophie» (SU, S. 11). Denn: «Alle Wissenschaft ist Philosophie, mag sie es wissen und wollen – oder nicht. Alle Wissenschaft bleibt jenem Anfang der Philosophie verhaftet. Aus ihm schöpft sie die Kraft ihres Wesens, gesetzt,

---

[3] I. Kant: Anthropologie in pragmatischer Hinsicht. Akademie-Ausgabe VII, S. 317.
[4] Ebd., S. 318.
[5] Ebd., S. 311.
[6] Ebd., Anm.

daß sie diesem Anfang überhaupt noch gewachsen bleibt» (ebd). Unter griechischen Bedingungen sei «die Theorie selbst als die höchste Verwirklichung echter Praxis zu verstehen» (SU, S. 12):

«Nur wenn wir dieser fernen Verfügung entschlossen uns fügen, um die Größe des Anfangs zurückzugewinnen, nur dann wird uns die Wissenschaft zur innersten Notwendigkeit des Daseins. Andernfalls bleibt sie ein Zufall, in den wir geraten, oder das beruhigte Behagen einer gefahrlosen Beschäftigung zur Förderung eines bloßen Fortschritts von Kenntnissen» (SU, S. 13).

Unverhofft und trotz der Undurchsichtigkeit des Redeanfangs ist Heidegger bei einem Anfang, der das Prinzip der Wissenschaft als Philosophie und die Notwendigkeit der Philosophie thematisiert und damit eine Barriere errichtet gegen einen Exzeß, der heute seine höchsten Triumphe in freilich verräterischer Nomenklatur feiert. Die Umbenennung von ‹Fakultäten› in ‹Fachbereiche›, aus denen in der Tat die *facultas* (das Vermögen) geflohen ist, ist noch der geringste Beleg. Aufdringlicher ist schon der Vorgang, daß vormalige Institute zu ‹Betriebseinheiten› erklärt wurden, oder der Aktionismus, daß krampfhaft nach einer nicht vorhandenen Einheit der ‹Kulturwissenschaften› gesucht wird, seitdem Politiker unter tätiger Mithilfe sog. Geisteswissenschaftler die sog. Geisteswissenschaften zu ‹Akzeptanzwissenschaften› erklärt haben, der Wahrheit der ‹Kompensationswissenschaften›. Besonders delikat ist dann etwa, wenn auch schon die Theologien darauf drängen, als ‹Geisteswissenschaften› gehandelt zu werden. Mag dies neuerdings im Sinne unserer Gottesmänner sein. Im Sinne des Gottes ist es sicher nicht. Jedenfalls gab es 1933 noch Gegnerschaften:

«wenn gar unser eigenstes Dasein selbst vor einer großen Wandlung steht, wenn es wahr ist, was der leidenschaftlich den Gott suchende letzte deutsche Philosoph, Friedrich Nietzsche, sagte: ‹Gott ist tot› –, wenn wir Ernst machen müssen mit dieser Verlassenheit des heutigen Menschen inmitten des Seienden, wie steht es dann mit der Wissenschaft?» (Ebd.)

Dann stellt sich die Grundsatzfrage nach der Einheit der Wissenschaften, die statt ihrer Zerstreutheit «unmittelbar» wieder ausgesetzt werden müssen «der Fruchtbarkeit und dem Segen aller weltbildenden Mächte des menschlich-geschichtlichen Daseins, als da sind: Natur, Geschichte, Sprache; Volk, Sitte, Staat; Dichten, Denken, Glauben; Krankheit, Wahnsinn, Tod; Recht, Wirtschaft, Technik» (SU, S. 13f).

Bleibt unsere Frage: Wie vermittelt sich das ‹Unmittelbare›? Ist nicht Philosophie und sind nicht ‹die› Wissenschaften gerade wesentlich geprägt dadurch, alle ‹Unmittelbarkeit› hinter sich gelassen zu haben, ja sie hinter sich lassen zu müssen, wenn sie als Philosophie und Wissenschaft sollen fungieren können? Gerade gegen solche Fungibilität sucht Heidegger aufzustehen – freilich in der Flucht zu falschen Göttern: Denn mag noch Diskussionsgegenstand sein, als was ‹Geist› legitim fungiert, etwa nach Heidegger als «ursprünglich gestimmte, wissende Entschlossenheit zum Wesen des Seins» (SU, S. 14). Und hat auch Heidegger ganz recht mit der Negation: «die *geistige Welt* eines Volkes ist nicht der Überbau einer Kultur» (ebd.). Die Position der ‹geistigen Welt› selbst ist erkennbar nur abgeschmackt. Sie *soll* nämlich sein «die Macht der tiefsten Bewahrung seiner (des Volkes; H. E.) erd- und bluthaften Kräfte als Macht der innersten Erregung und weitesten Erschütterung seines Daseins» (ebd.). Über ‹Erde› und ‹Blut› mag reden, wer den Dreck an den Militär- und SS-Stiefeln und das Blut der Opfer nicht antizipieren will. Im übrigen ist die genannte Verbindung in der Sache ohne Sinn. Sie mag stimmig sein für diesen und jenen Fall von Kunst, gilt im Regelfall nur für den Kitsch, gilt keinesfalls für die Philosophie und die Wissenschaften. Denn Philosophie und Wissenschaften intendieren bekanntlich von vornherein Universalität, und das setzt gerade voraus: Befreiung von dieser und jener Sorte Blutkörper wie gründliche Abstraktion von den ‹Erdgeistern›. Unterdessen ist die «deutsche Studentenschaft» mit Heidegger «auf dem Marsch» (ebd.). Heidegger diktiert:

> «Sich selbst das Gesetz geben, ist höchste Freiheit. Die vielbesungene ‹akademische Freiheit› wird aus der deutschen Universität verstoßen; denn diese Freiheit war unecht, weil nur verneinend. Sie bedeutete vorwiegend Unbekümmertheit, Beliebigkeit der Absichten und Neigungen, Ungebundenheit im Tun und Lassen. Der Begriff der Freiheit des deutschen Studenten wird jetzt zu seiner Wahrheit zurückgebracht. Aus ihr entfalten sich künftig Bindung und Dienst der deutschen Studentenschaft» (SU, S. 15).

Hier muß nicht mehr erläutert werden, wie durch Heidegger mit dem Grundsatz der Selbstbestimmung, den vorzüglich Kant und Fichte vorangetrieben hatten, bloß Schindluder getrieben wird bei gleichzeitiger Diffamierung des Gehalts ‹akademischer Freiheit›. Man kann prinzipiell denselben Zweck in jeder Variante sog. kommunistischer

Erziehung erreichen, heute auch in der scheinbar harmloseren Form vollständiger Verschulung der Studiengänge durch die Zwangsjacke sog. Prüfungs- und Studienordnungen. Die faschistische, die kommunistische und die technizistische Strategie liquidieren den ‹Professor› und den ‹Studenten› beinahe mit demselben Erfolg. Die Heidegger-Variante war dabei die der Ausrichtung auf ‹Arbeitsdienst›, ‹Wehrdienst› und ‹Wissensdienst›, wobei nicht weiter verwundern kann, daß das Wissen nur tertio loco zu stehen kommt:

«Die drei Bindungen – *durch* das Volk *an* das Geschick des Staates *im* geistigen Auftrag – sind dem deutschen Wesen *gleichursprünglich*. Die drei von da entspringenden Dienste – Arbeitsdienst, Wehrdienst und Wissensdienst – sind gleich notwendig und gleichen Ranges» (SU, S. 16).

So sehen wir mit Entsetzen eine Ordnung preisgegeben, deren Begründung seit Platon und Aristoteles gerade Aufgabe der Philosophie war, nämlich die eines Vorrangs der Theoria vor anderer Arbeit und vor der Armierung allemal. Heidegger wußte später sehr wohl, wie er mit solchen Sätzen von der ‹Gleichursprünglichkeit› sich gerade im ‹Geist› vertan hatte. Seine späteren Revisionen sind nur Selbstrevisionen. Heidegger kannte sich aus, als er im und nach dem Zweiten Weltkrieg notierte:

«Der Schrifttumsführung im Sektor ‹Kultur› entspricht in nackter Konsequenz die künstliche Schwängerungsführung. (Man flüchte sich hier nicht aus veralteter Prüderie in Unterschiede, die nicht mehr bestehen. Der Bedarf an Menschenmaterial unterliegt derselben Regelung des rüstungsmäßigen Ordnens wie der Bedarf an Unterhaltungsbüchern und Gedichten, für deren Herstellung der Dichter um nichts wichtiger ist als der Buchbinderlehrling, der die Gedichte für eine Werkbücherei einbinden hilft, indem er z. B. den Rohstoff der Pappe für die Einbände aus den Lagerräumen herbeischafft).»[7]

Heute wird immer noch gern versteckt, daß Heidegger selbst das Geschäft des Lehrlings besorgt hat, für Hitler das Kanonenfutter und die Lagerräume herbeizuschaffen. Aber auch die heutigen ‹sanfteren› Strategien der Vernutzung von Studenten müssen erst noch den Beweis antreten, keine der Mißachtung des Intellekts zu sein. Fast vergessen ist das Wegwerfen einer halben Generation unbrauchbarer,

---

[7] M. Heidegger: Vorträge und Aufsätze, S. 95.

weil ökonomisch nicht nutzbarer, tatsächlicher Geisteswissenschaftler seit den 70er Jahren. Bekannt ist noch die Existenz von Universitäten dort, wo sie nicht hingehören und wo auch kein Bedarf besteht – außer der, Parteien und Ortsbürgermeister zu erfreuen. So können Universitäten in die westliche Planwirtschaft eingehen als Größen, die vorzüglich der regionalen Wirtschaftsentwicklung dienstbar gemacht werden. Nutzbar sind sie dann auch als Ordnungsgrößen beliebiger Fungibilität vom ‹Parkstudium› bis zum ‹Seniorenstudium›. Entsprechend lassen sich in den ‹Selbstverwaltungsgremien› beliebig auswechselbare Proporzsysteme errichten. Dazu gehört der neueste Proporz, nachdem die Politik entdeckt hat, daß es zwei Geschlechter gibt, wobei in neuer Diskriminierung Frauen zu behandeln sind, wie Schwerbehinderte zu Recht behandelt werden sollen. Wittgenstein hatte gute Gründe, an markanter Stelle, nämlich vor seinen «Philosophischen Untersuchungen», ein Wort Nestroys voranzustellen: «Überhaupt hat der Fortschritt das an sich, daß er viel größer ausschaut, als er wirklich ist.»[8] Die folgenden Sätze Heideggers, in denen vom ‹Volk› die Rede ist, nicht wörtlich vom ‹deutschen›, bleiben bei solcher Wirklichkeit durchaus erwägenswert:

> «Das mithandelnde Wissen um das Volk, das sich bereithaltende Wissen um das Geschick des Staates schaffen in eins mit dem Wissen um den geistigen Auftrag erst das ursprüngliche und volle Wesen der Wissenschaft, deren Verwirklichung uns aufgegeben ist – gesetzt, daß wir uns in die ferne Verfügung des Anfangs unseres geistig-geschichtlichen Daseins fügen» (SU, S. 16).

Hier begegnen kaum überwindbare stilistische Hemmnisse; aber in der Sache ließe sich Heidegger beinahe folgen, wäre nicht gerade auch in der Konsequenz *seines* Tuns die Selbstzerstörung der Universität längst vollendet. Für Spinoza (1632–1677) galt die aufgezwungene Regel: Lieber Gläser schleifen als einen Ruf an die Universität Heidelberg annehmen. Um fast alles in der Welt unabhängig bleiben. Von Descartes (1596–1650) bis Leibniz (1646–1716) hatte es sich immer wieder erwiesen wie erneut nach Hegel: Universitäten sind gerade nicht der Ort der erforderlichen Unabhängigkeit.

Heidegger hatte in seiner profaschistischen Handlangerei dies ver-

---

[8] L. Wittgenstein: Schriften I. Frankfurt/M. 1960, S. 283.

gessen machen wollen, vielleicht selbst vergessen können. Heute können wir es gewiß nicht mehr ignorieren. Zwar müssen wir gerade jetzt immer noch und in beachtlicher Kontrafaktizität an der Idee der Selbstbestimmung der Studierenden durch das Studium festhalten und dafür arbeiten. Selbst die Idee der Selbstbestimmung der Universität darf unsere Köpfe nicht ganz verlassen – angesichts der Strategien der politisch-administrativen Machthaber und der Penetranz ihrer Direktiven muß jedenfalls noch gegengehalten werden. Aber die Aussicht auf auch nur tendenzielle Verwirklichung von Universitäten als Universitäten ist (anders als die immer noch real existierende Möglichkeit der Selbstbestimmung Einzelner durch das Studium) nicht mehr gegeben. Heideggers Karikatur der Wirklichkeit von 1933 hat dem über den Tag hinaus zugearbeitet. «Der Führer» und «die Führer» konnten nur amüsiert sein, wenn von Heidegger

«das Wesen der deutschen Universität umgrenzt wird als die hohe Schule, die aus Wissenschaft und durch Wissenschaft die Führer und Hüter des Schicksals des deutschen Volkes in die Erziehung und Zucht nimmt» (SU, S. 16f).

Wir möchten heute froh sein, wenn es uns einmal gelänge, uns einen Wissenschaftsminister zu erziehen. Kant dagegen hatte noch Grund, die «Kritik der reinen Vernunft» «Sr. Exzellenz, dem Königl. Staatsminister Freiherrn von Zedlitz» zu widmen. Derzeit werden zu Recht auch geringere Werke keinem Wissenschafts- oder Kultusminister mehr gewidmet. Man wüßte nicht, warum.

«Aber *eines* freilich wissen wir aus dem angezeigten Wesen der Wissenschaft, daß die deutsche Universität nur dann zu Gestalt und Macht kommt, wenn die drei Dienste – Arbeits-, Wehr- und Wissensdienst – ursprünglich zu *einer* prägenden Kraft sich zusammenfinden» (SU, S. 18).

Das ist schwerlich noch kommentationsfähig. Hätte sich Heidegger nur in der Tat an den zitierten von Clausewitz gehalten: «Ich sage mich los von der leichtsinnigen Hoffnung einer Errettung durch die Hand des Zufalls» (ebd.). Unstreitig ist aber bei Heidegger auch 1933 noch ein Impuls gegeben, sich nicht beliebig unterzuordnen. Indessen ist es deplaziert, dank dieses Impulses die Rektoratsrede als ganze zu einer Art Widerstandsdokument stilisieren zu wollen, da die Rede als ganze übelste Anbiederei bleibt:

«Alle Führung muß der Gefolgschaft die Eigenkraft zugestehen. Jedes Folgen aber trägt in sich den Widerstand. Dieser Wesensgegensatz im Führen und Folgen darf weder verwischt noch gar ausgelöscht werden» (SU, S. 18).

Entscheidend ist nur, daß Heidegger in seiner Haltlosigkeit auf das Entsetzlichste der Auslöschung zugearbeitet hat, und das schließlich unter Mißbrauch eines großen Wortes des durchaus großen Platon.[9]

Daß und wie sehr Heidegger auch später seine Untat von 1933 immer nur beschönigt hat, ist vorzüglich seit der aufklärenden Arbeit von Hugo Ott[10] inzwischen allgemein bekannt, wenn auch leider noch nicht allgemein anerkannt. Angesichts der anhaltenden Bedeutung der Selbstzerstörung der Universität ist aber auch das schon nicht mehr von erstem Interesse. Ich wende mich deshalb dem Zerstörungsprozeß als solchem zu.

Die heute bestehende Überverrechtlichung aller Lebensverhältnisse bei gleichzeitiger Entmoralisierung derselben Verhältnisse und besonders der Institutionen, durch die sie verfaßt sind, mag meine Bemerkungen inzwischen als obsolet erscheinen lassen. Ich halte dagegen, daß von Antiquiertheit keine Rede sein kann, weil die Idee der ‹Selbstlosigkeit› des Wissenschaftlers ohnehin nur eine der Zukunft ist, gerade wenn sich für uns damit nicht mehr die Idee der ‹Selbstbestimmung› einer Universität verbinden kann. Als gegen Heidegger gerichtetes Korrektiv führe ich hier noch einmal Wittgenstein, nun aus dem Vorwort der «Philosophischen Untersuchungen» an, nämlich als bedeutendes Exempel für die Domestizierung der Eitelkeit:

«Ich hatte bis vor kurzem den Gedanken an eine Veröffentlichung meiner Arbeit bei meinen Lebzeiten eigentlich aufgegeben. Er wurde allerdings von Zeit zu Zeit rege gemacht, und zwar hauptsächlich dadurch, daß ich erfahren mußte, daß meine Ergebnisse, die ich in Vorlesungen, Skripten und Diskussionen weitergegeben hatte, vielfach mißverstanden, mehr oder weniger verwässert oder verstümmelt im Umlauf waren. Hierdurch wurde meine Eitelkeit aufgestachelt, und ich hatte Mühe, sie zu beruhigen.»[11]

---

[9] H. Ebeling: Selbsterhaltung und Selbstbewußtsein. Zur Analytik von Freiheit und Tod. Freiburg/München 1979, S. 110–114.

[10] H. Ott: Martin Heidegger, S. 9: «Daß mir bei alledem ein gerüttelt Maß an Feindseligkeit zuteil wurde, bedarf eigentlich keiner besonderen Erwähnung.»

[11] L. Wittgenstein. Schriften I, S. 286.

Dies sind Sätze, deren Klang seit Platon und Marc Aurel, seit Descartes und Spinoza vertraut ist: nach Maßgabe des Menschen Möglichen uneitle Sätze. Für die Selbstzerstörung der *klassischen* Universität nach Humboldt ist aber gerade zunächst die Eitelkeit der Wissenschaftler verantwortlich. Sie ist der irritierende ‹subjektive Faktor› einer Konterkarierung der *universitas litterarum*. Sie verhindert die Aussicht auf Wahrheit der Erkenntnis, Richtigkeit der Handlung und Wahrhaftigkeit der Äußerung. Kurz, sie führt zur Liquidation des Professors, der deshalb ja heute auch geführt wird als ‹Hochschullehrer›. Es wird nicht mehr von ihm erwartet, daß er sich bekennt. Auch dies gehört zur Reaktion auf das Versagen Heideggers (und gewiß auch anderer). Die allgemeine *Entprofessionalisierung* der Professoren ist die nächste Folge der Selbstzerstörung im deutschen Faschismus.

Edmund Husserl, der in der Tat das Glück hatte, 1938 noch einigermaßen als Zivilist zu sterben und nicht wenig später als bloßes Objekt eines KZ, hatte unter noch quasi-bürgerlichen Umständen die Entehrung erfahren müssen, daß er 1933 als Emeritus ‹beurlaubt› wurde. «Die Beurlaubung wurde nach einigen Monaten aufgehoben, drei Jahre später wird ihm als Juden endgültig die Lehrbefugnis entzogen.»[12] Dies und das Schlimmere danach hat die spezifische *Provinzialisierung* der Professorenschaft zur Folge gehabt, der Heidegger wesentlich zuarbeitet. Der Mangel an jüdischen Intellektuellen hat ab 1945 niemals wieder wettgemacht werden können. Wie sollte er auch? Und woher sollten wir auf irgendeine Wende hoffen dürfen? Die Provinzialisierung ist der andere Preis der Eitelkeit geworden: das alltäglich erkennbare Gesicht der Entprofessionalisierung.

Eine Professorenschaft, die mehrheitlich entprofessionalisiert und provinzialisiert war, konnte im dritten Schritt auf Grund der ihr spezifischen Eitelkeit auch den Weg in die *Proletarisierung* finden: Sie ist die aktuelle Überlebensform des Hochschullehrers seit der vorerst letzten Welle der Selbstzerstörung der Universität 1968 ff, die damit nun in der Tat eine spezifisch ‹deutsche› Selbstzerstörung wird.

Wer sich dies eingesteht, wird um so vehementer nach ‹Auswegen›

---

[12] E. Husserl und die phänomenologische Bewegung. Zeugnisse in Text und Bild. Hrsg. H. R. Sepp. Freiburg i. Br. 1988, S. 345.

suchen aus der Entprofessionalisierung, aus der Provinzialisierung, aus der Proletarisierung. Wir dürfen unterstellen, daß sie individuell zu finden sind. Konsequent ist aber nur jener ‹Ausstieg›, den nach Hegel die Besten nahmen oder nehmen mußten. Auch Heidegger selbst kam spät (und sehr unfreiwillig) auf diesen Weg.

Universitäten ergaben sich einmal als relativ freie Zusammenschlüsse im Widerstand gegen die Unwissenheit und damit gegen den Bestand. Universitäten sind heute nicht mehr reformierbar, sondern nur noch revolutionierbar – in einem sehr ‹konservativen› Sinne der Rückkehr nicht zu alten Konventionen, sondern alten Freiheiten. Fichte sehnt sich 1808 in die Zeiten Machiavellis zurück. Seinen «Reden an die deutsche Nation» stellte Fichte Bemerkungen über «Machiavell als Schriftsteller» voran, darunter solche sub titulo «Große Schreibe- und Preßfreiheit in Machiavells Zeiten». Unter Zensurbedingungen in einem besetzten Land hält es Fichte für «der Mühe wert (...), zu Anfange des 19. Jahrhunderts, aus den Ländern, die sich der höchsten Denkfreiheit rühmen, einen Blick zu werfen auf die Schreibe- und Preßfreiheit, die zu Anfange des 16. Jahrhunderts in Italien, und in dem päpstlichen Sitze Rom, stattfand.»[13] Fichte führt als «nur Ein Beispiel» an:

«Machiavells Florentinische Geschichte ist auf die Aufforderung des Papstes Clemens VII. geschrieben, und an denselben überschrieben. In derselben befindet sich gleich im ersten Buche folgende Stelle: ‹So wie bis auf diese Zeit keine Meldung geschehen ist von Nepoten oder Verwandten irgendeines Papstes, so wird von nun an von solchen die Geschichte voll sein, bis wir sodann auch auf die Söhne kommen werden; und so ist denn den künftigen Päpsten keine Steigerung mehr übrig, als daß sie, so wie sie bisher diese ihre Söhne in Fürstentümer einzusetzen gesucht haben, denselben auch den päpstlichen Stuhl erblich hinterlassen.»[14]

Eine solche Invektive auf die Päpste stand ihrerseits unter päpstlichem Schutz, nämlich der Androhung der Exkommunikation etc. für den Fall des Raubdrucks:

«Zu erklären ist dies allerdings: Die Päpste und die Großen der Kirche betrachteten selber ihr ganzes Wesen lediglich als ein Blendwerk für den niedrigsten Pöbel,

[13] J. G. Fichte: Reden an die deutsche Nation. Hrsg. R. Lauth. Hamburg 1978, S. 7.
[14] Ebd.

und, wenn es sein könnte, für die Ultramontaner, und sie waren liberal genug, jedem feinen und gebildeten italienischen Manne zu erlauben, daß er über diese Dinge ebenso dächte, redete und schriebe, wie sie selbst unter sich darüber redeten. Den gebildeten Mann wollten sie nicht betrügen, und der Pöbel las nicht.»[15]

Da im Bildschirmzeitalter bald auch nicht viel mehr gelesen wird als zu Machiavellis Zeiten, muß auch die Zerstörung der Universität nicht mehr verborgen werden. Für die Aufrechterhaltung des Scheins genügen Rektorenkonferenzen, Ministerkonferenzen der Länder und des Bundes, Worte der Landesväter. Es bleibt dabei: Für die Okkupation der Universitäten kann es nur Remedur geben durch Trennung. Fichte wußte in anderem Kontext zu sagen: «Irgendwo hat die Selbstsucht durch ihre vollständige Entwicklung sich selbst vernichtet, indem sie darüber ihr Selbst, und dessen Selbständigkeit, verloren.»[16] Ein wichtiger Fall, gewiß nur ein Fall, aber eben ein wichtiger, wurde nach Fichtes Aufstand der Abfall Heideggers.

Heideggers Beitrag zur Zerstörung der Universität ist bekanntlich nicht beschränkt auf *eine* Agitationsrede und auch nicht beschränkt auf seine verhängnisvolle ‹Führer›-Funktion bei der ‹Gleichschaltung› der badischen Universitäten.[17] Die Rektoratsrede ist nicht seine schlimmste Entgleisung. Heideggers Mitarbeit in der «Akademie für Deutsches Recht»[18], also *Un*recht, sowie in der NS-Kaderschmiede «Deutsche Hochschule für Politik»[19], einmal vereint mit Frank, Rosenberg und Streicher, das andere Mal mit Goebbels und Heß, Göring und Darré, Rosenberg und Schirach, gibt uns erst zureichenden Einblick in die Dimension des Heidegger-Faschismus. Nach langem Abwägen der Verhältnisse gehe ich heute davon aus, daß wir uns diese Dimension nur dann zureichend vergegenwärtigen, wenn wir den Schluß ziehen: Wäre die von Heidegger betriebene und auch noch nach seinem erzwungenen Rücktritt vom Rektorat fortgesetzte NS-Politik auf das dauernde Interesse der führenden NS-Mafia gestoßen,

[15] Ebd., S. 7 f.
[16] Ebd., S. 11.
[17] H. Ott: Martin Heidegger, S. 180–200.
[18] Ebd., S. 253. Ausführlich V. Farias: Heidegger und der Nationalsozialismus. Frankfurt/M. 1989, S. 277–280.
[19] V. Farias, S. 280–282.

so muß man sich im Falle Heideggers ernstlich eine NS-Karriere vorstellen, in deren Konsequenz Heidegger sehr gut in Nürnberg hätte gehenkt werden können. Ohne Kalkulation auch dieser Möglichkeit werden wir dem Ausmaß der von Heidegger über die Universität hinaus mitzuverantwortenden Zerstörung von vornherein nicht gerecht. Aber ich räume ein: Dieser Gedanke ist nun in der Tat schwer zu ertragen. Er muß freilich gegenwärtig bleiben.

Noch in der Rechtfertigungsschrift von 1945 stoßen wir auf bornierteste Parteianhängerschaft: «Mit der Übernahme des Rektorats hatte ich den Versuch gemacht, das Positive zu retten und zu läutern und zu festigen» (SU, S. 26). Heidegger hatte – zum Glück für ihn selbst – keinen Erfolg damit, deshalb Gelegenheit zur aufgezwungenen Distanz und so auch die Möglichkeit zu bedingter Distanzierung von einigen Primitivismen des NS-Systems. Die Primitivität seiner eigenen Anhängerschaft an den ‹Führer› hat er sich selbst aber niemals ungeschützt eingestehen mögen.

Der philosophisch-politische Ästhetizismus Heideggers hat über den Tag hinaus bewirkt, daß ‹neben› der Zerstörung der Universität auch das Vertrauen in die Möglichkeiten der Philosophie selbst gründlich erschüttert wurde und erschüttert bleibt, ein Zutrauen, daß die Philosophie dazu befähigt sei, zur vernünftigen Formation der Gesellschaft beizutragen statt allein zu ihrer willkürlichen Deformation, ja Zerstörung selbst. Anders als die Spanne von Kant bis Hegel hatte die Zeit von Nietzsche zu Heidegger alles daran gesetzt, die Politik als *menschliche* Aufgabe zu verspielen, statt sie mit Kant und Fichte und Hegel erst als eine solche herzustellen. Gegenläufige Stimmen wurden erstickt, ihre Wortführer ins Exil gezwungen oder umgebracht. Am Ende dieser Entwicklung ereignet sich eine Gegenwart der Negation der Politik, welche in ihrer abschätzigen Verachtung des Menschen als Menschen dem Format der italienischen Renaissance nacheifert, nur daß die neuen Mittel weit fundamentaler sind. Die Politik ist zu einem ortslosen Geschehen durchaus in der ‹Heimatlosigkeit› geworden. Heidegger hat sich dem ein- und untergeordnet. Sein ‹Widerstand› beschränkt sich auf Randkorrekturen und Fußnoten. Auch für die europäische und speziell die deutsche Freiheitsbewegung 1989ff können daher von seinem Denken keine relevanten Impulse mehr ausgehen. Denn Heidegger hatte nicht nur Anteil an der Zerstörung der Universität, sondern mehr noch an der Zerstörung des Volkes. Noch 1945 konnte Heidegger den großen Abgang wagen und von der «Bewegung unserer Geschichte» sprechen, «deren Dimension die Deutschen auch jetzt noch nicht ahnen, nachdem die Katastrophe über sie hereingebrochen ist» (SU, S. 43). Nun ist dies nur der bekannte Jargon in der sog. Stunde Null, ‹geschicklich› überhöht. Daß die Katastrophe sich 1933 ereignete, unter allzu tätiger Mithilfe Heideggers, bleibt 1945 und danach eingehüllt ins Verschweigen. Speziell Heideggers Mitarbeit in der «Akademie für Deutsches Recht» und der «Deutschen Hochschule für Politik» ist eindeutige Zuarbeit zum deutschen Verbrechen und Zweiten Weltkrieg. Die Zerstörung des Volkes ist die Wahrheit der Zerstörung der Universität.

20. Deutschland als Totenland

«Deutschland als Totenland»? Auch dabei bleibt es, unangesehen auch noch der jüngsten Freiheitsbewegung und gerade mit dem Blick auf sie. Von Deutschland als Totenland ist gar kein Loskommen, und es wäre nur die Vollendung des Verhängnisses, wollte Restdeutschland davon loskommen wollen. Um dies anerkennen zu können, bedarf es freilich der Erinnerung an eine ganz andere Tradition als diejenige Heideggers. Sie ist 1940 und jedenfalls bis heute festgehalten in Benjamins *Engel der Geschichte*, welcher nicht genug angeführt werden kann:

> «Es gibt ein Bild von Klee, das Angelus Novus heißt. Ein Engel ist darauf dargestellt, der aussieht, als wäre er im Begriff, sich von etwas zu entfernen, worauf er starrt. Seine Augen sind aufgerissen, sein Mund steht offen, und seine Flügel sind ausgespannt. Der Engel der Geschichte muß so aussehen. Er hat das Antlitz der Vergangenheit zugewendet. Wo eine Kette von Begebenheiten vor *uns* erscheint, da sieht *er* eine einzige Katastrophe, die unablässig Trümmer auf Trümmer häuft und sie ihm vor die Füße schleudert. Er möchte wohl verweilen, die Toten wecken und das Zerschlagene zusammenfügen. Aber ein Sturm weht vom Paradiese her, der sich in seinen Flügeln verfangen hat und so stark ist, daß der Engel sie nicht mehr schließen kann. Dieser Sturm treibt ihn unaufhaltsam in die Zukunft, der er den Rücken kehrt, während der Trümmerhaufen vor ihm zum Himmel wächst. Das, was wir den Fortschritt nennen, ist *dieser* Sturm.»[20]

---

[20] W. Benjamin: 9. These *Über den Begriff der Geschichte*. Gesammelte Schriften I. 2. Hrsg. R. Tiedemann u. H. Schweppenhäuser. Frankfurt/M. 1974, S. 697f.

Deutschland als Totenland: Das meint einen Ort, an dem der bisherige Tod auf die Spitze getrieben ist in der Weise des neuen Tods und wo sich auch schon der neueste Tod auf das deutlichste angezeigt hat, also bis 1945 das Land des vollzogenen Genozids, bis 1989 das Land des präparierten Holozids. In diesem Land kann weder vergessen werden, welche Tode es bis 1945 zu verantworten hat, noch, welche Tode ihm jedenfalls bis 1989 angedroht waren, vor allem nicht, daß dies alles Folgen tumber Begeisterung für ‹das Volk› waren. ‹Das Volk› ist dabei auch von Heidegger von vornherein genommen als das Volk der ‹Einheimischen›. Wegen dieser Eigensinnigkeit gibt es dieses Volk heute auch nur noch als das der Reisenden und das der Zurückgebliebenen. Der Zusammenbau eines Restdeutschlands ändert nichts an Deutschland als Totenland. Denn das Totenland bleibt seine einzige Substanz. Ohnehin ist dies die europäische Auszeichnung Deutschlands, daß hier das Abendland schon einmal zum Ende gekommen ist: eine schwierige Auszeichnung.

Ich erinnere noch einmal an Heideggers Hervorhebung des ‹Seins zum Tode› in den «Beiträgen». «In der Ungewöhnlichkeit und Einzigartigkeit des Todes eröffnet sich» mit Heidegger «das Ungewöhnlichste in allem Seienden, das Seyn selbst, das als Befremdung west.»[21] Der Befremdung durch das Töten hatte Heidegger sich erfolgreich entzogen, nicht so aber können wir uns entziehen. Wir können sogar der Heideggerschen Wendung eine Pointe entlocken, die erkennen läßt, wie sehr der gewalttätige Tod, die Furie des Verschwindenlassens, die Homerische Ker es geworden ist, die Befremdung selbst ganz auf sich zu ziehen.

Hier hatte Herbert Marcuse (s. o. Kap. 6) schon für «Sein und Zeit» eine Brücke geschlagen, über die wir nicht gehen müssen und auch nicht sollten: Das Vorlaufen in den Tod war für Marcuse im Zuge einer allgemeinen abendländischen Ontologisierung des Todes «die jüngste und höchst passende Ermunterung zum Tod: genau zu der Zeit, als für die entsprechende Wirklichkeit des Todes die politischen Grundlagen gelegt wurden, für die Gaskammern und Konzentrationslager von Auschwitz, Buchenwald, Dachau, Bergen-Bel-

[21] M. Heidegger: Beiträge zur Philosophie. Gesamtausgabe 65, S. 283.

sen».[22] Die Konzeption des Vorlaufens in den Tod ist selbstverständlich keine Konzeption der Ermunterung zum Töten. Denn das hieße gerade, den Tod als Tod nicht ‹eigentlich› zulassen, sondern ihn zu besorgen, also als ein Zuhandenes zu nehmen. Heidegger hat sich gegen diese Deutung in § 53 von SZ zu Recht und entschieden verwahrt. Und doch ist Heidegger lebenslang von einem eigentümlichen *Weg*sehen vom Töten bestimmt, wie zuletzt in seiner Idyllisierung des Todes im Geviert des Seins erkennbar wurde. Marcuse hat überpointiert, was Heideggers Blindheit gerecht wird, nicht aber der Sache. Zu erinnern bleibt freilich, daß Heidegger mit seinem Aufrechnungsgeschäft im Briefwechsel mit Marcuse 1947/48 den Historikerstreit des Jahres 1986 vorausnimmt, wie Ott zu Recht vermerkt hat: «Auf die von Marcuse erhobenen Vorwürfe wegen des Genozids – berechtigte Vorwürfe, gesteht Heidegger ein, könne er ‹nur hinzufügen, daß statt ‚Juden' ‚Ostdeutsche' zu stehen hat und dann (alles, H. E.) genau so gilt für einen der Alliierten, mit dem Unterschied, daß alles, was seit 1945 geschieht, der Weltöffentlichkeit bekannt ist, während der blutige Terror der Nazis vor dem deutschen Volk tatsächlich geheimgehalten worden ist›.»[23] Die Dechiffrierung dieser Briefstelle ist übrigens auch deshalb leicht, weil es ein für Heidegger verräterisches ‹tatsächlich› enthält, wodurch gerade Heideggers ‹tatsächliche› Kenntnis angezeigt wird. (Es ist ein Skandal am Rande, daß und wie ausgerechnet Heidegger glauben machen will, von nichts gewußt zu haben.) Jedenfalls mußte die Kompensationsrechnung schlimmster Art, die Heidegger präsentierte, Marcuse zusätzlich sensibilisieren. In der Sache bleibt: Heidegger hatte indirekt der Heroisierung des Todes zugearbeitet, dem Kriegstod allemal, und es gehört zu den großen Unerträglichkeiten der Philosophiegeschichte des Alltags, sich vergegenwärtigen zu müssen, daß eine intellektuelle Elite noch unter den KZ-Opfern zuerst mit Heideggers ‹Sein zum Tode› vertraut gemacht war, um dann von einem Regime ermordet zu werden, dem Heidegger nicht unmaßgeblich diente. Angesichts der jedenfalls 1936/37 manifest werdenden Zerstörung Deutschlands als dessen Selbstzerstörung

[22] H. Marcuse: Die Ideologie des Todes, in: H. Ebeling (Hrsg.): Der Tod in der Moderne. Frankfurt/M. ²1984, S. 109.
[23] Brief Heideggers vom 20. 1. 1948, zitiert nach Ott, S. 186.

bleibt hier nur zu behalten, daß es offenbar ein sehr eigener ‹Pflicht›-Begriff ist, den Heidegger zu dieser Zeit für das Sein zum Tode und seinen Vollzug in Anspruch nimmt:

«Der Vollzug des Seins zum Tode ist nur den Denkern des anderen Anfangs eine Pflicht, aber jeder wesentliche Mensch unter den künftig schaffenden kann davon wissen.»[24]

Für die künftig Vernichtenden verstellte Heidegger den Blick, wie dies zur selben Zeit die Begegnung Löwiths mit Heidegger in Rom dokumentiert,[25] nachdem für Heidegger der politische In-den-Tod-Führer Hitler nun einmal zum *Gesetz* geworden war:

«Der Führer selbst und allein *ist* die heutige und künftige deutsche Wirklichkeit und ihr Gesetz.»[26]

Mit dem neuen Pflicht-Begriff Heideggers war bestenfalls ein NS-Staat zu machen, und so wurde ganz unkenntlich, in welchem positiv zu qualifizierenden Sinne der ‹Vollzug des Seins zum Tode› in der Tat Pflicht ist, nämlich zum Zwecke des vernünftigen Widerstands gegen den Tod. Der freilich war und blieb Heidegger fremd. Und Anteilnahme ex post gilt nur dem deutschen ‹Schicksal›.[27]

In einem Nachzugsgefecht ist gar noch einmal der Versuch unternommen worden, das entsetzende Wort Heideggers von «der inneren Wahrheit und Größe» *der* Bewegung zu einer Art Widerstandsdokument zu stilisieren. Ich gehe darauf ein, weil dabei erkennbar wird, worauf es in *Deutschland als Totenland* seit langem und immer wieder angelegt ist und zukünftig erst recht angelegt sein wird: auf die Verleugnung der Wahrheit. Wenn heute in Restdeutschland nach einer Identität gesucht wird, so kann diese Identität keinesfalls gefunden werden, wenn die uns bleibende Prämisse negiert wird, nämlich: Identifikation im Totenland. Nicht Heideggers notorische Retouchie-

[24] M. Heidegger: Beiträge. GA 65, S. 285.
[25] K. Löwith: Mein Leben in Deutschland vor und nach 1933. Ein Bericht. Stuttgart 1986, S. 56–59.
[26] M. Heidegger: Freiburger Aufruf an die Deutschen Studenten vom 3. 11. 1933, zitiert nach: B. Martin (Hrsg.): Martin Heidegger und das ‹Dritte Reich›. Ein Kompendium. Darmstadt 1989, S. 177.
[27] Vgl. R. Marten: Heideggers Geist, in: J. Altwegg (Hrsg.): Die Heidegger Kontroverse. Frankfurt/M. 1988, S. 230.

rungen und schon gar nicht die aufdringlichen Uminterpretationen der braven hinterbliebenen Heideggergetreuen sind als solche noch von größerer Bedeutung, wohl aber die Befreiung von der Realitätsverleugnung im Interesse einer unverstellten Zukunft. Ich lasse mich daher auf die folgende Quisquilie nur widerstrebend ein: Danach soll sich der NS-Lobesatz von 1935 mit der Ergänzung von 1953 nun in eine NS-Kritik von 1935 verwandeln, denn ‹Größe› sei ja ab 1936 kritisch zu verstehen. Lassen wir uns also noch einmal ein auf das,

«was Heidegger in seiner Vorlesung ‹Einführung in die Metaphysik›, gehalten im Sommer 1935 und veröffentlicht 1953, die ‹innere Wahrheit und Größe dieser Bewegung›, nämlich des ‹Nationalsozialismus›, genannt hat. Niemand, der die ‹Beiträge› gelesen hat, wird sagen können, daß der Begriff der ‹Quantität›, des ‹Riesenhaften› und somit der ‹Größe› hier positiv gebraucht würde. Diese Begriffe bezeichnen eben den Gigantismus der modernen, weltzerstörenden, seinsvergessenen, nihilistischen Technik. Und so erläutert es ja auch die Druckfassung von 1953 unmißverständlich. Die ‹Wahrheit und Größe› des ‹Nationalsozialismus› wird erläutert ‹mit der Begegnung der planetarisch bestimmten Technik und des neuzeitlichen Menschen›. Und eben so hat Heidegger, vielleicht noch nicht mit letzter Klarheit 1935, aber zunehmend klar ab 1936 den Nationalsozialismus erfahren».[28]

Im Rahmen der Manipulation mit Heidegger-Texten ist die angeführte Partie nicht einmalig, aber eines der Vorführstücke. Wir werden zunächst einiges zitieren müssen, was gesicherter Bestand ist und uns die Freiheit läßt, den Sachverhalt als solchen zu vergegenwärtigen. Zunächst die Heidegger-Stelle selbst:

«Mit dem Sein der Werte ist das Höchstmaß an Verwirrung und Entwurzelung erreicht. Da der Ausdruck ‹Wert› sich jedoch allmählich als abgegriffen ausnimmt, zumal er auch noch in der Wirtschaftslehre eine Rolle spielt, nennt man die Werte jetzt ‹Ganzheiten›. Aber mit diesem Titel haben nur die Buchstaben gewechselt. Allerdings wird an diesen Ganzheiten eher das sichtbar, was sie im Grunde sind, nämlich Halbheiten. Halbheiten aber sind im Bereich des Wesenhaften immer verhängnisvoller als das so sehr gefürchtete Nichts. Im Jahre 1928 erschien eine Gesamtbibliographie des Wertbegriffs I. Teil. Hier sind 661 Schriften über den Wertbegriff aufgeführt. Vermutlich sind es inzwischen tausend geworden. Dies alles nennt sich Philosophie. Was heute vollends als Philosophie des Nationalsozialismus herumgeboten wird, aber mit der inneren Wahrheit und Größe dieser Bewe-

---

[28] S. Vietta: Heideggers Kritik am Nationalsozialismus und an der Technik. Tübingen 1989, S. 91f.

gung (nämlich mit der Begegnung der planetarisch bestimmten Technik und des neuzeitlichen Menschen) nicht das Geringste zu tun hat, das macht seine Fischzüge in diesen trüben Gewässern der ‹Werte› und der ‹Ganzheiten›.»[29]

In der Vorbemerkung der zuerst 1953 publizierten Vorlesung vom Sommersemester 1935 heißt es: «Was in runden Klammern steht, ist gleichzeitig mit der Ausarbeitung geschrieben.» Die Explikation in unserem Klammertext ist freilich eindeutig erst spätere Zutat: Das ist dokumentiert durch zwei der drei Korrektoren von 1953, nämlich H. Buchner und R. Marten. Heidegger habe, angesprochen auf die Ungeheuerlichkeit des Haupttextes, sich in die Explikation durch den Klammertext geflüchtet.[30] Dieser Klammertext ist also ein Produkt von 1953.

In der Vorbemerkung hatte es zuvor geheißen: «Das Gesprochene spricht nicht mehr im Gedruckten. Zur Aushilfe sind *ohne inhaltliche Änderung* längere Sätze aufgelöst, der fortlaufende Text ist reicher gegliedert. Wiederholungen sind gestrichen, Versehen beseitigt, Ungenaues ist verdeutlicht.» Entsprechend ist nun auch im Haupttext selbst manipulativ eingegriffen worden. Auch dies ist dokumentiert: durch einen Hörer der damaligen Vorlesung, W. Bröcker. Heidegger habe gesprochen von «der inneren Wahrheit und Größe *der* Bewegung» (Hervorhebung H. E.),[31] also: sich identifizierend. Daraus wird dann 1953 der Schein einer Distanzierung. Der ganze Text kann aber genau dies überhaupt nicht leisten, auch nicht nach den beiden Eingriffen. Bei einer gewissen Sensibilität für den Duktus des Textes kann dies nicht weiter kontrovers sein. Pikant ist aber, daß Heidegger selbst sich in der 1953 anschließenden indirekten Kontroverse mit Habermas jeder Sensibilität im Umgang mit dem eigenen Text meinte entschlagen zu sollen.[32] Bedauerlicherweise setzt heute S. Vietta diese Linie fort.

---

[29] M. Heidegger: Einführung in die Metaphysik. Tübingen ^{2}1958, S. 151f.

[30] H. Buchner in: Erinnerung an Martin Heidegger. Hrsg. G. Neske. Pfullingen 1977, S. 49; R. Marten: Ein rassistisches Konzept von Humanität. Überlegungen zu Victor Farias' Heidegger-Buch und zum richtigen Umgang mit Heideggers Philosophie, in: Badische Zeitung 19./20.12.1987.

[31] Vgl. O. Pöggeler: Heideggers politisches Selbstverständnis, in: A. Gethmann-Siefert/ders.: Heidegger und die praktische Philosophie. Frankfurt/M. 1988, S. 59, Anm. 11.

[32] Ausführlich jetzt dokumentiert bei J. Habermas: Heidegger. Werk und Weltan-

Was aber ist der Fall? Ein durchaus Einfaches: Heidegger stellt 1935 klar, daß nur *er* es sei, der der «inneren Wahrheit und Größe der Bewegung» gerecht werden könne. Am affirmativen Charakter der Passage kann textintern kein Zweifel sein, schon wegen der Einheit der Verknüpfung von ‹innerer Wahrheit› und ‹Größe› nicht, deren ‹positiver› Stellenwert sprachlich fixiert ist: eben durch die Kopulation von ‹Größe› und ‹innerer Wahrheit›. Nun soll aber Zweifel aufkommen durch Heideggers ab 1936 beginnende Kritik am ‹Riesenhaften› des NS-Systems. Vietta subsumiert: «Niemand, der die ‹Beiträge› gelesen hat, wird sagen können, daß der Begriff der ‹Quantität›, des ‹Riesenhaften› und somit der ‹Größe› hier positiv gebraucht würde.» Leider folgt gar nicht, daß etwa auch die Seynsfügung der «Einfachheit und Größe» (BPh, S. 16) zum Quantum würde, noch folgt gar, daß solche Umkehrung für das Jahr 1935 gelten könnte. Mit derselben ‹Legitimation› könnte der nächste erklären, der mißbrauchte Platon am Schluß der Rektoratsrede von 1933, wonach gilt: «Alles Große steht im Sturm», sei auch nur richtig verstanden, läse man ‹Größe› quantitativ. Im Sinne solchen Textverständnisses sähen wir dann etwa einen riesigen Baukran im Orkan schwanken, weil nun einmal eine Technik-Kritik schon für das Jahr 1933 erwünscht wäre, oder wir hielten es mit der Genauigkeit dessen, der den britischen Hinweis, die Westdeutschen hätten einen «big chancellor», umgedreht wiedergibt mit der in der Tat überraschenden Nachricht einer ‹großen› westdeutschen Tageszeitung, sie hätten einen großen Kanzler.

Es ist interessant, daß Vietta des weiteren zu einem Hilfsargument greift, ebenfalls durch Heideggers eigene Strategie vorbereitet, wodurch die Operation nun in der Tat ‹fatal› wird. Das NS-System hat Anstoßcharakter für den Erkennenden, nämlich Einblick zu gewinnen in das, was dominant ist: das Gestell. «Diesen Erkenntnisanstoß in die offene Brutalität eines totalitären Willens- und Herrschaftssystems gegeben zu haben, macht die ‹Wahrheit und Größe› des Nationalsozialismus aus. Diese Bewegung zeigt etwas, verdeutlicht Grundzüge der modernen Seinsgeschichte selbst. Das ist ihre ‹Wahrheit und

---

schauung. Vorwort zu: V. Farias: Heidegger und der Nationalsozialismus. Frankfurt/M. 1989, S. 25f, S. 30–32, S. 398f.

Größe›: die ungeschminkte Eröffnung des Waltens eines totalen Nihilismus und einer gänzlichen ‹Seinsverlassenheit›.»[33] Das ist für Heideggers Selbstverständnis nicht falsch; in der Formulierung gewiß delikat, denn es scheinen beinahe die NS-Verbrechen begangen, damit der Philosoph zu seinen Gedanken kommen kann; es ist jedenfalls ein nochmaliges (und nun nur noch groteskes) Umbiegen der Zeitfolge: Der Heidegger von 1935, ein überzeugter Hitlerist, wird in all seiner Blindheit und Verblendung zum Seher. Er antizipiert auf wundersame Weise schon sich selbst. Cui bono?

Aus Heidegger bleiben Schlüsse zu ziehen, welche uns von Heidegger befreien, ohne daß Rabulistik uns den ‹anderen› Heidegger verstellte. Noch aus seiner gescheiterten Politik läßt sich ein Element bewahren: das der Auszeichnung der deutschen Verhältnisse. Aber diese Auszeichnung ist dann gerade eine frappant andere als die bei Heidegger, nämlich nur die Auszeichnung, einmal bis zum Äußersten der Selbstzerstörung gegangen zu sein. Die relevante europäische Auszeichnung Deutschlands besteht eben nur noch darin, daß *hier* das Abendland schon zum Totenland geworden ist. Deutschland hat durch die Tat bewiesen, was anderen nur Gegenstand der Reflexion war (so dem ‹postmodernen› Frankreich der 70er und 80er Jahre): Was es heißt, sich selbst wegzuwerfen. Restdeutschland ist heute erneut die Mitte Europas und der Ort der ‹Versammlung›, aber nicht, weil es geographisch in der Mitte liegt, und schon gar nicht, weil es ein Bankenzentrum ist und ein Wirtschaftsgigant, sondern weil es ein Tötungsgigant war.

Für wen Heideggers Heimat, nämlich die Landschaften Oberschwabens und des Badener Landes, selbst ‹Heimat› sind, dem ist erkenntlich, wie wenig gerade Heidegger in diese Landschaft paßt, welche – vorzüglich unter französischem Einfluß – dazu taugt, der Aufklärung das Wort zu reden und der Weltläufigkeit. Heidegger hat sich dagegen dem Wahrsetzen der politischen Wahrheit als ihrem Freisetzen entzogen zugunsten der Produktion einer Heimatlichkeit, die heute nur noch so interessant ist wie die Produktion Schwarzwälder Kuckucksuhren: Exportgut für Entwicklungsländer. Der Gedanke, der nach Europa zu exportieren war, konnte so unkenntlich

[33] Vietta, S. 92.

werden, nämlich ein *memento mori* unter Bedingungen des Gestells und genauer: des Gerüsts. Heidegger hat sich dagegen für die technische Abgleichung des Verbrechens entschieden. Genau dies ist aber heute die Sorge unter den Europäern, die Deutschen wären am Ende so wenig ‹in sich› gegangen wie Heidegger. Deshalb und planmäßig die Ausführung von Deutschland als Totenland, nämlich der projektierten falschen ‹Vollendung› des Abendlandes, und die Anzeige dessen, was eine *Kehre* sein kann, die *bei uns* ist und nicht *von uns* ablenkt.

Im 8. Hauptstück *Völker und Vaterländer* seiner Abhandlung «Jenseits von Gut und Böse» sucht Nietzsche vor einem Jahrhundert (1886) «versuchsweise den Europäer der Zukunft vorwegzunehmen», der schließlich bei «allen tieferen und umfänglicheren Menschen dieses Jahrhunderts»[34] ohnehin die Richtung vorgab. Anstelle «der krankhaften Entfremdung, welche der Nationalitäts-Wahnsinn zwischen den Völkern Europas gelegt hat und noch legt», setzt Nietzsche darauf, «daß *Europa eins werden will*»[35]. Überläßt man dagegen die Deutschen sich selbst und ihrem ‹Gemüt›, so sind und bleiben sie

«unfaßbarer, umfänglicher, widerspruchsvoller, unbekannter, unberechenbarer, überraschender, selbst erschrecklicher, als es andere Völker sich selber sind – sie entschlüpfen der *Definition* und sind damit schon die Verzweiflung der Franzosen».[36]

Seit Nietzsche und seiner grimmigen Kritik des Bismarck-Reichs haben die Deutschen an ihrer Definition gearbeitet, nämlich sich so wenig begrenzen lassen zu wollen, daß auf ihre vollständige Selbstentschränkung nur ihre radikale Fremdbeschränkung folgen konnte.[37] In ihrer neuen Freiheitsbewegung können sie aber nur dann zur Selbstdefinition gelangen und so auch für andere definierbar werden, wenn sie ihre eigene tödliche Tradition aufheben. Keine Aufhebung, sondern eine Durchstreichung und blanke Negation durch Verleugnung ist dagegen die Heideggersche Zutat von 1949:

---

[34] F. Nietzsche: Jenseits von Gut und Böse, Nr. 256.
[35] Ebd.
[36] Ebd., Nr. 244.
[37] H. Ebeling: Neue Reden an die Deutsche Nation? Vom Warencharakter des Todes. Freiburg/München 1984.

«Ackerbau ist jetzt motorisierte Ernährungsindustrie, im Wesen das Selbe wie die Fabrikation von Leichen in Gaskammern und Vernichtungslagern, das Selbe wie die Blockade und die Aushungerung von Ländern, das Selbe wie die Fabrikation von Wasserstoffbomben.»[38]

Dieser Einblick Heideggers ‹in das, was ist›, nämlich in: ‹Das Gestell›, ist die furchtbare Einsichtslosigkeit der Unbelehrten und offenbar Unbelehrbaren, vor der sich die europäischen Nachbarn Deutschlands und das amerikanische Judentum heute wieder zu fürchten beginnen, vom Staat Israel ganz zu schweigen. Dagegen setze ich die Anerkennung von Deutschland als Totenland, also die Aufbewahrung und das Gedächtnis der Toten, welches, verschwiegen oder laut, die einzige Chance einer ‹Kehre› von Bedeutung impliziert. Heideggers großsprecherische Deutschland-Phrasen, ungebrochen bis zum Ende des Zweiten Weltkriegs und versteckter auch noch danach, können dagegen vergessen werden. Denn für sie gilt doch nur, was Hölderlin in das «Nächste Beste» zurückgewiesen hatte:

«offen die Fenster des Himmels
Und freigelassen der Nachtgeist,
Der himmelstürmende, der hat unser Land
Beschwätzet, mit Sprachen viel, unbändigen, und
Den Schutt gewälzet
Bis diese Stunde.»[39]

1984 traf auf taube Ohren und ungläubige Gesichter, wer etwa schrieb: «Entgegen der landläufigen Auffassung vom *Nutzen* der Teilung Deutschlands für andere muß der überwältigende *Schaden* auch für andere sichtbar werden. Es muß für die anderen Nationen *gefährlicher* werden, mit einem geteilten Deutschland zu leben, als mit einem ungeteilten.»[40] Noch Anfang 1989 waren Reflexionen, wie ich sie etwa unter dem Titel «Das Land der möglichen Wiederkehr»[41] vortrug, nicht weniger befremdlich. 1990ff ist aber die Aufgabe womöglich nur noch die, die anderen vor den Deutschen zu schützen.

---

[38] Zitiert nach W. Schirmacher: Technik und Gelassenheit. Zeitkritik nach Heidegger. Freiburg/München 1983, S. 25.
[39] F. Hölderlin: Sämtliche Werke. Hrsg. F. Beißner. Frankfurt/M. 1961, S. 406.
[40] H. Ebeling: Neue Reden an die Deutsche Nation?, S. 96f.
[41] H. Ebeling: Ästhetik des Abschieds. Kritik der Moderne. Freiburg/München 1989, S. 159–161.

Der beste Schutz ist der, sie und zuvor uns selbst vor Heidegger zu schützen.

Heidegger hat sich geweigert, den Untergang Deutschlands zu teilen. Es war für ihn *kein* Untergang, daß Deutschland das deutsche und danach das europäische Judentum vernichtete oder in die Emigration trieb. Dies war und blieb nur eine Fußnote im Gestell. Über Planifikation wußte Heidegger so gut vorzutragen, weil er selbst einer der großen Planifikateure war. Mit der angemaßten Weite der Distanz zu allem Geschehen war und ist die bleibende Anmaßung verbunden, die tatsächliche Zerstörung Deutschlands, nämlich die Zerstörung seines moralischen Selbstbewußtseins[42] vor Hitler, unter Hitler und nach Hitler zur quantité négligeable erklären zu können, und das bei tätiger Mithilfe. Dagegen soll noch einmal festgehalten sein:

Deutschland bleibt ein zerstörtes Land, auch wenn es als Restdeutschland sich wieder zusammenfindet. Denn es ist ein ganz besonderes Totenland. Die Toten sind nicht nur unter der Erde, auch nicht nur dort, wo man ihnen mit Celan ein ‹Grab in den Lüften› geschaufelt hat. Die regierenden Toten sind die lebenden ohne Gedächtnis, ohne Schuldbewußtsein, ohne alles Bewußtsein von Bedeutung, die unbetroffenen Unbetreffbaren. Ihnen, denen die Vergangenheit gleich ist, gehört nach ihrem schalen Selbstverständnis die Zukunft. Mit derselben Gleichgültigkeit, mit der sie zuerst das europäische Judentum vernichtet haben, nachdem sie ganz Europa mit Krieg überzogen, ließen sie sich selbst spätestens in den 80ern für den Holozid präparieren. Der vollzogene Genozid gilt ihnen gleich viel wie der knapp gemiedene Holozid. Sie haben sich in ihre Nichtigkeit gefügt und sind – glücklich. An ihnen vollzieht sich, was Nietzsche antizipiert als den ‹Letzten Menschen›: «‹Wir haben das Glück erfunden› – sagen die letzten Menschen und blinzeln.»[43]

In das US-amerikanisch-europäische Gleichmaß muß man diese letzten Menschen nicht bringen, denn dort sind sie schon angekommen, freilich um den Preis der Selbstaufgabe. Warum aber die Her-

---

[42] Zerstörung des moralischen Selbstbewußtseins: Chance oder Gefährdung? Praktische Philosophie in Deutschland nach dem Nationalsozialismus. Hrsg. Forum für Philosophie Bad Homburg. Frankfurt/M. 1988.

[43] F. Nietzsche: Also sprach Zarathustra, in: ders.: Werke in drei Bänden. Hrsg. K. Schlechta. Darmstadt ^{2}1960, II, S. 285.

stellung von Restdeutschland, wenn auch das restliche Europa sich nur im Glück der letzten Menschen konsolidieren will? Mit einem der Geschlagenen, mit Walter Benjamin, bleibt dagegenzuhalten die anamnetische Solidarität mit den Geschlagenen. Und die Anamnesis bleibt zu praktizieren als die Gegenwart und vorzüglich als Pro-gnostik. Das ‹Sein zum Tode› verliert dabei beinahe alle Bedeutung als bloß individuelle Selbstbekümmerung und gewinnt die Weite zurück, die es in der Antike haben konnte und auch im ‹christlichen Abendland›: als das Kommune Stiftende. Das kollektive Sein zum Tode ist freilich vorzüglich den Deutschen zuzumuten. Sie haben sich in dem Jahrhundert seit Nietzsche im Suizid, Genozid und Holozid geübt. Sie kennen sich exzeptionell aus im Töten. Sie *sollen* sich exzeptionell auskennen im Sein zum Tode, und zwar aus der Pflicht zum vernünftigen Widerstand *gegen* den Tod. Dieser Vollzug des Seins zum Tode ist damit radikal getrennt vom Heideggerschen Vollzug, und er kommt doch insofern noch mit Heidegger überein, als beide Male sich die Umkehr *aus* einem Sein zum Tode ereignet. Bei Heidegger ist es freilich nur um das Hinnehmen der Endlichkeit zu tun; uns muß es aber darum gehen, die Endlichkeit qua Machbarkeit des Todes zu konterkarieren. Der Tod, der ein Meister aus Deutschland ist, ist die erste Erfahrungsquelle für die Identifikation der Deutschen. Seine Konterkarierung macht aus den Deutschen wünschenswerte Europäer.

Der imperiale Gestus Heideggers taugt gerade dazu nicht. Nach dem Verbrauch des Willens zur Macht in der Selbstzerstörung ist gerade die Heideggersche ‹Gelassenheit› kein Übergang zum Frieden, sondern nach den Zeiten des Auftrumpfens nur Indikator neuer Indifferenz. Überprüfen wir aber vorsorglich ein letztes Mal, ob Heidegger nicht doch ‹Recht› haben könnte mit der kalten Bremer Notiz, die deshalb noch einmal aufgeführt sei:

«Ackerbau ist jetzt motorisierte Ernährungsindustrie, im Wesen das Selbe wie die Fabrikation von Leichen in Gaskammern und Vernichtungslagern, das Selbe wie die Blockade und die Aushungerung von Ländern, das Selbe wie die Fabrikation von Wasserstoffbomben.»

Bevor gefordert wird, ist es angebracht, erst einmal festzustellen, was ist. Klinken wir also den praktischen Parameter der Richtigkeit des Handelns gegen allen inneren Widerstand mit Heidegger aus, sofern dies leistbar ist. Es gehe also nur um die Rekonstruktion von

Begebenheiten und ihre sinnvolle Konstruktion, ‹Zusammenfügung› unter einem sinnvoll vereinigenden Aspekt. Wir können uns auch so der Nichtigkeit der Heideggerschen Gleichordnung als Gleichmacherei versichern:

Zunächst bleibt eine *strategische* ‹Rationalität› für sich zu behalten, deren Virulenz spätestens seit Thukydides vertraut ist. Blockadepolitik und Aushungerungsstrategie gehören seit den Anfängen zum Kriegs-‹*Handwerk*›. Ihnen sind von Heidegger gleichgeordnet der *instrumentell* perfekte Genozid und die instrumentell perfekte Vorbereitung des Holozids sowie die instrumentell perfektionierte Verwüstung der Erde mit scheinbar friedlicheren Mitteln. Heidegger schüttet die strategischen und die instrumentellen Potentiale unterschiedslos zusammen. Dadurch wird ein weiteres Rationalitätspotential erkennbar: das der ermöglichenden *demagogischen* ‹Vernunft›. Sie erlaubt erst die Zusammenschüttung. Die demagogische ‹Vernunft› unterscheidet sich von der strategischen dadurch, daß diese auf die Vernunft des Gegners setzt, jene auf seine Unvernunft. Strategische Vernunft ist Voraussetzung für ‹vernünftiges› Schachspiel. Der Gegner ist als kundig und wendig zu antizipieren. Demagogische ‹Vernunft› ist Voraussetzung für politische Verführungskunst. Das zu kassierende Volk ist zu nehmen als eines, das mit falscher Auszeichnung zufrieden ist. So ist Hitler mit dem deutschen Volk verfahren. Der spätere Heidegger wieder verschafft seinem Leser gern ein Gefühl der Befriedigung, das der Orgiastik seiner politischen Reden von 1933 nahekommt. Es ist das Gefühl erneut des überlegenen Standpunkts, etwas für Opiumraucher. Bei sehr hoher ‹Abstraktion› verschwimmen die Unterschiede. Sie *sollen* es auch. Das ist der geheime Imperativ der demagogischen ‹Vernunft›. Nach der demagogischen Stimulation zum deutschen Faschismus folgt bei Heidegger die nicht weniger demagogische Stimulation zum Unbetroffensein vom deutschen Faschismus.

Unter der Prämisse, daß mit der instrumentellen (bzw. funktionalistischen), strategischen und demagogischen ‹Vernunft›, die alle diesen Titel eigentlich nicht verdienen, da sie nur Verstandespotentiale sind, das gesamte Rationalitätspotential ausgeschöpft ist, hat Heidegger mit seiner Konstruktion der Gleichordnung *Erfolg*. Und die Wirksamkeit seiner ‹Deutung› ist gar nicht umstritten: Es ist genau diejenige Deutung, die Deutschland als Totenland verstellt. Mit dem

Prozeß der Herstellung von Restdeutschland wird, so steht zu besorgen, gerade die Heideggersche Deutung erst ihre volle Wirksamkeit entfalten. Denn nicht Aufklärung wird erwünscht sein, sondern weitere Verdunklung. Die Verschleierung des Totenlands ist angesagt. Schon lange fordert man uns auf, endlich ‹aus dem Schatten der Vergangenheit› herauszutreten, also aus unserem eigenen Schatten. Das ist leistbar – um den Preis der totalen Verdunklung. Heideggers Einebnung arbeitet dem zu. Philosophie verkommt freilich dadurch zur Kosmetik. Und es handelt sich bei der Bremer Notiz denn auch um eine kosmetische Operation, nicht nur vergleichbar, sondern verwandt mit den Werbefeldzügen der Wirtschaft. Gilt die Heideggersche Prämisse von 1949, dann wird freilich Restdeutschland keine Identität mehr gewinnen. Damit wäre das Erbe dauerhaft verspielt, und der deutsche Faschismus hätte das deutsche Volk endgültig besiegt. Auch ‹Inländer› könnten dann in Restdeutschland nur ‹Ausländer› sein: nach Etablierung der letzten Vernunftvergessenheit.

Der Engel der Geschichte, den Klee und Benjamin gezeichnet haben, mag uns dagegen belehren, daß Identität nur zu gewinnen ist, wenn überhaupt, aus der Anerkennung derer, denen alles und auch noch die Identität genommen wurde. 1933 und unverrückt in die Zukunft liest sich der ‹Engel der Geschichte› als Agesilaus Santander (Angelus Satanas) so:

«Als ich geboren wurde, kam meinen Eltern der Gedanke, ich könnte vielleicht Schriftsteller werden. Dann sei es gut, wenn nicht gleich jeder merke, daß ich Jude sei. Darum gaben sie mir außer meinem Rufnamen noch zwei weitere, ausgefallene, an denen man weder sehen konnte, daß ein Jude sie trug, noch daß sie ihm als Vornamen gehörten. Weitblickender konnte vor vierzig Jahren ein Elternpaar sich nicht erweisen. Was es nur entfernt für möglich hielt, ist eingetroffen. Nur die Vorkehrungen, mit denen es hatte dem Schicksal begegnen wollen, setzte der, den es betraf, beiseite. Anstatt ihn nämlich mit den Schriften, die er verfaßte, öffentlich zu machen, hielt er es wie die Juden mit dem zusätzlichen ihrer Kinder, der geheim verbleibt. Ja diesen selber teilen sie ihnen erst mit, wenn sie mannbar werden. Weil sich nun aber dieses Mannbarwerden im Leben mehr als einmal ereignen kann, vielleicht auch der geheime Name gleich und unverwandelt nur dem Frommen bleibt, so kann dem, der es nicht ist, dessen Wandel sich wohl mit einem neuen Mannbarwerden mit einem Schlage offenbaren. So mir. Er bleibt darum nicht minder der Name, der die Lebenskräfte in der strengsten Bindung aneinanderschließt und vor den Unberufenen zu hüten ist.

Doch keineswegs ist dieser Name eine Bereicherung dessen, den er nennt. Im Gegenteil, von dessen Bild fällt vieles ab, wenn er laut wird. Es verliert vor allem die Gabe, menschenähnlich zu erscheinen. Im Zimmer, das ich in Berlin bewohnte, hat jener, ehe er aus meinem Namen gerüstet und geschient ans Licht trat, sein Bild an der Wand befestigt: Neuer Engel. Die Kabbala erzählt, daß Gott in jedem Nu eine Unzahl neuer Engel schafft, die jeder nur bestimmt sind, ehe sie ins Nichts zergehen, einen Augenblick das Lob von Gott vor seinem Thron zu singen. Als solchen Engel gab der Neue sich aus, ehe er sich nennen wollte. Nur fürchte ich, daß ich ihn ungebührlich lange seiner Hymne entzogen habe. Im Übrigen hat er mir das entgolten. Indem er nämlich sich den Umstand zunutze machte, daß ich unterm Saturn zur Welt kam – dem Gestirn der langsamsten Umdrehung, dem Planeten der Umwege und der Verspätungen – schickte er seine weibliche Gestalt der männlichen im Bilde auf dem längsten verhängnisvollsten Umweg nach, obschon doch beide einmal – nur kannten sie einander nicht, aufs innigste benachbart gewesen waren.

Er wußte vielleicht nicht, daß sich die Stärke dessen, den er so treffen wollte, derart am besten zeigen konnte: nämlich wartend. Wo dieser Mann auf eine Frau stieß, die ihn bannte, war er unversehens entschlossen, auf ihrem Lebensweg sich auf die Lauer zu legen und zu warten, bis sie krank, gealtert, in zerschlissenen Kleidern ihm in die Hände fiele. Kurz, mit nichts war die Geduld des Mannes zu entkräften. Und ihre Schwingen ähnelten den Schwingen des Engels darin, daß sehr wenige Stöße ihnen genügten, um sich lange unverrückbar im Angesichte dessen zu erhalten, von dem er nicht mehr zu lassen entschlossen war.

Der Engel aber ähnelt allem, wovon ich mich habe trennen müssen: den Menschen und zumal den Dingen. In den Dingen, die ich nicht mehr habe, haust er. Er macht sie durchsichtig, und hinter jedem erscheint mir der, welchem sie zugedacht sind. Darum bin ich von niemandem im Schenken zu übertreffen. Ja, vielleicht war der Engel angelockt von einem Schenkenden, der leer ausgeht. Denn auch er selbst, der Klauen hat und spitze, ja messerscharfe Schwingen, macht keine Miene, auf den, der gesichtet hat, zu stürzen. Er faßt ihn fest ins Auge – lange Zeit, dann weicht er stoßweis, aber unerbittlich zurück. Warum? Um ihn sich nachzuziehen, auf jenem Wege in die Zukunft, auf dem er kam und den er so gut kennt, daß er ihn durchmißt ohne sich zu wenden und den, den er gewählt hat, aus dem Blick zu lassen. Er will das Glück: den Widerstreit, in dem die Verzückung des Einmaligen, Neuen, noch Ungelebten mit jener Seligkeit des Nocheinmal, des Wiederhabens, des Gelebten liegt. Darum hat er auf keinem Weg Neues zu hoffen als auf dem der Heimkehr, wenn er einen neuen Menschen mit sich nimmt. So wie ich, kaum daß ich zum ersten Male dich gesehen hatte, mit dir dahin zurückfuhr, woher ich kam.»[44]

[44] W. Benjamin: Agesilaus Santander. Endgültige Version. Aufzeichnung 13.8.1933, zitiert nach G. Scholem: Walter Benjamin und sein Engel, in: S. Unseld (Hrsg.): Zur Aktualität Walter Benjamins. Frankfurt/M. 1972, S. 100–102.

Wenn wir heute Walter Benjamin *und* Martin Heidegger gleichermaßen in das Gedächtnis der Toten einbeziehen, dann nicht, um den Unterschied der Opfer und Täter zu verwischen, sondern um die einzige Chance wachzuhalten, nach der Zerstörung der Politik in Deutschland nicht in ein allgemeines Vergessen überzugehen. Es bleiben durchaus nachfolgende Generationen zu vergegenwärtigen, denen der Engel der Geschichte noch fremder werden könnte als das sog. Seinsgeschick. Die absehbare Pointe Restdeutschlands ist heute das geschäftig-geschichtslose Fortexistieren. Auch und gerade Heidegger zu erinnern, ist hiergegen dienlich. Identität aber, es sei wiederholt, ist nur möglich aus der Erinnerung der Opfer. Die Zerstörung der Politik, weil aller Gemeinsamkeit, ist freilich so tiefgreifend, daß zu fürchten steht, auch diese Möglichkeit sei schon vertan.

ANHANG II

DIE TRANSFORMATION DER PHILOSOPHIE

Während Heideggers Philosophie zu einem erheblichen Teil nicht rational rekonstruktionsfähig ist und sich als Ideologie gegen Einrede wie Zuspruch immunisiert, bleibt für weite Partien nur die Entschiedenheit des Widerspruchs und der Widerlegung, schließlich aber auch die Möglichkeit der Transformation einiger tragender Theorieelemente. Hier ragen heraus das Existenzbewußtsein in SZ und das Technikbewußtsein des späteren Heidegger. Beide Konzeptionen sind integrationsfähig in eine revidierte Subjekttheorie, ja, wie noch anzuzeigen bleibt, ohne beide Konzeptionen ist die erforderliche Revision der Subjekttheorie nicht leistbar. Es bleiben deshalb mindestens Heideggers Konzeption des Daseins und seine Konzeption des Gestells in die Subjekttheorie zu transportieren, was freilich erhebliche Transformationen voraussetzt. Beide Stränge, den Weg vom Dasein zum bewußten Sein (Kap. 21) und den Weg vom Gestell zum Gerüst (Kap. 22), kann ich hier nur in ihren Grundlinien andeuten. Es kann aber dabei zugänglich werden, wie sehr Heideggers Philosophie trotz der unermeßlichen Schrecken seiner Politik die Zukunft theoretischer wie praktischer Selbstverständigung noch mitbestimmen muß. Wäre es anders, so wäre nichts an ihm. Es ist aber inzwischen auch zugänglich geworden, weshalb die Anerkennung Heideggers immer im Unterschied zur Anerkennung Wittgensteins oder etwa Adornos, ganz zu schweigen von den Großen wie Kant oder Hegel, niemals mehr die ungetrübte Anerkennung einer nach vorne weisenden Leistung sein kann. Zu Heidegger wird das Verhältnis immer mindestens so gebrochen sein müssen wie zu Nietzsche oder zu Marx, da nun einmal die politischen Implikationen der Heideggerschen Philosophie nicht erträglich sind. Am vorläufigen Ende der Schrecken unseres Jahrhunderts mag aber der Theorie und so vorzüglich der Philosophie noch einmal eine Pause des Überdenkens vergönnt sein, die es erlaubt, von Heidegger mitzuführen, was mit auf die Reise gehört, wenn wir denn noch nicht alle Hoffnung auf ‹Verbesserung der Menschheit› aufgeben dürfen.

21. Vom Dasein zum bewußten Sein

Heideggers Existentialanalytik war im Gegenzug gegen die klassische Subjekttheorie qua Bewußtseinstheorie entworfen. Der andere Angriff auf die Bewußtseinstheorie war derjenige Wittgensteins. Heute gilt für viele als ausgemacht, daß das sog. Paradigma der Sprache den Sieg davongetragen hat. Die der Sache nach konkurrenzlose Bedeutung des bewußten Seins ist durch zwei Konkurrenten so radikal in Frage gestellt, daß die Subjekttheorie für obsolet genommen werden könnte. Das ist sie nun eben nicht. Sie ist nur vorzeitig hervorgetreten und von Heidegger und Wittgenstein deshalb auch nur vorzeitig verworfen worden. Im Zuge des faktischen Erfolgs der Sprachpragmatik ist die Existentialanalytik prinzipiell ins Vergessen abgedrängt. Das hat einen einfachen Grund: Sie war gerade, der Bewußtseinstheorie analog, den kriteriellen Ausweis der *Inter*subjektivität, genauer: *Trans*subjektivität ebenso schuldig geblieben. Es wurde deshalb erforderlich, sie als Existential*pragmatik* überhaupt erst auf die Augenhöhe der Sprachpragmatik zu bringen. Erst dann ist sie konkurrenzfähig. Aber diese Konkurrenz ist vor allem geboten, um die erforderliche Erneuerung der Subjekttheorie selbst leisten zu können. Gegen Heidegger, der den Weg vom Bewußtsein zum Dasein gegangen war, ergibt sich uns gerade die Notwendigkeit, vom Dasein zum bewußten Sein zu gelangen, und zwar auf einem Weg, der keineswegs primär der einer Rückkehr zur klassischen Subjekttheorie ist, vielmehr allererst ein ‹Subjekt› zugänglich machen kann, und das ist nur möglich nach dem Durchgang durch die Paradigmen der Existenz wie der Sprache.

Was es heißt, Heideggers Existentialanalytik aufzubewahren, sie also nur in einem Teil zu negieren, einen wesentlichen Impuls ihrer Leistungskraft aber gerade zu transferieren, ist hier anzeigbar durch Hinweise auf eine existentialpragmatische Fundierung von Dasein. Eine Analytik der Existenz erweist sich dann als eine Analytik immer schon pragmatisch verfaßter Existenz. Und was ist das Pragma der Existenz? Nicht etwa seine – immer nur sekundäre – Verflochtenheit in einen Zeugzusammenhang der Bewandtnis des Zuhandenen, sondern seine Verflechtung mit anderen Existenzsubjekten. Hier hatte Heidegger nur für die Uneigentlichkeit des Verkehrs eine Ausarbeitung erreichen können, und zwar wegen der strikt monadologischen Verfassung eigentlicher Existenz, die in ihrer Fenster- und Durchblickslosigkeit freilich anders als eine Leibnizsche Monade auch noch auf jede Weise prästabilisierter Harmonie hatte verzichten müssen. Unter den ‹Eigentlichen› herrschte faktisch Verkehrslosigkeit – trotz gelegentlicher gegenläufiger formaler Anzeigen bei Heidegger. Statt hier die durchaus erforderliche Analytik möglicher ‹eigentlicher› Verkehrsform näher zu entwickeln, will ich die Prämissen dafür vorstellen, nämlich einen Satz existentialpragmatischer Grundentscheidungen, die jeder möglichen Verkehrsform, gleich, ob wir sie nun als ‹eigentlich› oder als ‹uneigentlich› qualifizieren können, zugrunde liegen. Durch sie kann sich auch erst bewähren, als was es Existenzsubjekte gibt. In der Heideggerschen Verkürzung waren sie dagegen immer notwendig unterbestimmt geblieben, weil ohne alle andere Freiheit als die zum einbindenden Tod und zur Willkür der Übernahme nicht näher auszeichenbarer Tradition dieser oder jener Provenienz.

Heidegger hatte die Existenz als Freiheit zum Tode dem Tode immer nur hinterherhinken lassen und sie in der Übernahme eines Erbes immer nur als anarchische Willkürfreiheit vortragen können. Daß es mit der Freiheit der Existenzsubjekte durchaus anders steht, wird erkennbar, wenn wir uns auf die drei Grundzüge einer Existentialpragmatik einlassen, nämlich auf (1) die Existentialgenetik, (2) die Existentialerotik und (3) die Existentialpolemik. Aus Gründen der besseren Verständlichkeit knüpfe ich bei (1) an Platon und Fichte an, bei (2) an Schopenhauer, bei (3) an Hegel. Einzige Aufgabe einer Existentialpragmatik ist es dabei, diejenigen Intersubjektivitätsstrukturen zu rekonstruieren, die den ersten Existenzentscheiden des Subjekts immer schon zugrunde liegen, und dabei zu zeigen, daß und wie erste Existenzentscheide der Einzelnheit des Subjekts solche der Gemeinsamkeit der Subjekte sind, und dies gerade auch noch dann, wenn durch die Existenzentscheide des Einzelnen das allgemeine Interesse konterkariert würde. Die existentiale Genetik hat dabei den quasitranszendentalen Gehalt der *Selbst*setzung des einzelnen Existenzsubjekts zur Aufgabe, die existentiale Erotik den der *Fort*setzung von

Existenzsubjekten, die existentiale Polemik den der *Mit*setzung aller Existenzsubjekte. Und mit allen dreien geht zugleich die Möglichkeit einer radikalen Negation einher.

(1) Die *Existentialgenetik* ist zunächst dasjenige Theoriestück, das den rationalen Gehalt eines alten Mythos expliziert und damit auch einer Denkfigur Heideggers selbst, nämlich derjenigen der Selbstübernahme der Existenz. Noch bei Platon ist dieser Mythos wach, und seine Übersetzung in eine Rationalfigur gibt uns heute noch zu schaffen. Vor allem: das erkennende Hinnehmen dessen, warum zur Existentialität Suizidalität gehört. Die Möglichkeit des Suizids ist nämlich schon an ihr selbst zugleich die Möglichkeit der Selbstsetzung. Die Existentialgenetik ist damit vorzüglich Theorie der Möglichkeit der Selbstsetzung des Existenzsubjekts als eines Subjekts der Kommunikation.

Welches sind die lange mitgetragenen, von Heidegger nur noch in einer noch dazu lediglich rhetorischen Frage der Abwehr mitgeführten Hintergründe? Die kollektiven Untergründe der Existierkunst selbst, die so erhellt werden sollen, daß sie tragfähig werden und nicht bloße Abgründe bleiben. «Hat je Dasein als es selbst frei darüber entschieden, und wird es je darüber entscheiden können, ob es ins ‹Dasein› kommen will oder nicht?» (SZ, S. 228, dort kursiv). Es ist angesichts der genetischen Bedingtheit der Existenz geläufig, daß von einer Entscheidung und gar noch einer ‹freien› hier offenbar keine Rede sein kann. Auch Platon ist das geläufig, wenn er gleichwohl im X. Buch der «Politeia» vor die Töchter der Notwendigkeit führen läßt:

«Sie sängen zur Harmonie der Sirenen, und zwar künde Lachesis die Vergangenheit, Klotho die Gegenwart und Atropos die Zukunft. Klotho berühre dann und wann mit der Rechten den äußern Rand der Spindel und helfe dem Umschwung nach, Atropos mache es mit der Linken ebenso an den inneren Kreisen, Lachesis aber berühre abwechselnd mit beiden Händen bald das Innere, bald das Äußere. Nachdem sie nun dort angekommen wären, hätten sie sogleich zu Lachesis gehen müssen. Ein Prophet habe sie zuerst ordentlich aufgestellt, dann habe er aus dem Schoß der Lachesis Lose und Muster von Lebensweisen genommen, sei auf eine hohe Bühne gestiegen und habe gesagt: ‹Rede der Jungfrau Lachesis, der Tochter der Notwendigkeit. Eintagsseelen! Das ist der Beginn eines neuen todbringenden Umlaufs für das sterbliche Geschlecht. Nicht euch wird ein Dämon erlosen, sondern ihr werdet euch einen Dämon wählen. Wer das erste Los erhält, der soll als erster sich die Lebensweise wählen, bei der er notwendig beharren wird. Die Tüchtigkeit aber ist herrenlos; je nachdem ein jeder sie ehrt oder mißachtet, wird er mehr oder weniger von ihr empfangen. Die Schuld liegt bei dem, der gewählt hat; Gott ist schuldlos.›»[1]

Der ‹Dämon›, der göttliche Lebensführer, ausgewählt von den Sterblichen, ist damit von der Verantwortung für den Führungszwang entlastet – aber auch die Sterblichen selbst sind durch Platon entlastet: Sie sind nämlich nun befähigt zur Identifikation mit einem Lebenslauf, der ohne Murren hinzunehmen ist, Selbstzweifel an der getroffenen Wahl beiseite gesetzt und die Möglichkeit einer Korrektur bei der nächsten Wahl (in einem orientalischen Zyklus von 1000 Jahren). Das Motiv hat seither die Literatur fasziniert, während die Philosophie Abschied nehmen mußte von solchen ‹Lösungen›, die offenbar keine mehr sind. Das metaphysische Konstrukt der pränatalen Selbstwahl wiederholt und überhöht die Identifikation mit den Erzeugern und Austragenden. Die ‹unfreiwillige› Einverleibung wird zur selbsttätig gewollten, die Faktizität der Genesis kontrafaktisch überspielt, ja der Tendenz nach eliminiert.

In der Moderne wird eine andere Möglichkeit der Kontrafaktizität virulent, die freilich de facto auch in der Antike vorbereitet ist, dort aber gleichwohl keine eigentliche Relevanz gewinnt, weil sie gerade nicht subjekttheoretisch als Möglichkeit der *Selbst*bestimmung erfahren ist: die Negation des Suizids. Und damit ist erst das eigentliche Thema einer Existentialgenetik gegenwärtig: die Möglichkeit und auch schon Notwendigkeit, die erste Existenzantwort auf den unerträglichen *Last*charakter des Existierens noch einmal aufzuheben und so in einer besonderen Negation der Negation nicht Hegelschen, sondern Fichteschen Typus sich selbst zu setzen. Fichte ist es nämlich als erstem gelungen, ‹Selbsterhaltung› so auf den Begriff zu bringen, daß seither eine Verwechslung ‹menschlicher› Selbstbestimmung und ‹unmenschlicher› Selbstbehauptung in der Gemeinschaft Argumentierender nicht mehr möglich ist, weil dann allein eine Kommunikationsgemeinschaft der Gewalt anerkannt bliebe und so auch gar nicht zugänglich würde, was Suizid heißt und seine Negation ermöglicht: die tatsächliche Aneignung der eigenen Genesis: nicht durch mythische Annäherung, sondern durch beständige

---

[1] Platon: Der Staat. 617 c–e. Übers. O. Apelt. Hamburg [10]1979, S. 418f.

Handlung. Fichtes Formel lautet: Selbsterhaltung ist «Oberherrschaft des Begriffs selbst über den Begriff»[2]. Sie ist damit ein Ergebnis, eine Leistung, und zwar der Transformation der eigenen Genesis. Selbsterhaltung als die der Erhaltung der gemeinsam geteilten Vernunft ist notorisch der Gefahr möglicher Selbstvernichtung ausgesetzt als einer ausgezeichneten Möglichkeit der «Oberherrschaft des Begriffs über die Natur»[3]. Selbsterhaltung als Akt menschlicher Selbstbestimmung bekommt eben diese Oberherrschaft in den Griff und ist deshalb «Oberherrschaft des Begriffs selbst über den Begriff».

Damit wird ein existentialgenetisches Selbstverhältnis zugänglich, mit dem eigenen Existieren als eigenem einen ‹wahren› Anfang zu machen. Dergleichen vollzieht sich gerade nicht durch blankes Vorlaufen in einen doch bloß überkommenden Tod, also in eine Faktizität der Zukunft, die dann auf die Faktizität einer Überlieferung zurückwürfe und die Übernahme eines Erbes erlaubte, sondern das *Selbst*verhältnis ist gerade eine Antwort auf die *Fremd*setzung des Existierens, und zwar durch in der Tat eigene, also erhandelte Setzung seiner selbst. Das nächstliegende tätige Selbstverhältnis als Antwort auf die Fremdbestimmtheit ist die äußerste Distanzierung alles Gewordenen in der Möglichkeit des Suizids. Erst und nur die Suizidalität erlaubt einen ‹freien› Einsprung ins Existieren, das als ‹freiwillig› übernommenes eigener Grund aller Überlieferbarkeit wird. Die Suizidalität als bloße Möglichkeit des Suizids ist die Voraussetzung dafür, daß die Existenz als Existenz zu sich kommen kann, nämlich in der Weise der Verwerfung dieser Möglichkeit. Erst damit fängt die Existenz an, *selbst* zu existieren, indem sie einen selbst setzbaren Tod ihrer selbst negiert. Das Existieren wird erst zum Selbstverhältnis als die Negation einer Negation, nämlich Verneinung der Selbstverneinung im Suizid.

Mit diesem Sachverhalt war jedenfalls Nietzsche vertraut, unabhängig von dem schwer erträglichen Pathos des Zarathustra und doch nicht ohne einige Ironie: «Wahrlich, nicht will ich den Seildre-

---

[2] J. G. Fichte: Das System der Sittenlehre nach den Prinzipien der Wissenschaftslehre. § 20. I. Hrsg. M. Zahn. Hamburg 1963, S. 265.

[3] Ebd., S. 264.

hern gleichen: sie ziehen ihren Faden in die Länge und gehen dabei selber immer rückwärts.»[4] Nietzsches dagegengesetzte eigene Existenz als Existierleistung ist quasi die anarchische Entsprechung zu der vernünftigen Tat der Selbsterhaltung im Sinne Fichtes. Heidegger hat wohl einmal 1935 im Anschluß an Sophokles die Suizidalität als «die unheimlichste Möglichkeit des Daseins» benannt,[5] sich aber der existentialgenetischen Wende der Vernunft im Sinne Fichtes auf Dauer entzogen und in «Sein und Zeit» selbst sogar noch die Möglichkeit einer solchen Wende geradezu systematisch verbaut – durch Abdrängen des Suizids in eine quasi-erkenntnistheoretische Fragestellung (§ 44c). Hierbei bleibt ihm freilich auch die Besorgnis zu unterstellen, bei einer anderen Deutung des Suizids aufgerieben zu werden zwischen dem Einwand der Verkennung einer im Regelfall nur außengesteuerten Tat und dem Habitus der ‹Entrüsteten›, wer den Suizid thematisiere, verherrliche ihn gar. Uns dürfen heute solche Sorgen kaltlassen, wenn nur erkennbar wird, warum die Thematisierung der Suizidalität unumgänglich ist: zum Zwecke der Freilegung eines existentialen Aprioris gewiß sehr ambivalenter, aber eben doch anfänglicher Selbstbestimmung, und zwar als einer solchen, die gerade Existenz als *singulare tantum*, als bloß einziger und des Plurals unfähiger a priori ausschließt.[6]

Denn die Selbstsetzung, die sich der gattungsspezifischen Suizidalität entgegensetzt und damit gerade der Erbschaft des *homo suicidalis*, ist gerade das Setzen einer ganz anderen Sozietät als derjenigen, in die wir wildwüchsig hineinversetzt sind, sofern wir sind. Die Pragmatik der vernünftigen Antwort auf den *homo suicidalis* (der wir immer waren, aber heute auch jedermann erkennbar sind, da sich jedenfalls die ökologische Krise im Narrenspital der Welt nicht mehr länger verstecken läßt) ist die Durchsicht durch kollektiv bindende und gerade nicht von der Kollektivität entbindende Strukturen der Verflochtenheit. Sind wir zunächst genetisch in die Gattung verstrickt, so gewinnen wir im Widerstand gegen die der Gattung eigene Suizidalität einen ersten qualifizierten Begriff zu teilender Welt

[4] F. Nietzsche: Also sprach Zarathustra. Werke. Hrsg. K. Schlechta. II., S. 334.
[5] M. Heidegger: Einführung in die Metaphysik, S. 135.
[6] H. Ebeling: Vernunft und Widerstand. Freiburg/München 1986.

– und sind zugleich dem tendenziellen Romantizismus einer Heideggerschen ‹Freiheit zum Tode› entronnen, die für die Gemeinsamkeit der geteilten Welt nur blind zu machen geeignet ist, da wir dank ihrer nur Ausgelieferte bleiben und, schlimmer noch, solche, die aus der Einzigkeit ihrer ‹Eigentlichkeit› geneigt sein mögen, andere zu Ausgelieferten zu machen.

Wenn wir nicht bereits im Existenzsubjekt selbst ein Widerstandspotential gegen das Mißlingen der Existenz ausmachen können, dann ist das Daranhalten des Widerstandsparameters der Vernunft von vornherein aussichtslos. Und wenn wir nicht gerade im Existenzsubjekt vorrangig ein Subjekt der Koexistenz erkennen und anerkennen, dann bleibt die Debatte über die Intersubjektivität oder Transsubjektivität der Vernunft eigentümlich steril (wie sie es denn ja auch in aller Regel ist). Sie wird dann gar nicht Existenzverhältnisse erreichen können, was sie freilich müßte, um nicht nur eine wissenschaftliche Debatte über den Wissenschaftsvollzug, sondern tatsächlich auch eine über den Existenzvollzug sein zu können. Es bliebe dann aber nur bei der getrennten Wirtschaft von Existenz und Vernunft, Sprache ohne Bewußtsein und bewußtem Sein ohne Dasein. Das sind die systematischen Gründe für den Entwurf zunächst einer Existentialgenetik. In ihr bleibt freilich an den Heidegger von «Sein und Zeit» angeknüpft, und dies so nachdrücklich, daß sich gerade daran zeigen kann, wie sehr «Sein und Zeit» weiter gebraucht wird: als Kontrapunkt der Moderne selbst. Nicht Sartres (1905–1980) überwiegend nur imitierende Anerkennung in «L'être et le néant»[7], vielmehr die Opposition zu «Sein und Zeit» ist geboten, wenn die Moderne sich als Moderne selbst behaupten will – und Sartres eigener Weg zur «Critique de la raison dialectique»[8] hatte analog selbst diesen Weg gewiesen wie vor ihm und gleichzeitig mit ihm das Werk Herbert Marcuses[9] (1898–1979), des neben Karl Lö-

[7] J.-P. Sartre: L'être et le néant. Essai d'ontologie phénoménologique. Paris 1943 (dt. Das Sein und das Nichts. Reinbek bei Hamburg 1980).

[8] J.-P. Sartre: Critique de la raison dialectique I. Paris 1960 (dt. Kritik der dialektischen Vernunft 1. Reinbek bei Hamburg 1981).

[9] H. Marcuse: Hegels Ontologie und die Grundlegung einer Theorie der Geschichtlichkeit. Frankfurt/M. 1932. – Ders.: Eros and Civilization: A Philosophical Inquiry into Freud. Boston 1955.

with[10] (1897–1973) immer noch relevantesten Opponenten. Es gab in unterschiedlichen Varianten immer wieder nur die eine Möglichkeit, das Potential der Heideggerschen Befindlichkeit durch ein bedachteres Verstehen des Verstehens und seines Intersubjektivitätsgehalts und dadurch des Handelns und seiner universalistischen Prämissen zu konterkarieren, ohne den Gehalt der Geworfenheit blank wieder zu vergessen, also der Ausgesetztheit, welche in Angst, Langeweile und Schmerz allzu zugänglich bleibt. (Die hermeneutische Variante bei Hans-Georg Gadamer[11] [* 1900] ist dagegen nicht eigentlich Opposition, sondern Verwandlung der Heideggerschen Philosophie in Buchwissenschaft. Die Hermeneutik ist nämlich immer nur geeignet, eine Hilfswissenschaft der Philosophie zu sein. Gewinnt sie einen Stellenwert wie in den Theologien, bestätigt sie nur die These Heideggers vom Ende der Philosophie.)[12]

Der große Schub von SZ für eine Neubegründung der Subjekttheorie war Heideggers provokative Anerkennung der Befindlichkeit, welche die Ansprüche des Verstehens begrenzen mußte. Durch sie geriet Heidegger schließlich mit seiner Anzeige der *Wiederholung* als der ausdrücklichen Überlieferung (§ 74) in eine Krise der Steuerungslosigkeit, weil orientierungslosen Orientierung an der sog. Freiheit zum Tode. Erst die Konterkarierung der Suizidalität läßt dagegen gesteuerte Wiederholung zu: nämlich zunächst einmal die Übernahme seiner selbst. Das Heideggersche Pathos, «daß das Dasein sich seinen Helden wählt» (SZ, S. 385), ist ganz entbehrlich. Vor allem ist der erste ‹Held›, wenn so gesprochen werden soll, gerade das Dasein selbst, das die Suizidalität konterkariert. Die Gegensteuerung des Existenzsubjekts selbst gegen den *homo suicidalis* ist die erste qualifizierte Steuerung des Daseins, das sich als befindliches anerkennt in der Übernahme seiner selbst und dann, also erst danach zur orientierten Übernahme eines ‹weiteren› Erbes befähigt ist. Zuvor muß Dasein sich aber selbst übernommen haben. Solange

[10] K. Löwith: Das Individuum in der Rolle des Mitmenschen. München 1928. – Ders.: Heidegger. Denker in dürftiger Zeit. Frankfurt a. M. 1953.

[11] H.-G. Gadamer: Wahrheit und Methode. Tübingen 1960.

[12] H. Ebeling: Freiheit, Gleichheit, Sterblichkeit. Philosophie *nach* Heidegger. Stuttgart 1982.

dies nicht der Fall ist, also die Suizidalität nicht explizit konterkariert ist, hat es sich weder seiner selbst noch der menschlichen Gattung versichert, überschätzt daher ‹das schicksalhafte Geschick› – und schickt sich der Tendenz nach in zu viel, nämlich der Möglichkeit nach Beliebiges. *Eigentliche* Geschichte, wenn es denn dergleichen überhaupt gibt, beginnt daher immer auch erst in und aus der genannten Negation einer Negation. Alle andere ‹Geschichte› erweist sich dadurch, nur ‹Natur-Geschichte› zu sein.

Dadurch wird erkenntlich, wie die Befindlichkeit des Gestimmtseins immer nur als quasi-natürliche Vor-Geschichte des Existenzsubjekts anzuerkennen ist, also: der Rückgang zu einem Verstehen möglich bleibt, welches nicht die Befindlichkeit übersieht, sich aber auch nicht in die bekannte Heideggersche ‹Gleichursprünglichkeit› pressen läßt. Befindlichkeit und Verstehen sind eben nur so gleichursprünglich, wie es der Fall ist, wenn wir von Geschwistern sprechen. Im übrigen bleibt nachzufragen, um welchen Bach und welchen Wittgenstein es sich wohl handelt. Entscheidend ist, daß das Existenzsubjekt, widerständig gegenüber seiner Suizidalität, sich in der Selbstübernahme mit sich selbst identifizierend, auch noch und gerade noch den Lastcharakter seiner selbst übernimmt, also verstehend seine Befindlichkeit gerade *über*holt, indem es sich selbst *wieder*holt.

Die Pointe der Existentialgenetik ist die Rekonstruktion der Kosubjektität und vorzüglich einer qualifizierten, die mit der Selbstsetzung des Existenzsubjekts tatsächlich *mit*gesetzt ist (und also anders als bei Heidegger nicht bloß als formale, aber gerade unerfüllbare Anzeige mitgeführt wird). Das Mitsetzen ist mit dem Selbstsetzen so essentiell verbunden, daß es abwegig ist, das eine überhaupt vom anderen trennen zu wollen. Konterkarierung der gattungsspezifischen Suizidalität bedeutet gerade: Anerkennung der Kom-munikation in der Kom-mune derer, die ihre eigene Geschichte sind und als solche sprachlich sedimentierten Verknüpfungsregeln ihrer Verständigung folgen, und dies auch noch dann, wenn sie im Streit sind. Die Existentialgenetik belegt also vor allem, daß immer dann, wenn von ‹Selbstsetzung› die Rede ist, es ebensosehr der Fall ist, daß von der ‹Mitsetzung› anderer Existenzsubjekte die Rede ist, genauer: daß es Selbstsetzung nur gibt als Mitsetzung, daß also Selbstsetzung und Mitsetzung sich wechselseitig implizieren.

Dadurch wird in der Tat ‹nur› – und allerdings – wiederholt, als was Existenz seine Vor-Geschichte immer schon war, nämlich Gewordensein. Dies nun freilich so, daß Dasein sich erstmals setzt als *bewußtes Sein*, wenn es sich als kommunikativ bestimmt ausdrücklich *setzt*. Die Demonstration ist die Gattungsgeschichte dessen, was an individuellen ‹Kehren› überliefert ist, und nicht also erst noch zu leisten. Der Rekurs auf ein existentialgenetisch zu Bewußtsein kommendes Dasein ist so wenig Konstrukt aus den Köpfen der ‹Philosophen›, daß vielmehr umgekehrt der Philosoph auch erst zur Sache kommt, wenn er bei solchem bewußten Sein angelangt ist.

Es mag zur Illustration noch einmal erlaubt sein, an Platon anzuknüpfen, nämlich seine *Umkehr des Daseins ins bewußte Sein* (περιαγωγὴ ὅλης τῆς ψυχῆς), sobald das dumpfe angekettete Existieren in der Höhle durch den Gang ans Licht ‹verfremdet› ist und auch mit dem Rückgang durchschaubar bleibt. Solange sich die Höhlenbewohner nicht ihrer eigenen Höhlenexistenz widersetzen, können sie gar nicht bei der Sache sein und verharren dadurch gerade in ihrem durch und durch bornierten Gewordensein als der unerfahrenen Fremde. Das freilich mit tödlichen Folgen. Nicht sie selbst sterben ‹eigentlich›, weil sie ‹eigentlich› gar nicht leben. Aber sie verfügen über Tötungskapazität und liquidieren gern die, die den Trug durchschaut haben und sie befreien wollen. Der Gang vom Dasein zum bewußten Sein entbehrt des Angenehmen.

(2) Die *Existentialerotik* sollte dagegen gewiß schon von der Titulatur her erfreuen dürfen. Leider ist sie aber als der nächste Schritt im Übergang zum bewußten Sein notwendig ‹lieblos›.[13] Sie reflektiert nämlich den *homo genocidalis*, also die kollektive Gattungstendenz, die ‹eigene› Kaste, Klasse oder ‹Rasse› so auszuzeichnen, daß andere Kasten, Klassen oder ‹Rassen› als bloß ‹fremde› der Vernichtung auszusetzen sind. Der Radikalfall dafür ist die anhaltende Gegenwart der deutschen Geschichte. Es ist ein bekanntermaßen besonders schmerzlicher Übergang vom Dasein zum bewußten Sein, sich die Genozidalität des sog. homo sapiens eingestehen zu müssen und gegebenenfalls auch noch aus ihr Konsequenzen ziehen zu sol-

[13] Vgl. dagegen: H. Ebeling: Ästhetik des Abschieds. Kritik der Moderne. Freiburg/München 1989.

len, die ins ‹eigene› Fleisch zu schneiden geeignet sind. Denn dadurch wird ausgerechnet auch noch – die von Heidegger nur schamhaft verschwiegene – Erotik ihrer Naturwüchsigkeit entfremdet. Freilich ist das schon deshalb unumgänglich, weil andernfalls ‹Dasein› in seiner reizvollsten pragmatischen Dimension verschlossen bleibt, nämlich nur als geschlechtsneutraler Kastrat erscheint.

Während die Suizidalität als Reflexion der Genesis sich nicht sogleich auch als kommunikativer Basisbefund erschließt, mag die Verknüpfung von Genozidalität und Erotik zunächst nur befremden. Das aber hat zu tun mit dem Befremdlichen spätestens dieses Jahrhunderts. Freilich könnte es so scheinen, als habe sich nichts ereignet, sehen wir auf die Erscheinungsform der dem Menschen nächsten Kommunio und ihre anhaltend aktuelle Reflexion bei dem Misanthropen Schopenhauer:

«Wenn man (...) die wichtige Rolle betrachtet, welche die Geschlechtsliebe in allen ihren Abstufungen und Nuancen, nicht bloß in Schauspielen und Romanen, sondern auch in der wirklichen Welt spielt, wo sie, nächst der Liebe zum Leben, sich als die stärkste und tätigste aller Triebfedern erweist, die Hälfte der Kräfte und Gedanken des jüngern Teiles der Menschheit fortwährend in Anspruch nimmt, das letzte Ziel fast jedes menschlichen Bestrebens ist, auf die wichtigsten Angelegenheiten nachteiligen Einfluß erlangt, die ernsthaftesten Beschäftigungen zu jeder Stunde unterbricht, bisweilen selbst die größten Köpfe auf eine Weile in Verwirrung setzt, sich nicht scheut, zwischen die Verhandlungen der Staatsmänner und die Forschungen der Gelehrten, störend, mit ihrem Plunder einzutreten, ihre Liebesbriefchen und Haarlöckchen sogar in ministerielle Portefeuilles und philosophische Manuskripte einzuschieben versteht (...) – da wird man veranlaßt auszurufen: Wozu der Lärm? Wozu das Drängen, Toben, die Angst und die Not?»[14]

Nirgends drängt sich der kommunikative Charakter der Existenz mehr auf als in solcher Eingebundenheit in die *Mit*welt. Bedeutete die Abkehr von der Möglichkeit des Suizids, daß das Existenzsubjekt sein Verhältnis zur *Vor*welt bereinigen konnte, kommt, geht und bleibt die erotische Bemühung um die *Nach*welt:

«Der Endzweck aller Liebeshändel, sie mögen auf dem Soccus oder dem Kothurn gespielt werden, ist wirklich wichtiger als alle andern Zwecke im Menschenleben,

---

[14] A. Schopenhauer: Die Welt als Wille und Vorstellung: 2. Band. Kap. 44. Sämtliche Werke. Hrsg. A. Hübscher. Wiesbaden ^{3}1972, III, S. 610f.

und daher des tiefen Ernstes, womit jeder ihn verfolgt, völlig wert. Das nämlich, was dadurch entschieden wird, ist nichts Geringeres als die *Zusammensetzung der nächsten Generation*. (...) Die sämtlichen *Liebeshändel* der gegenwärtigen Generation zusammengenommen sind demnach des ganzen Menschengeschlechts ernstliche meditatio compositionis generationis futurae, e qua iterum pendent innumerae generationes.»[15]

‹Die ernstliche Meditation über die Zusammensetzung der künftigen Generation, von der wieder ungezählte Generationen abhängen›, ist das *eine* befremdliche Thema einer Existentialerotik, das *andere* und relevantere: die Position oder Negation der Nachwelt, soweit sie Sache Einzelner ist. Existentialpragmatisch ist an den erotischen Umtrieben von Dasein vor allem von Bedeutung, daß Dasein wiederum die ‹Rechnung› der Natur durchkreuzen kann, in diesem Falle nicht durch Abstinenz von der Selbsterhaltung, sondern der tätigen Mitwirkung an der Produktion der ‹Nachgeborenen›. Das Existenzsubjekt dokumentiert so eine neue Widerständigkeit gegenüber der Natur, der es sich ebenso auf Dauer widersetzen wie sie sich ausdrücklich aneignen kann. Auch erotisch ist Dasein dazu befähigt, sich prinzipiell selbst zu bilden, und dann eben kein Gebilde der Natur, wohl allzu häufig das Opfer schamanenhafter, pastoraler oder auch rassistischer Voten. Aus einer zweiten fundamentalen Widerständigkeit gegenüber der Natur oder ihrer ausdrücklichen Wiederholung als Geschichte wird dadurch der erfüllteste Modus der Intersubjektivität so zugänglich, daß wiederum die Pluralität der Existenzsubjekte nicht bloß Leeranzeige ist, sondern als Dasein selbst bestimmend anerkannt werden kann.

Nun ist die ausdrückliche Setzung ‹Nachgeborener› jedenfalls unter Bedingungen des planmäßig produzierten Genozids und programmierten Holozids von neuer Qualität. Schon Thales wurde auf die Anfrage, warum er keine Kinder habe, die Antwort nachgesagt: weil er die Kinder liebe. Die reflexive Selbstverständigung von Dasein über die Fortsetzbarkeit seiner selbst in Nachfahren ist der andere schmerzliche Ausgang aus der Höhle, weil Übergang in ein bewußtes Sein, das auf Distanz geht zum Gegebenen, nämlich der Faktizität der Vernichtungsgeschichte der Gattung. Angesichts der progressi-

[15] Ebd., S. 611.

ven Überbevölkerung der Erde und der absehbaren Vernichtungsfeldzüge der Zukunft wäre es gewiß um die Gattung besser bestellt, wenn sie sich der anderen Möglichkeit bedeutungsvoller ‹Kehre›, nämlich gehaltvoller Zuwendung zum bewußten Sein besser versicherte. Die eine oder andere Lösung als solche beiseite gesetzt, bleibt jedenfalls das vielleicht banale, aber in keinem Falle triviale Existenzfaktum a priori einer Verfügbarkeit nicht nur der eigenen Existenz, sondern auch derjenigen ‹neuer› Existenz. Gewiß ist hier mit Heideggerschem Seinlassen der Gattung so wenig zu helfen wie der Theorie der Intersubjektivität.

(3) Die *Existentialpolemik* ist erst das Kernstück einer über Heidegger hinausgetriebenen Existentialanalytik, dabei nicht einmal sekundär eine Theorie der Streitlust, vielmehr eine Theorie des Krieges und des dabei immer noch Bindenden und Verbindenden. Wird mit Heidegger in «der Mitteilung und im Kampf (...) die Macht des Geschickes erst frei» (SZ, S. 384) und war diese Setzung der Analytik der Einzigkeit des Eigentlichen nur angestückt, so hat, auch wenn wir den Ausdruck des Geschickes meiden, die Wendung gleichwohl ihren guten Sinn: Kommunikativ wie im äußersten Streit ereignet sich Dasein. Es hat dann freilich als das auf Leben und Tod kämpfende besonderen Anlaß, ins bewußte Sein überzugehen, und dies neuerdings entschieden noch über Hegel hinaus. Denn strittig ist schließlich, ob sich die *Holozidalität* als das dritte Existenzfaktum a priori durchsetzt oder nicht. Kehren wir gleichwohl zuvor zurück zu Hegels meisterlicher Darstellung des Zweikampfes der Bewußtseine, die zum Äußersten entschlossen sind, damit zur nächsten Abkehr auch von sich, wodurch ihnen aber erst die Möglichkeit einer Zukehr zuwächst, die sie ihre verkehrte Welt des Kampfes aufheben läßt und ihnen überhaupt erst die Möglichkeit einräumt, als Selbstbewußtsein zu sein, und das heißt: für ein anderes Selbstbewußtsein zu sein. Die Reziprozität ihres Verhältnisses, sich anzuerkennen, hatte Hegel in der Form gefaßt: «Sie *anerkennen* sich, als *gegenseitig* sich *anerkennend*.»[16] Dafür bedarf es freilich der tätigen Herstellung der Anerkennung in einer Bewährungsprobe, die aufs Ganze geht:

[16] G. W. F. Hegel: Phänomenologie des Geistes. Hrsg. H.-F. Wessels u. H. Clairmont. Hamburg 1988, S. 129.

«Das Verhältnis beider Selbstbewußtsein ist also so bestimmt, daß sie sich selbst und einander durch den Kampf auf Leben und Tod *bewähren*. – Sie müssen in diesen Kampf gehen, denn sie müssen die Gewißheit ihrer selbst, *für sich zu sein*, zur Wahrheit an dem andern, und an ihnen selbst erheben. Und es ist allein das Daransetzen des Lebens, wodurch die Freiheit, wodurch es bewährt wird, daß dem Selbstbewußtsein nicht das *Sein*, nicht die *unmittelbare* Weise, wie es auftritt, nicht sein Versenktsein in die Ausbreitung des Lebens, – das Wesen, sondern daß an ihm nichts vorhanden, was für es nicht verschwindendes Moment wäre, daß es nur reines *Fürsichsein* ist. Das Individuum, welches das Leben nicht gewagt hat, kann wohl als *Person* anerkannt werden; aber es hat die Wahrheit dieses Anerkanntseins als eines selbständigen Selbstbewußtseins nicht erreicht.»[17]

Eigenen Stand gewinnt das Selbstbewußtsein nur dank der Bereitschaft, den Tod zu wagen. Nur dann steht es ‹auf eigenen Beinen›. Aber es steht dort eben nicht isoliert, wenn es für sich geworden ist, sondern als Herr gegenüber dem Knecht, es sei denn der Kampf endet tödlich – und das ist vorzüglich die aktuelle Pointe des 20. Jahrhunderts, über die Heidegger in seiner mehrfachen Heroisierung des Ersten und des Zweiten Weltkriegs nur hinweggegangen ist, so daß dann auch seine Deutung der Aussicht auf den Holozid die Glaubwürdigkeit verlor, welche Hegel sich zu bewahren wußte:

«Diese Bewährung aber durch den Tod hebt eben so die Wahrheit, welche daraus hervorgehen sollte, als damit auch die Gewißheit seiner selbst überhaupt auf; denn wie das Leben die *natürliche* Position des Bewußtseins, die Selbständigkeit ohne die absolute Negativität, ist, so ist er die *natürliche* Negation desselben, die Negation ohne die Selbständigkeit, welche also ohne die geforderte Bedeutung des Anerkennens bleibt. Durch den Tod ist zwar die Gewißheit geworden, daß beide ihr Leben wagten, und es an ihnen und an dem andern verachteten; aber nicht für die, welche diesen Kampf bestanden.»[18]

Hegels Deutung des Kampfes auf Leben und Tod ermangelt nur des einen: der erst jetzt sichtbar gewordenen Bestimmung der Holozidalität als des dritten existentialen Faktums a priori. Nicht allein bestimmte und begrenzte Gegnerschaften drohen für jede Seite tödlich auszugehen, sondern alle Gegnerschaften unter Einschluß aller, die nur vormals ‹Unbeteiligte› sein konnten. Am Hegelschen Modell des Zweikampfes muß deshalb nicht nur im Sinne Hegels der allgemeine

[17] Ebd., S. 130f.
[18] Ebd., S. 131.

Zweikampf abgelesen werden, sondern der allgemeine Kampf schlechthin, wenn das an sich untaugliche Modell weiter tauglich bleiben soll. Was Erscheinung noch parzellierten Selbstbewußtseins ist, muß Erscheinung eines schlechthin vergemeinschafteten Selbstwissens des allgemeinen Existenzvollzuges werden. Wenn alle – und alle kontemporär – «ihr Leben wagten und es an ihnen und *den* anderen (H. E.) verachteten», dann ist eben nicht einmal mehr «die Gewißheit geworden», daß dies der Fall gewesen ist, weil es überhaupt keinen Zeugen des bestandenen Kampfes gibt. Die Einsicht in die strikte Sinnlosigkeit der Tat strikt kollektiver Selbstvernichtung ist der Anfang der dritten qualifizierten ‹Kehre› als der Abkehr vom *homo holocidalis*, das heißt der Abkehr von der eigentlichen Unnatur des Menschen. Die gattungsspezifische Destruktivität von Dasein enthüllt dieses nun zum dritten Mal als Aktor in einer Interaktion, die Dasein überhaupt erst zum Dasein macht, nämlich zu einem Existenzsubjekt vorzüglich wechselseitiger Zerstörung. Die Holozidalität erlaubt dabei erstmals einen existentialpragmatisch entwickelten Begriff der Kollektivität des bewußten Seins. Erst durch die Möglichkeit des Holozids wird die Gattung *ganz* und die Menschheit *eins*. Erst im Angesicht des äußersten Schreckens kommt Dasein zu *sich*, nämlich zu seinesgleichen. Ex negativo geht es damit in das bewußte Sein über, verallgemeinert sich und wird allgemeines bewußtes Sein, ohne sich von sich als Dasein abreißen zu lassen.

In allen drei Aspekten wird damit zugänglich, daß und wie Dasein schon an ihm selbst die Einzelnheit des bloß Einzigen überstiegen hat und immer zuerst allgemeines sein muß, wenn es auch einmal bloß individuelles sein will. Die Existential*pragmatik* erweist so, daß die bisherige ganz einseitige Konfrontation von ‹Existenz› und ‹Vernunft› nicht nur zu modifizieren, sondern ganz preiszugeben bleibt als ein lediglich unzureichendes Ausweichen voreinander. Über die Beziehung von ‹Existenz› und ‹Vernunft› läßt sich sinnvoll überhaupt nur so sprechen, daß die Pragmatik des Übergangs vom Dasein zum bewußten Sein zugrunde gelegt wird, nämlich die apriorische Eingebundenheit von Dasein und Bewußtsein in die Transsubjektivität des Kollektiven. Authentische Existentialität ist dabei in Genetik, Erotik und Polemik a priori geteilte TransExistentialität als Widerständigkeit gegen den ebenso leistbaren Untergang.

In der (1) Abwendung der eigenen Existenz oder Zuwendung zu

ihr, (2) Abwendung anderer Existenz oder ihrer Setzung, schließlich in der (3) Abwendung aller Existenz oder ihrer Behauptung zeigt sich eine temporale Grundstruktur widerständiger Existenz, die derjenigen vom Typos Heidegger gerade nicht unter-, sondern übergeordnet ist, weil sie den Unterschied der bloß ‹eigenen› und ‹aller› Zeitlichkeit in sich aufgenommen und eben dadurch die bloß ‹eigene› Zeitlichkeit a priori getilgt hat. Zwar ist die Zeitlichkeit der Existentialpragmatik noch weit diesseits einer zureichenden Vermittlung mit der Vernünftigkeit des sprachlich sedimentierten Subjekts des bewußten Seins. Aber wie dieses ist auch schon das a priori pragmatisch konzipierte Existenzsubjekt über alle Einzelnheit oder auch nur Besonderheit hinaus. Denn dieses Subjekt ist von vornherein nicht bloß seiner eigenen nicht zu verantwortenden Endlichkeit qua Sterblichkeit ausgesetzt, sondern auch und immer schon und ‹gleichursprünglich› seiner Verantwortlichkeit für die eigene, nächste und alle Fortexistenz. Die es bestimmenden fundamentalen Existenzentscheide haben Vorrang vor der Bornierung auf den bloß eigenen Tod. Das widerständig-begegnende Existenzsubjekt setzt sich bereits prinzipiell koextensiv mit der Gattungsgeschichte (wenn auch noch nicht als solches). Es hat damit die Enge der Heideggerschen Temporalität schon transzendiert. Seine Zeit ist die Zeit aller Vor-, Mit- und Nachwelt und die ihm bloß eigene Zeit lediglich eine – wenn auch gewichtige – Abkürzung jener. Nicht das bloß ‹eigene›, sondern in der Tat das allgemeine Sein zum Tode ist sein zureichender Grund. Die bloß eigene Zeitlichkeit ist deshalb für es nicht mehr das erste, sondern – beinahe schon – das letzte zureichender Selbsterfahrung.

Ein solches schon an ihm selbst sich verallgemeinerndes Existenzsubjekt, da aus ihm selbst als Dasein zum bewußten Sein ‹drängendes›, zeigt in seiner Transexistenz erste universalistische Tendenzen, die dieses Subjekt im Unterschied zum Heideggerschen Dasein in der Tat auf die Universalität der Vernunft treffen lassen und mit ihr vermittlungsfähig sind. Ein tendenziell auf die Augenhöhe der Universalität der Vernunft gebrachtes Existenzsubjekt ist aber unerläßliche Voraussetzung auch dafür, daß das Sprachsubjekt als bloß allgemeines seinerseits vermittlungsfähig wird mit den Existenzparametern wie Tod, Schuld und selbst ‹Einsamkeit›. Nicht allein braucht das Existenzsubjekt die Vereinigung mit dem Sprachsubjekt, um als einiges Subjekt des bewußten Seins hervortreten zu können, sondern ebensosehr braucht das Sprachsubjekt das Existenzsubjekt, um nicht bloß allgemeine Vernunft und dadurch ‹abgerissen› von den Existenzverhältnissen, ihnen bloß fremd gegenüberstehend, zu bleiben und nur eine neue untaugliche Variante des ‹absoluten› Subjekts zu sein.

Nur dann ist auch erkennbar, daß das sog. Paradigma des Bewußtseins keineswegs ablösbar ist, wie es Heidegger *und* Habermas wollten, und also durchaus nicht substituierbar bleibt durch ein Existenzsubjekt als ganzer Sphäre des neuen Subjekts oder ein Sprachsubjekt als entsprechend ganzer Sphäre. Vielmehr ist das bewußte Sein als die Einheit der Vermittlung von Existenz- und Sprachsubjekt seinerseits ohne Konkurrenz. Existenz- wie Sprachsubjekt sind dagegen ‹Paradigmen› als Erscheinungsformen des bewußten Seins. Selbst aber ist das bewußte Sein überhaupt kein Paradigma, sondern das maßstäbliche Sein selbst, nämlich die reflektierte Einheit von *Sein und Sollen.* Dieser über Heidegger hinausweisende Bezug soll uns abschließend bei der Transformation seiner Kritik der Technik beschäftigen.

Hier war nur die Notwendigkeit eines Übergangs von der Existentialanalytik zur Existentialpragmatik so anzuzeigen, daß noch sehr viel weiterreichende Konsequenzen am Horizont erkennbar werden, nämlich der Übergang zu einer *Fundamental*pragmatik des bewußten Seins, mit der dann freilich das Erbe Heideggers nur noch in der Ferne von Bedeutung bleibt.[19] Mit dem Übergang vom *Gestell* zum *Gerüst* wird es uns kaum anders ergehen: Zu signifikant ist der Unterschied zwischen Heideggers im Grunde nur atavistischem Rekurs auf das ‹Sein› und der Anerkennung des Menschen als Menschen, damit als des Subjekts des bewußten Seins. Nach dem, was Heidegger in SZ uns erschlossen hat, war es *danach* darum zu tun, wieder den Anschluß an die Subjekttheorie seit Kant zu gewinnen. Wie endlich aber das Subjekt ist, das ist und bleibt vorzüglich Heideggers Lehre. Ein ‹Fortschritt› in der Philosophie bleibt daher auch weiterhin ohne ihn nicht einmal denkbar, geschweige denn leistbar. Deshalb bleibt «Sein und Zeit» eine Pflichtlektüre (und dies nicht nur für Philosophen).[20]

---

[19] H. Ebeling: Vernunft und Widerstand. Die beiden Grundlagen der Moral. Freiburg/München 1986. – Ders.: Neue Subjektivität. Die Selbstbehauptung der Vernunft. Würzburg 1990.

[20] Wie aber, wenn nun selbst die ‹Professoren› nicht mehr lesen?

22. Vom Gestell zum Gerüst

Die andere Möglichkeit der Anknüpfung an Heidegger bleibt seine Technikkritik. Den verwirrenden Gängen der Genese dieser Kritik und den niemals wirklich durchgetrennten Fäden der Verknüpfung mit dem NS-System gehe ich hier nicht mehr weiter nach.[21] Allerdings greife ich noch einmal auf, was es heißt, wenn Heidegger «die Fabrikation von Leichen in Gaskammern und Vernichtungslagern» auf eine Stufe stellen konnte mit dem Ackerbau als nunmehr «motorisierte(r) Ernährungsindustrie» (vgl. Kap. 20). Dies geschieht freilich nur noch zur Erinnerung und zum Zwecke der erneuten Illustration dessen, was bei Heidegger ‹eigentlich› fehlt: das bewußte Sein als Widerständigsein einer Vernunft, die als theoretische dem Parameter der Wahrheit einer Aussage und als praktische dem Parameter der Richtigkeit einer Handlung verbunden ist und die dann, wenn sie den praktischen Parameter beiseite setzt, auch theoretisch nicht mehr aussagekräftig bleiben kann. Über dieses Defizit hinaus wird uns vor allem die verwandelte Sache selbst zu beschäftigen haben, die hier unter dem Titel ‹Vom Gestell zum Gerüst› angezeigt ist.

Wer Heideggers Deutung des Gestells verstehen will und also auch sein eigenes Zusammenstellen im Gestell, wird immer wieder gut daran tun, auf Seminar-Notizen Heideggers aus den Jahren 1941 bis 1943 zurückzukommen. Zu ihnen gehört der dramatische Auftakt: «Kein Spitalgesichtspunkt bezüglich der Zeit. Was jetzt und seit Jahrhunderten abläuft, ist längst entschieden.»[22]

Zu ihnen gehört dann auch das Drama einer als Illusion durchschauten Freiheit, die schließlich nur noch «als wesenhafte Selbsttäuschung»[23] auftritt: «*Seinsgeschichtlich-anfänglich* hat die ‹Freiheit› ihre Rolle eingebüßt. Denn *Seyn* ist anfänglicher als Seiendheit und Subjektivität.»[24]

---

[21] Auch hierzu die gerade erschienene ebenso gründliche wie umfangreiche Recherche von D. Thomä: Die Zeit des Selbst und die Zeit danach. Zur Kritik der Textgeschichte Martin Heideggers 1910–1976. Frankfurt/M. 1990.

[22] M. Heidegger: Schellings Abhandlung Über das Wesen der menschlichen Freiheit (1809). Hrsg. H. Feick. Tübingen 1971, Anhang, S. 230.

[23] Ebd., S. 232.

[24] Ebd.

Vorrangig vor dem Inbegriff des Seienden (der ‹Seiendheit›) und des von uns für uns Zugrundeliegenden (der ‹Subjektivität›) ist der Grund der Differenz von ‹Sein› und ‹Seiendem›, das ‹Seyn› als ‹Ereignis›, das in seinem anfänglichen Geschick alles andere übermächtigt und auch über die Gegenwart schon entschieden hat. Angesichts solchen Geschicks ist die ‹Freiheit› nicht mehr von Bedeutung. Das Geschick hat alle ‹Freiheit› überrannt.

Heideggers Selbstverständnis konterkarierend, bleibt freilich nur die Lesart: Für Heidegger soll das Geschick alle Freiheit überrannt haben. Für Heidegger soll es mit der Subjektität der Subjektivität stehen wie mit einem Schiff, über dem die Wellen zusammengeschlagen sind, oder wie mit einer Armee, die hat kapitulieren müssen. Wenn aber dies sein soll und das einzige Sollen sein soll, dann soll auch noch der Holocaust dieselbe Qualität haben wie die ‹rationalisierte› Ertragswirtschaft der ‹Agronomie›. Emmanuel Lévinas hat zu Heideggers Gleichschaltung von Ackerbau, Gaskammern, Vernichtungslagern etc. vermerkt: «Diese Stilfigur, diese Analogie, diese Anordnung bedarf keines Kommentars.»[25] Wenn aber Lévinas schließt mit dem Hinweis: «das Diabolische gibt zu denken»[26], was ist es dann, was zu denken gibt? Heideggers Liquidation der Unterschiede und die unterschiedslose Abgleichung im Gestell, weil der vorherigen Liquidation allen Sollens in den *einen* Sollens-Satz, daß nur Sein sein soll, dagegen alles in eine Differenz zum Sein tretende Sollen nicht sein soll. Da das mit Heidegger so sein soll, ist dann auch die Heideggersche Pointe im Gestell: den Mord zu verschweigen, wie es zum «weißen Bolschewismus» gehört.

Gerade hierin, im Entsetzenden, liegt der bedeutende Anstoß, der auch gegenwärtig noch für eine Transformation der Subjekttheorie von Heideggers Abgleichung im Gestell ausgeht. Die Interpretation des Gestells als *Gerüst* stößt sich von jener Heideggerschen Deutung speziell der Moderne ab, die moralisch-praktische Parameter negiert. Doch der Entwurf des Gerüsts kann auf das Heideggersche Konstrukt nicht einfach verzichten. Denn es ist das anhaltend provokative Kon-

[25] E. Lévinas: Das Diabolische gibt zu denken, in: J. Altwegg (Hrsg.): Die Heidegger Kontroverse. Frankfurt/M. 1988, S. 104.
[26] Ebd., S. 105.

strukt der Negation des Subjekts selbst. Eine neuere Variante dieser theoretischen Negation ist die Deutung Luhmanns, die geeignet ist, Heidegger selbst zu illustrieren:

«Natürlich behaupten wir nicht, daß es ohne vorliegendes Bewußtsein soziale Systeme geben könnte. Aber die Subjektität, das Vorliegen des Bewußtseins, das Zugrundeliegen des Bewußtseins wird als *Umwelt* sozialer Systeme und nicht als deren *Selbstreferenz* aufgefaßt.»[27]

Bei Luhmann soll der Modelltransfer von der Selbstbezüglichkeit des Bewußtseins zur Selbstreferenz des Systems genügen, den Ertrag der Bewußtseinstheorie in einer quasi-bewußtlosen Systemtheorie aufzubewahren, die Subjektität des Bewußtseins selbst dagegen aufzugeben und dem Bewußtsein gerade noch eine Außenseiterrolle zuzubilligen. Nun ist dies fraglos diejenige Selbstzuschreibung, mittels derer das angesichts der Systeme ohnmächtige Bewußtsein geneigt gemacht wird, auf sich selbst Verzicht zu leisten. Und jede Deskription des alltäglich ohnmächtigen Bewußtseins wird unter Durchstreichung seiner immer auch transzendentalen Funktion in die Nähe der Luhmannschen Deutung geraten. Die Exzentrizität des Bewußtseins wird dadurch zur bloßen Außenseiterposition. Die Überschußlast des bewußten Seins wird zur bloßen Vibration des Gleis- und Brückenkörpers, dessen Verkehrswege störungsfrei gehalten werden, auch wenn es ‹unten› rumort: «Die Vibrationen werden durch emergente selbstreferentielle Systeme ausgeschaltet.»[28]

Alles Sollen gehört dazu, das anderen ‹Richtwerten› gehorcht als denen der technischen Normforderung. Der Unterschied von ‹Ist-Zustand› und ‹Soll-Zustand› ist nur der einer instrumentellen Regulation, deren Funktion im übrigen gleichgültig ist.

Dadurch wird Luhmanns Position nicht deckungsgleich mit derjenigen von Heidegger. Für Luhmann liegen die Katastrophen so gründlich hinter uns, daß es gar keinen Grund mehr gibt, noch nach Ersten Gründen der Vernunft zu fragen, sie zu setzen oder zu bestreiten. Die Differenz beider ist andernorts vergegenwärtigt,[29] auch das

---

[27] N. Luhmann: Soziale Systeme. Grundriß einer allgemeinen Theorie. Frankfurt/M. 1984, S. 234.

[28] Ebd., S. 97.

[29] H. Ebeling: Das Verhängnis. Erste Philosophie. Freiburg/München 1987.

Substitut der Metabiologik bei Luhmann.[30] Luhmann, der selbst im verborgenen viel zu sehr transzendentale Anleihen macht und die Hegelsche Denkfigur des Totum restituiert, ist hier nur angezogen, um durch die Fremdheit zu Heidegger hindurch den Verlust der moralisch-praktischen Vernunft bei Heidegger zu illustrieren, der im übrigen Luhmann selbst keineswegs in derselben Weise trifft wie Heidegger, wohl die von ihm beschriebenen Systeme. Wie systemtheoretisch Bewußtsein und gar moralisches Selbstbewußtsein ausgegrenzt, ‹eliminiert› sind, sollen sie bei Heidegger so aus dem Gestell ausgeschlossen sein, daß sie nicht nur bedeutungslos bleiben müssen, sondern gar von uns selbst verworfen werden sollen. Wer sich dergestalt wie Heidegger mit dem Gestell identifiziert, nämlich den Ausfall der individuellen Moralität einer ‹Gewissenskultur› faktisch ebenso bejaht wie denjenigen kollektiver Sittlichkeit, der kann dann, nachdem «die ‹Freiheit› ihre Rolle eingebüßt» hat, nämlich: eingebüßt haben soll, den Genozid am europäischen Judentum ebenso abhandeln wie die Verwendung von Pestiziden in der Landwirtschaft. Beides ist dann nicht ‹schlecht›, wenn auch Sache der ‹Seinsvergessenheit›, und gegen die kann man nun einmal nichts ‹machen›.

Der Übergang vom Gestell zum Gerüst[31] ist gekennzeichnet durch (1) die explizite Anerkennung der moralisch-praktischen Vernunft des Widerstandes gegen das Gestell wie das Gerüst und (2) durch eine Verwandlung im Gestell selbst, die dieses zum Gerüst gemacht hat, so daß es sich nicht mehr in der Beschreibungssprache Heideggers zureichend artikulieren läßt. Der Übergang ist demnach (1) Sache *unseres* Wegs und insofern der ‹Methode› der Auseinandersetzung mit dem technischen Zeitalter und (2) Sache der Veränderung des technischen Zeitalters selbst. Ich werde zunächst diesen sachlichen Aspekt des technischen ‹Fortschritts› vom Gestell zum Gerüst abhandeln und danach zurückkommen auf das bewußte Sein als *Unersetzbarsein*.

---

[30] J. Habermas: Exkurs zu Luhmanns systemtheoretischer Aneignung der subjektphilosophischen Erbmasse, in: ders.: Der philosophische Diskurs der Moderne. Zwölf Vorlesungen. Frankfurt/M. 1985, S. 426–445. – H. Ebeling: Metaphysik, Metabiologik und Erste Philosophie, in: ders.: Neue Subjektivität. Die Selbstbehauptung der Vernunft. Würzburg 1990, S. 149–159.

[31] H. Ebeling: Gelegentlich Subjekt. Gesetz: Gestell: Gerüst. Freiburg/München 1983.

Das *Gerüst* der Gegenwart ist durch Akzelerationsprozesse bestimmt, die nicht mehr in den Kategorien cartesischer co-agitatio oder eines an Nietzsche orientierten Willens zum Willen zureichend bestimmbar sind, wenn es auch anhaltend Heideggers Verdienst bleibt, mit seiner Deutung des *Gestells* bis an die Grenze der Gegenwart herangeführt zu haben. Der Sachverhalt des Holozids ist aber für Heidegger nur noch am Rande und außerhalb des ‹Vorstellbaren› zugänglich geworden, heute hingegen prinzipiell jedermann vertraut, zumindest allen denen, die sich nicht ganz der militärstrategischen Zuspitzung der 80er Jahre auf der Nordhalbkugel und so vorzüglich in Mitteleuropa haben entziehen können. ‹Deutschland als Totenland› ist als Ausdruck nicht mehr nur gesetzt angesichts des vollbrachten Genozids, sondern auch schon angesichts des hier beinahe eingeleiteten Holozids.

Das Gerüst als der Inbegriff einer Zurüstung auf die vollständige Vernichtung aller ist markant unterschieden vom Heideggerschen Gestell durch den nahezu perfekten Verlust an Zeit, der durch es gesetzt ist. Die Temporalität des Gerüsts ist die auf Dauer entfallene Vorwarnzeit. Sie tendiert bekanntlich seit längerem gegen Null. Dadurch ist die *Zeit des bewußten Seins* dauerhaft verändert worden. Zeiten sog. Abrüstung ändern nichts am Gerüst selbst. Denn dem bewußten Sein ist es heute zugänglich geworden, daß es jederzeit und ‹ohne Rückstand› aufhebbar ist. Die menschliche Gattung hatte sich insbesondere die Aussicht auf Tradierbarkeit des bewußten Seins bewahren können. Sie ist in dieser Aussicht auch nicht etwa berührt worden, seitdem sie mit der Entropie vertraut gemacht wurde: Der hypothetische Wärmetod läßt immer noch ‹Zeit› genug. Der schwer vermeidbare Holozid gefährdet dagegen auch noch die durchaus bescheidene Aussicht, daß die Menschheit noch einmal unter verbesserten Bedingungen ‹neu anfangen› könnte, von der Ausrichtung auf ihre perfectibilité, ihre ‹Vervollkommnung› ganz zu schweigen. Die radioaktive Verfallszeit wurde so vorzüglich zu einer kulturellen Verfallszeit. Sie ist die *Verfallszeit des bewußten Seins* selbst, nämlich einer allgemeinen Aussichtslosigkeit, aus deren Geist heraus dann auch die sog. Postmoderne zur Modeströmung werden konnte. An der Verfallszeit des bewußten Seins kann keine Freiheitsbewegung mehr rühren. Sie bleibt unveränderbar hinzunehmen, da uns nun einmal ein anderer Planet und ein anderes Sonnensystem in bewußtseinsrelevanter, also: absehbarer Zeit nicht zur Verfügung stehen. Charakteristisch für das Gerüst im Unterschied zum Gestell ist also gerade: die Unberechenbarkeit. Der Kalkül im Gestell ist überholt durch die UnKalkulierbarkeit.

Dem Kalkül entziehen sich nicht nur die atomtechnologischen, die biotechnologischen und computertechnologischen Umbrüche, Einbrüche und Zusammenbrüche, sondern gerade auch die nur abstrakte, aber gut begründete Antizipation von ‹Katastrophen› noch jenseits der Klimakatastrophe. Unkalkulierbar ist der Kollektivhorizont des Todes in Erscheinungsformen noch über das gegenwärtig hinaus Vorstellbare – aber genau das ist kalkulierbar und nicht Sache von sog. Untergangsstimmungen. Das ‹real existierende› Gerüst droht alle Zeit zu nehmen, da alles bewußte Sein, und so nicht nur die Aussicht auf physische Kontinuierung, sondern auch die auf kulturelle Fortsetzung. In der Abwehr dieser Gefahr droht die Überlassung an eine totale und globale Diktatur, also an einen Weltstaat, der nicht den Vorstellungen der Aufklärung, nicht einmal denen der Gegenaufklärung entspricht. Das Gerüst der vollkommenen Zurüstung auf unkalkulierbaren Verfall hat zur Folge, daß wir anders als im Gestell heute auf eine Überraschung eingestellt sind, die den perfekten Stillstand aller Bewegung in immer wieder variierten Erscheinungsformen ankündigt. Heidegger ist dahin gewiß unterwegs, aber doch nur so, sich noch festzuhalten im Alten und ‹Anfänglichen›, welches ihm die Kontinuität vorspiegelt und den vollständigen Bruch verschleiert. Dieser wird ohnehin erst in derjenigen Generation ganz sichtbar werden, die von Anfang an im Bewußtsein des Bruchs mit aller Überlieferung aufgewachsen ist.

Der jederzeit gegebene Überraschungsangriff auf den ‹Bestand› der Gattung, die ihr abhanden gekommene Vorwarnzeit und der entsprechende Verlust aller Kalkulierbarkeit schaffen im Gerüst eine Gegenwart, der das Gewesene nur Plusquamperfekt und das Zukünftige nur *futurum exactum* ist: die vor der Vernunft haltloseste Gegenwart, die sich denken läßt und die nun nicht mehr reduzierbar ist auf die Uneigentlichkeit von Gerede, Zweideutigkeit und Neugier und ihre zeitliche Ungehaltenheit. Die Überraschung durch neue Überraschung wird nicht gesucht, sondern vernünftig antizipiert als das einzige Undsoweiter, wenn es denn ein Undsoweiter überhaupt gibt. Die ‹zivile› Erscheinungsform des Überraschungsangriffs ist der Werbefeldzug, aus dem als ökonomischem Machtkampf alle Metaphorik ausgetrieben ist, da er Kampf ist wie der Wahlkampf, für den zu Recht ‹Wahlkampfstrategen› erforderlich sind wie für den Verkauf von Waschmitteln, Lebensmitteln und weiteren angeblichen NichtSterbemitteln, über denen der Glanz der UnSterblichkeit liegt. Die andere Erscheinungsform des Überraschungsangriffs ist die unverhülltere und insoweit ‹ehrlichere› des Krieges. In ihr wird das ‹zivile› Produktmanagement ‹wahr›. Die vormalige Buchhaltung im Gestell präpariert für den body count im Gerüst, gleich ob ‹zivil› oder nicht. Erst im Gerüst stimmt die Bilanz. Das eigentliche Bruttosozialprodukt ist allemal der Tod, seitdem die Gattung selbst für den ‹Endverbrauch› freigegeben ist. Auf die drei Weltkriege bleibt zurückzukommen, weil sich an ihnen zeigt, daß Sein – anders als bei Heidegger – schon spätestens seit 1914 *Ersetzbarsein* heißt.

Der *Erste Weltkrieg* hatte als ‹StellungsKrieg› bereits die Heideggersche Dimension des Gestells hinter sich gelassen und war jedenfalls in Verdun und an vergleichbaren Orten bereits als perfekter VernichtungsKrieg erschienen. Heidegger, der nicht eigentlich ‹Kriegsteilnehmer› war, hatte dagegen Gelegenheit gefunden, sich der mythologischen Verzierung von Langemarck-Feiern hinzugeben und in der «Aktion Sternheim»[32] einen Pazifisten als Pazifisten nicht anzuerkennen, sondern im Gegenteil zu denunzieren, der sich anders als Heidegger im Giftgaskrieg auskannte und der lange vor Heidegger begriffen hatte, daß der moderne Krieg «Vorform der Beseitigung des Unterschieds von Krieg und Frieden»[33] ist. Aber gerade auch die spätere Einsicht Heideggers bleibt Verkennung dessen, worauf bereits der Erste Weltkrieg angelegt ist: auf Massen-Mord.

Der *Zweite Weltkrieg* verschließt sich Heidegger nach seiner eigentlichen Dimension noch um so eindringlicher. Während Heidegger sich 1940 nicht ohne erkennbares Wohlbehagen damit aufhält, «die Maßstäbe einer allgemeinen Menschheitsmoral» hätten «lediglich propagandistischen Wert»[34], und auch im weiteren Kriegsverlauf zur Heroisierung antreibt, bleibt der spezifische Vernichtungskrieg gegen

---

[32] H. Ott: Martin Heidegger, S. 201–213.
[33] M. Heidegger: Vorträge und Aufsätze, S. 92.
[34] M. Heidegger: Nietzsche. Pfullingen 1961, II, S.198.

Juden und Slawen ignoriert. So ist es jederzeit möglich, auch und gerade noch diesen Krieg zur Folge der Seinsverlassenheit zu erklären:

«Der Mensch ist der ‹wichtigste Rohstoff›, weil er das Subjekt aller Vernutzung bleibt, so zwar, daß er seinen Willen unbedingt in diesem Vorgang aufgehen läßt und dadurch zugleich das ‹Objekt› der Seinsverlassenheit wird.»[35]

Der Habitus des kühlen Deskriptivismus ist nun freilich nicht mehr geeignet, darüber hinwegzutäuschen, daß Heidegger auch noch in seinem Modus ‹vornehmer Distanz› die Herrensprache des deutschen Faschismus weiterredet, der sich weder vom Elend der eigenen Truppen beeindrucken läßt noch von dem der gegnerischen und schon gar nicht von der Verzweiflung und dem Untergang der ‹Untermenschen›. Jenes fürchterliche Unbeeindrucktsein, das Heidegger bis zu seinem eigenen Tod an den Tag legt, erlaubt eine Kalkulation speziell des Genozids in der Sprache der Pflanzenschutzindustrie, die lediglich ‹Ungeziefer› vernichtet. Die spezifische Deutung des Genozids als eines Teils ‹bloß› des Gestells ist die andere Form der Verharmlosung, die vom Gerüst als Blut-Gerüst nichts mehr durchscheinen und von den Schrecken der planmäßigen Ausrottung nichts mehr erkennen läßt.

Daß spätestens der Zweite Weltkrieg keine Folge welcher ‹Seinsverlassenheit› auch immer ist, sondern eine solche der *eclipse of reason*, war nur solange zu verbergen, wie der westdeutsche (und der korrelative mitteldeutsche) Militarismus der Nachkriegsjahrzehnte ungebrochen die Szenerie beherrschte. Nachdem erstmals in der deutschen Geschichte seit 1989 das Militär als Militär in die Defensive geraten und nicht bloß faktisch besiegt ist, kann man nun auch das Heideggersche Konstrukt der Seinsverlassenheit sich selbst überlassen: Es hatte am Ende nur dazu gedient, von der Kriegsschuld zu entlasten und sich dem anhaltenden Gravamen des Holocaust zu entziehen.

Der *Dritte Weltkrieg*, der mehrfach programmiert und immer wieder umprogrammiert war, ist inzwischen auf eine seltsame Art vorläufig ausgefallen. Er hinterläßt eine siegreiche, wenn auch beschädigte US-Wirtschaft in einem maroden US-Staat sowie einen wirtschaftlich,

[35] M. Heidegger: Vorträge und Aufsätze, S. 92.

intellektuell und moralisch ruinierten Ostblock. Der vorübergehende System-Kollaps ist erforderlich, damit die Erste und Zweite Welt nun gemeinsam die Dritte und Vierte Welt liquidieren kann. Der Dritte Weltkrieg war auszusparen, weil es immer nur *einen* Letzten Weltkrieg als den allerletzten geben kann und ein Ziel offenbar erhalten bleiben muß: das einzige angebbare, das der totalen Vernichtung. Es ist, wie wenn der Rausch der Destruktion noch gesteigert werden sollte – durch zeitweilige Inhibierung. Die Zielgebiete des Letzten Überraschungsangriffs werden neu definiert, die Lust der Destruktion kann noch einmal gestreckt werden, die neuen Überraschungen stehen schon vor der Tür. In ihnen wird sich ein bislang beinahe noch unbekannter Rassismus artikulieren, der jeden Genozid fördert – zum Zwecke der weiteren zeitweiligen Inhibierung des schließlich doch ersehnten Holozids.

Ist die Welt-Geschichte der drei Welt-Kriege dergestalt ‹negativ›, kann es kaum noch weiterer theoretischer Anstrengung bedürfen zu zeigen, warum die Subjekt-Geschichte der Selbstbehauptung der Vernunft intendieren muß, der Nichtigkeit des Seins als Ersetzbarsein das Unersetzbarsein entgegenzustellen. Diese Aufgabe ist gattungsgeschichtlich alt und steht schon am Anfang derjenigen Anstrengungen, dank derer sich Philosophie ausgebildet hat, die zwar immer auch das Faktische anzuerkennen hatte, aber nur zu einem Zweck: dem zunächst nur Kontrafaktischen den Weg zu bereiten. Heute sind die Utopien der Vernunft von sehr einfacher Gestalt. Ihre Sache ist nicht mehr die – hinreichend gescheiterte – Herstellung des Heils, sondern die – hinreichend ungesicherte – Aufhebung des Unheils. Aber auch dafür muß sie freilich einen anderen Parameter als den des ‹Seins› anerkennen, nämlich den Maßstab des Sollens.

Wenn Heidegger sich dem gänzlich zu entziehen suchte, so ist eben auch dies nur Indiz für sein mangelhaftes Wirklichkeitsverständnis. Hätte Heidegger sich im ‹Sein› ausgekannt, so wäre spätestens die Anerkennung des Gestells *als* Gerüst Grund für die Einsicht gewesen, daß es eben nicht genügt, das Sein zu vernehmen, sondern nur genügen kann, dem Sein zu widerstehen, und zwar aus Gründen vernünftigen Widerstands gegen den Genozid wie nun vorzüglich gegen den Holozid. Aber hier liegen für Heidegger Grenzen zureichenden Abstrahierenkönnens, nämlich von der Selbstbekümmerung, die für ihn offenbar unübersteigbar gewesen sind. Die schlechte Subjektivität der Heideggerschen Philosophie ist offenkundig nur aufhebbar in eine qualifizierte Subjektivität, also in den Übergang zu universalisierbaren Handlungsprinzipien. Heute und vorzüglich nach vollzogener Abarbeitung Heideggers besteht aber kaum noch Grund, die moralisch-praktische Position weiter zu rechtfertigen. Die Beweislast liegt ganz bei den verbliebenen Resten der Heidegger-Orthodoxie, die das unüberwindbare moralisch-praktische Defizit der Heideggerschen Philosophie als Gewinn (für wen?) legitimieren wollen. Die Bunkermentalität verdient aber heute keine weitere Beachtung mehr. Seit langem wichtiger ist der praktizierte vernünftige Widerstand.

Von Heidegger bleibt freilich mitzunehmen der geschärfte Blick für eine mißdeutete Subjekttheorie in der Konsequenz einer mißdeuteten Geschichte der Metaphysik. Die Korrektur im Übergang vom Gestell zum Gerüst ist die Zurechtrückung, daß eine nur technizistische Deutung des modernen Massenmords an ihm gerade teilhat. Aber diese Korrektur setzt voraus, daß zunächst einmal die Heideggersche Deutung aufgegriffen wird, die in ihrer radikalen Einseitigkeit doch immerhin eine potentielle Selbstgefährdung der Subjekttheorie anzeigt, nämlich die Gefahr, sich in der Weise ‹autonom› zu setzen, keine moralisch-praktischen Imperative mehr anzuerkennen, sondern tatsächlich nur noch solche der technizistischen Machbarkeit. Einem distanzierten Blick erweist sich immer mehr, daß und wie sehr Heidegger selbst in die mißratene Geschichte der Subjekttheorie gehört, nämlich dann, wenn wir seinen Beteuerungen, die Subjekttheorie verlassen zu haben, keine weitere Beachtung mehr schenken. Heidegger hat sich in einer als moralfrei konstruierten Subjektität dergestalt verloren, daß er immer nur gegen die Wände dieses aussichtslosen Gefängnisses angerannt ist und noch der deklarierte Ausbruchsversuch eben der Versuch einer allzu selbstbekümmerten schlechten Subjektität bleibt, die schließlich nichts anderes zu beklagen hat als die angebliche Seinsverlassenheit, statt sich auf das moralisch-praktische Sein als Unersetzbarsein einzulassen. Heideggers Denken verliert sich dadurch in der Tat im Heillosen, keinem Unheil mehr entgegentreten zu können, wie dies dagegen eine qualifizierte Subjekttheorie kann. Aber zu deren Qualifikation gehört dann eben nicht nur die Ausrichtung auf einen moralisch-praktischen Parameter der Universalisierbarkeit richtigen Handelns, sondern immer auch die bewußte Abkehr von der anderen Gefahr ihrer Selbstüberschätzung, sofern sie die Endlichkeit des Handelns ignoriert, die der Vernünftigkeit des Tuns markanteste Grenzen setzt.

Gerade wenn Sein heute mit Heidegger Ersetzbarsein heißt, zeigt dies, daß Heidegger auf eine Dimension gesetzt hat, die nicht taugt, und zwar deshalb nicht, weil sie gar nicht taugen kann. Daher war die Philosophie schon nach ihren Platonischen Anfängen in die explizite Differenz von *is and ought*, von Sein und Sollen getreten. Daß Heidegger diese Differenz ausgerechnet im Jahrhundert der Wölfe wieder tilgen wollte, zeigt, wie sehr er im 20. Jahrhundert den Lüsten des späten 19. verhaftet bleibt. Das vergangene Spiel der Weltzerstörung ist nun freilich keines mehr, sondern zur Tat geworden. Heidegger aber blieb hierfür einsichtslos.

Die Grundeinstellung seiner Philosophie ist daher der Dogmatismus des Faktischen geworden, dem nur noch das Korollar der dunklen Mythenbildung folgt. Die Idealität des Kontrafaktischen stieß Heidegger so sehr von sich ab, daß auch noch seine Deutung des technischen Zeitalters immer verdunkelt bleiben mußte. Die andere Grundeinstellung, die noch Husserl mit Kant geeint hatte und die auch noch die Zukunft der Subjekttheorie bestimmt, war nicht dadurch zu widerlegen, daß Descartes zu ihrem Vorläufer und Nietzsche zu ihrem Exekutor erklärt wurde. Sie ist überhaupt nicht zu widerlegen, wenn und sofern Philosophie eine Veranstaltung der Vernunft bleibt, nämlich der, sich selbst auf den Grund zu kommen. Der Abgrund der Heideggerschen Philosophie aber war die Unsicherheit darüber, was überhaupt Philosophie sei. Diesen Abgrund hat Heidegger schließlich dadurch getilgt, sein Unternehmen von aller Philosophie abzutrennen. Am Ende seines Denkens siegt daher der Ideologe Heidegger über den Philosophen.

Der Autor von «Sein und Zeit» ist unter den Großen angesiedelt. Mit SZ hatte sich Heidegger zeitweilig auf die Höhe der bedeutendsten Leistungen der Philosophie emporgearbeitet. Mit seiner Kritik des technischen Zeitalters, die nicht auch eine relevante Kritik des vollbrachten Genozids und geplanten Holozids einschloß, hat Heidegger nur ein im wesentlichen doch kritikloses Publikum befriedigen können, das notorisch sein Unbehagen im Gestell in sich selbst zurückspiegelt, vom Gerüst als der Wahrheit des Gestells aber nichts wissen will. Die Größe des Entwurfs von SZ wie auch noch die nachfolgende Verzweiflung an der Philosophie geben eine Zukunft der

Werke Heideggers zu verstehen. Der Erfolg steht außer Frage. Fraglich bleibt die Legitimität. Heideggers Politik ist nicht kompensationsfähig durch seine Philosophie. Der a-politische Blick auf die Theorie ist wirklichkeitsblind. Auch der politische steht in dieser Gefahr, wenn in der Konsequenz die Theorie als ganze verworfen wird. Die unzertrennbare Einheit von Philosophie und Ideologie bei Heidegger sollte heute dazu anleiten können, Heideggers Philosophie nicht länger zu überschätzen und doch ihre anhaltende Bedeutung nicht zu ignorieren.

Jedenfalls *eine* Trennung von Heidegger kann dagegen nicht radikal genug ausfallen, diejenige von dem Bankrotteur. Das erst seit den späten 80ern genauer erkennbare Filigranwerk des Heideggerschen Faschismus, ebenso das allzu dichte Netz der Intrigen wie die nachträgliche Position des anhaltend Unbeteiligten, vermitteln das Bild eines Zeitgenossen, mit dem nicht mehr verkehrt werden kann, und eines Philosophen, der abschrecken muß von der Philosophie. Der Bankrotteur ist schließlich nur noch Eigentümer eines zerbrochenen Tisches (der banca rotta). Die Person bleibt nur zurück als eine Maske, die ein Schmierenstück absolviert hat und deren Zahlungsunfähigkeit sich nicht länger durch blanke Zahlungsunwilligkeit verbergen läßt. Die Reihe derer, die sich über Heidegger als Person getäuscht haben, ist so lang, daß vor der Wiederholung nur gewarnt werden kann. Es ist heute erkennbar, daß Heidegger noch weit gefährlicher ist, als ihn Löwith 1940 zeichnete:

> «Seiner Herkunft nach ein einfacher Mesnersohn, wurde er durch seinen Beruf zum pathetischen Vertreter eines Standes, den er als solchen negierte. Jesuit durch Erziehung, wurde er zum Protestanten aus Empörung, scholastischer Dogmatiker durch Schulung und existenzieller Pragmatist aus Erfahrung, Theologe durch Tradition und Atheist als Forscher, Renegat seiner Tradition im Gewande des Historikers. Existenziell wie Kierkegaard, mit dem Systemwillen eines Hegel, so dialektisch in der Methode wie einschichtig im Gehalt, apodiktisch behauptend aus dem Geiste der Verneinung, verschwiegen gegen andere und doch neugierig wie wenige, radikal im Letzten und zu Kompromissen geneigt in allem Vorletzten – so zwiespältig wirkte der Mann auf seine Schüler, die von ihm dennoch gefesselt blieben, weil er an Intensität des philosophischen Wollens alle andern Universitätsphilosophen weit überragte.»[36]

---

[36] K. Löwith: Mein Leben in Deutschland vor und nach 1933, S. 44f.

Dies galt sicher bis zu Heideggers Ende, es ist auch meiner Generation noch so ergangen. Heidegger war und blieb der ‹Denker in dürftiger Zeit›, dessen NS-Zeit, die ja angeblich 1934 endete, wir noch in den frühen 60ern weitgehend ‹in Kauf› nahmen, ohne genau zu wissen (und wohl auch ohne *ganz* genau wissen zu wollen), daß und wie sehr Heidegger ein Falschmünzer geworden war. Die enervierende Hitzigkeit des gegenwärtigen Philosophenstreits um Heidegger rührt daher, daß es vielen auch heute immer noch schwerfällt, sich die Manipulation der Wahrheit ausgerechnet durch denjenigen Philosophen einzugestehen, der sie einmal überhaupt auf den Weg der Philosophie gebracht hatte. Inzwischen ist freilich das geschichtliche Urteil über den Aktor Heidegger ergangen. Die Aktenlage ist eindeutig geworden, Verfälschung[37] hat keine Zukunft mehr. Es ist gut, auf einen alten Meister der Historie zurückzukommen, wodurch sich die Frage beantwortet: *Warum Klassiker?*

«Im vierten buch des Peloponnesischen Krieges
erzählt Thukydides unter anderem
die geschichte seines mißlungenen feldzugs

neben den langen reden der führer
schlachten belagerungen seuchen
dichten netzen von intrigen
diplomatischen schritten
ist diese episode wie eine nadel
im wald

die griechische kolonie Amphipolis
fiel in die hände des feindlichen führers Brasidas
weil Thukydides mit dem entsatz zu spät kam

er zahlte der heimatstadt dafür
mit lebenslänglicher verbannung

[37] Vgl. B. Martin: Das vermeintliche Schlüsseldokument war verfälscht, in: ders. (Hrsg.): Martin Heidegger und das ‹Dritte Reich›. Ein Kompendium. Darmstadt 1989, S. 213–219.

die exilierten aller zeiten
kennen den preis

die generäle der letzten kriege
wenn ihnen ähnliches zustößt
knien vor der geschichte
beteuern ihr heldentum und ihre unschuld
sie klagen die befehlsempfänger an
die neidischen kollegen
die ungünstigen winde

Thukydides sagte nur
er hätte 7 schiffe gehabt
es wäre winter gewesen
er wäre schnell gesegelt»[38]

Heidegger aber bleibt anders als Thukydides eine Last, die sich für Philosophen so schwer trägt wie die Last der deutschen Geschichte für jedermann. Heißt es gar Abschied nehmen von der Vorstellung, jedenfalls in der Philosophie würden die Siege vergeben nach der Gerechtigkeit? Oder heißt es nur: Abschied nehmen von Heidegger? Wie aber dies, ohne ihn mitzunehmen?

---

[38] Z. Herbert: Inschrift. Gedichte aus zehn Jahren. 1956–1966. Hrsg. u. übertragen v. K. Dedecius. Frankfurt/M. 1967, S. 193f.

Hinweise auf Heideggers Werke

Für ein Studium der Philosophie Heideggers sind unverzichtbare Grundtexte (hier geordnet nach dem Jahr des Erscheinens):

Sein und Zeit (1927)
Was ist Metaphysik? (1929)
Vom Wesen des Grundes (1929)
Vom Wesen der Wahrheit (1943)
Holzwege (1950)
Vorträge und Aufsätze (1954)
Zur Sache des Denkens (1969)

Erst wer diese Texte durchgearbeitet hat, sollte sich auf weitere Arbeiten Heideggers einlassen, deren immenser Umfang sich inzwischen mit der Gesamtausgabe (Ausgabe letzter Hand) abzeichnet (Frankfurt/M. 1975ff). Dabei sind weit über 70 Bände zu erwarten. Da die Gesamtausgabe mit der Veröffentlichung der Vorlesungen Heideggers sowie zahlreicher bis dahin nicht publizierter weiterer Manuskripte immer mehr das aktuelle Interesse beherrscht, ist es um so dringlicher, sich zunächst an die genannten Grundschriften Heideggers zu halten. Von ihnen her erschließt sich auch am ehesten der Zugang zu Heideggers verzweigter Auseinandersetzung mit den Grundströmungen der abendländischen Philosophie.

Immer wieder bleibt der Anfang mit «Sein und Zeit» zu machen – und auch dorthin zurückzukehren. Andernfalls verliert sich das Studium Heideggers schnell im Rhapsodischen. Nur über dieses Werk erschließt sich seine Bedeutung. Es ist insofern wenig dienlich, den Anfang bei Heideggers politischen Reden zu nehmen; denn diese sind nur gefährlich, im übrigen aber bedeutungslos. Ungestört verliefe das Studium Heideggers, wenn diese gar nicht zur Kenntnis genommen würden. Da das aber die eigentliche Gefahr ist, müssen die politischen Kontexte frühzeitig *mit*gelesen werden.

Das Besondere an der Lektüre von «Sein und Zeit» ist heute die Arbeitsdisposition des Lesers, dieses Werk trotz aller Verstrickungen Heideggers methodisch mit derselben Energie und Konzentration aufzunehmen wie die Grundwerke Kants und Hegels. Dies bedeutet beinahe eine Überforderung des Lesers. Aber die Disposition ist als durchgehaltener Habitus gleichwohl leistbar – dann nämlich, wenn anzuerkennen ist, daß jedenfalls «Sein und Zeit» einer der philosophischen Haupttexte des 20. Jahrhunderts bleibt.

Der geneigte Leser sollte sich also gerade auch durch meine Heidegger-Kritik nicht von der eigenen Anstrengung des Begriffs abhalten lassen. Er sollte freilich davor gefeit bleiben, sich der Heidegger-Orthodoxie zu ergeben, denn diese bedeutet in der Tat das Ende der Philosophie. Der Gewinn der Heidegger-Lektüre ist indessen: die Verständigung über die Aufgabe der Philosophie mit und gegen Heidegger, aber nicht ohne ihn.

Verzeichnis der Abkürzungen für Werke Heideggers

BH: Brief über den «Humanismus» (Platons Lehre von der Wahrheit. Mit einem Brief über den «Humanismus». Bern ^{2}1954).

BPh: Beiträge zur Philosophie (Vom Ereignis). Gesamtausgabe. Bd. 65. Frankfurt/M. 1989.

SU: Die Selbstbehauptung der deutschen Universität. Das Rektorat 1933/34. Frankfurt/M. 1983.

SZ: Sein und Zeit. Tübingen ^{10}1963.

WW: Vom Wesen der Wahrheit. Frankfurt/M. ^{2}1954.

Literaturhinweise

Daß die Zahl der bedeutenden Arbeiten über Heidegger und im Anschluß an Heidegger weit über meine kleine Auswahl hinausgeht, bedarf kaum der Betonung. Die hier zusammengetragenen Texte können dabei auf ihre Art immer nur ein Anfang der Auseinandersetzung mit Heidegger sein.

Adorno, Th. W.: Jargon der Eigentlichkeit. Zur deutschen Ideologie. Frankfurt/M. 1964.

Altwegg, J. (Hrsg.): Die Heidegger Kontroverse. Frankfurt/M. 1988.

Bourdieu, P.: Die politische Ontologie Martin Heideggers. Frankfurt/M. 1976.

Ebeling, H.: Selbsterhaltung und Selbstbewußtsein. Zur Analytik von Freiheit und Tod. Freiburg/München 1979.
Ders.: Freiheit, Gleichheit, Sterblichkeit. Philosophie *nach* Heidegger. Stuttgart 1982.
Ders.: Heidegger. Geschichte einer Täuschung. Würzburg [2]1991.
Forum für Philosophie Bad Homburg (Hrsg.): Martin Heidegger. Innen- und Außenansichten. Frankfurt/M. 1989.
Franzen, W.: Martin Heidegger. Stuttgart 1976.
Habermas, J.: Der philosophische Diskurs der Moderne. Zwölf Vorlesungen. Frankfurt/M. 1985.
Jaspers, K.: Notizen zu Martin Heidegger. München 1978.
Löwith, K.: Heidegger. Denker in dürftiger Zeit. Göttingen [2]1960.
Ders: Mein Leben in Deutschland vor und nach 1933. Ein Bericht. Stuttgart 1986.
Martin, B. (Hrsg.): Martin Heidegger und das ‹Dritte Reich›. Ein Kompendium. Darmstadt 1989.
Ott, H.: Martin Heidegger. Unterwegs zu seiner Biographie. Frankfurt/New York 1988.
Pöggeler, O.: Der Denkweg Martin Heideggers. Pfullingen [2]1983.
Ders.: Philosophie und Politik bei Heidegger. Freiburg/München [2]1974.
Ders.: Den Führer führen? Heidegger und kein Ende, in: Philosophische Rundschau 32 (1985), S. 26–67.
Schwan, A.: Politische Philosophie im Denken Heideggers. Opladen [2]1989.
Theunissen, M.: Der Andere. Studien zur Sozialontologie der Gegenwart. Berlin 1965.
Thomä, D.: Die Zeit des Selbst und die Zeit danach. Zur Kritik der Textgeschichte Martin Heideggers 1910–1976. Frankfurt/M. 1990.
Tugendhat, E.: Der Wahrheitsbegriff bei Husserl und Heidegger. Berlin 1967.

EDMUND HUSSERL
IN DER PHILOSOPHISCHEN BIBLIOTHEK

Erfahrung und Urteil
Untersuchungen zur Genealogie der Logik.
PhB 280. 6. Aufl. 1985. XXVII, 532 S. Kart.

V. Logische Untersuchung
Über intentionale Erlebnisse und ihre «Inhalte».
PhB 290. 2., durchgesehene Aufl. 1988. XXXVII, 162 S. Kart.

Cartesianische Meditationen
Eine Einleitung in die Phänomenologie.
PhB 291. 2., verbesserte Aufl. 1987. XXXIV, 172 S. Kart.

Die Krisis der europäischen Wissenschaften und die transzendentale Phänomenologie.
Eine Einleitung in die phänomenologische Philosophie.
PhB 292. 2., verbesserte Aufl. 1982. XXXV, 119 S. Kart.

Ding und Raum
Text nach «Husserliana», Bd. XVI.
PhB 437. 1991. Kart.

Texte zur Phänomenologie des inneren Zeitbewußtseins
(1893-1917)
Text nach «Husserliana», Bd. X.
PhB 362. 1985. LXXV, 254 S. Kart.

Die Konstitution der geistigen Welt
Text nach «Husserliana», Bd. IV.
PhB 369. 1984. XLIV, 145 S. Kart.

Die Idee der Phänomenologie
Text nach «Husserliana», Bd. II.
PhB 392. 1986. XLIV, 92 S. Kart.

Die Phänomenologie und die Fundamente der Wissenschaften
Text nach «Husserliana», Bd. V.
PhB 393. 1986. XXXV, 114 S. Kart.

Grundprobleme der Phänomenologie (1910/11)
Text nach «Husserliana», Bd. XIII.
PhB 348. 1977. XIII, 136 S. Kart.